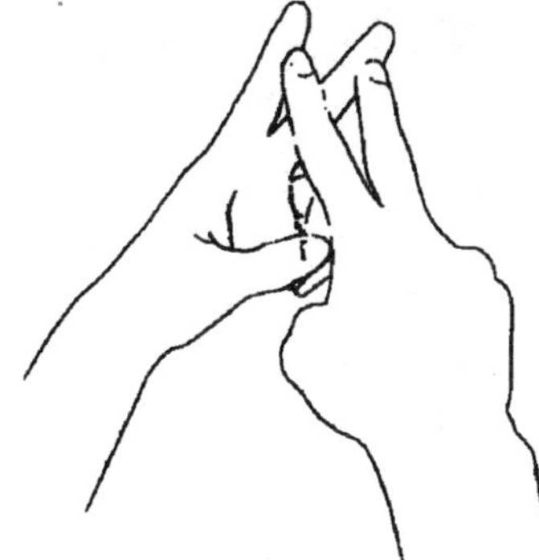

HOW DEAF PEOPLE TO BE BRILLIANT

从聋到龙

——聋人生活必读

——A MUST READ FOR DEAF PEOPLE

陈少毅 著

BY CHEN SHAOYI

華夏出版社

序言

PREFACE

陈少毅老师是陕西省第一个从大学毕业的聋人，自1991年从长春大学特殊教育学院毕业后走上聋人学校教学岗位起，就对聋人教育和聋人事业倾注了满腔热忱。十几年来，他勤奋努力，教书育人，帮助学校将八年制的聋校改建为十二年制的职业中学，带领聋人学生创作出一批震动社会的美术作品，培养出陕西省第一批从聋人学校走出的聋人大学生。《陕西日报》、《中国残疾人》、《西安晚报》先后对他的事迹作过报道。在此同时，他潜心聋教育研究，取得了优异成果：“全国教育科学‘十五’规划重点课题”课题组成果特等奖；“全国首届现代特殊教育论文大赛”一等奖；“全国聋校美育教育论文和优质课评比”一等奖；“中国人民大学残疾人权益保障法律研究与服务中心”征文二等奖；散文发表在中央电视台网站并入选《中国残疾人作家联谊会散文作品集》；在中国高

等特殊教育研究会年会上演讲，等等。他的一些论点被特殊教育学者引用，一些介绍外国聋教育的文章给国内读者提供了重要的参考，尤其是在手语研究、聋人教师作用和聋教育革新的议题上，发出了来自聋人的非常可贵的呼声，赢得了特殊教育界的赞扬。

陈少毅老师根据自己十几年来对聋教育、对聋人学生、对社会聋人的研究，集自己几十年聋人生活经历、十几年聋人学校和聋人协会的工作经验，推出了《从聋到龙》一书。全书分为“聋童教育”、“聋生学习”、“聋人生活”、“聋人文化”四大部分，讲述了聋人教育、成长、学习、生活中的54个话题，是一部给聋人雪中送炭的力作。

“聋童教育篇”中，“树立对待‘聋’的正确态度”一文告诉读者，要以发展的和人文的视角看待“聋”，创造一个平等、融合、和谐的社会关系，而不能把聋人永远放在需要治疗或者需要康复的社会角色上；“聋孩子的父母要熟练掌握手语”，是对绝大多数家长不会聋人手语、无法起到教育作用，以致严重影响聋童成长这一重大问题的苦口婆心的劝勉；“什么是聋儿双语教学？家长怎样配合聋儿双语教学？”再次为聋童倡导双语双文化教育，给家长讲解了手语在聋人交流和聋人学习中的重要作用，提供了手语交流以及聋童阅读的先进方法。“聋孩子在聋人小学和聋人中学，家长应注意什么？”是给聋人家长配合聋人学校教育的一剂良方。“家长应该怎样避免聋孩子离家离校出走？”是针对聋人学生出走问题进行的探求与总结；“给聋人学校的26条建议”则是作者作为正直真诚的聋人教师对聋人教育不断研究、不断反思而发自肺腑的忠言。

“聋生学习篇”中，“聋人应该怎样应对听力语言障碍带来的困难？”“聋人怎样克服常有的缺点？”“聋人怎样才能变得优秀起来？”字里行间充满着坚强、积极、热忱、向上的旋律，最能表现出作者的品格和精神，体现出作者唤起聋人振奋精神、跨越障碍、克服困难、努力学习、追求进步的深切愿望。“和聋人谈文化知识学习的方法”“聋人怎样学好语文和作文?”等是作者自己耳聪时代中学学习、耳聋后克服困难完成高中以后学业，结合聋人教育体会和国内成功聋人事例的结晶，非常值得聋人学生参照和学习。

“聋人生活篇”和聋人生活的特性息息相关，重在解决聋人生活实际中的重大问题，帮助聋人出谋划策、改善生活。其中谈及的通讯交流、外出旅行、寻找工作、看病就医、寻觅伴侣、理财储蓄、家庭婚姻、教育孩子、维权诉讼等等，都是聋人生活离不开的重要问题。尤其是“聋人需要什么样的‘无障碍’?”一文，给社会提供了为聋人构建无障碍环境的宝贵建议。

“聋人文化篇”显示了作者的追求境界——唤起社会重视聋人、认识聋人以达到聋健平等、和谐发展的理想。“什么是聋人文化?”从聋人语言、聋人社会、聋人观察方式、聋人生活方式、聋人文化创造、聋人伟人六个方面切入，向读者介绍了聋人文化的重要思想和内容。“手语是优美的视觉语言”从弘扬手语文化视角论述了手在人类生活、人类历史、人类交流、人类创造中的不可替代的作用和优美的姿态，向人们推介了手语的语言价值和审美价值，并用一首赞颂手语的诗歌作结尾，还有谁能不将掌握手语这一优美的舞蹈着的视觉语言引以自豪呢?

我国有2004万聋人，由于听力和语言障碍限制了他们的生活范围，使得绝大多数聋人接受信息还跟不上时代的发展。同时，绝大多数聋人从小生活在聋人圈子里，在聋人学校上学、与聋人往来，聋人常常是和聋人通婚，和主流社会的融合程度远远不够。这些原因往往导致聋人生活中出现各种各样的问题和困难。

长期以来，这个特殊群体的阅读需求常常被忽略，很少有专门为聋人撰写的书籍，聋人学校也十分缺乏针对聋人学生教育的专门教材，聋人教育更是少有听到来自聋人老师的见解。《从聋到龙》一书填补了这一空白。该书文笔流畅、语言质朴、条理分明、事例丰富、引证宽博、通俗易懂，特别考虑到了聋人的实际需要、文化水平、语言习惯、阅读兴趣，具有很强的实用性和针对性。

这本书是一部聋人教育和聋人生活的宝典，不仅是聋童家长、聋人学生、社会聋人应该人手一册的指导书，而且也是一部值得聋教育研究者、聋人事业研究者、聋人学校领导、聋人学校教师、残疾人联合会聋人工作干部认真研读的参考书。

肖非

2009 年 3 月 20 日于北京

（肖非：北京师范大学教育学院特殊教育系主任、北京师范大学特殊教育研究中心主任、中国教育学会特殊教育分会副理事长、教授、博士研究生导师）

写在前面

INTRODUCTION

我14岁耳聋，从健全人的有声世界落入聋人的无声世界。这个跨度实在是太大了，犹如从平川大道一下子跌到了深渊低谷，不能不时时刻刻面对双耳失聪带来的种种困难和挑战；又如同一个跌下列车的旅客，尽管不顾一切地奔跑追赶，仍然被社会远远抛在后面。困难和阻碍多了，就不能不引发我对聋人生活的思考：怎么听力不好了生活落差会如此之大？怎么耳朵聋了就事事被打入另册？后来，我看到了更多的聋人从小失聪，他们无论是在接受教育、还是在文化、能力、就业等等方面都远远落后于社会的基线，生活处在无助和窘迫之中。这又使我认识到，聋人的困境不仅仅是个人问题，而且是重要的社会问题。

我从普通高中毕业，曾在一家文化馆工作了8年多的时间。那时，我的交际圈子都是健听人，和大家交流的方式一直是笔谈。一些文朋画友开玩笑说，

和你写上一个晚上就成了一篇现成的短篇小说了。就这样一直到1988年，我考入长春大学，才和聋人打起交道来，也才开始学习手语。大学毕业之后，我在聋人学校当了一名中学教师。作为学校唯一的聋人教师，我被聋人学生簇拥着，与聋人形影不离，与手语时刻不离。工作之余，我又在西安市聋人协会当了10年主席，接触到各种各样的聋人，彼此以手语交流。这样的生活，使我无论在校内还是在校外，总是要碰到聋人的种种问题，总是要接受聋人的种种提问；这样的生活，促使我思考聋人面对的问题，思考应该怎样为这些耳不能听、口不能言的聋人呼吁，思考应该怎样切实地帮助聋人，使他们优秀起来甚至变得卓越。这，就是一直藏在我心底的理想。

聋人是一个机智而又行动自如的群体，本可以事事当先不落人后。然而，目前聋人群体的素质和生活质量实在不尽人意，并不是因为聋人缺乏聪明才智，而是因为他们缺乏充分的教育和指导，缺乏全社会的理解与支持。于是，我开始零散地撰写文章、撰写聋教育论文，这一段时间长达十几年，使我对聋人教育和聋人生活的思考逐步加深。在生活中，我时常碰到聋人因为缺乏教育、缺乏指导、缺乏帮助造成的不必要的困难和本可以避免的错误和损失。此外，我还看到，由于社会对聋人的认识误区，与聋人工作有关的很多地方存在偏差、失误甚至扭曲，也给聋人教育和聋人参与社会带来负面影响。有时，人们的冷漠、忽视和自私更会给聋人带来严重的伤害。这使我再也坐不住了，我感到从聋童家长到聋人本身、从聋人教育到聋人文化、从聋人群体到整个社会，如果不能从根本上改变落后的观念，聋人就永远谈不上摆脱落后、封闭、愚昧的现状。于是，我于2005年下半年开始撰写这部书稿，焚膏继晷，透支身体，牺牲了所有休息日和节假日。2006年完成初稿，之后经历了无数次充实、修改和完善，几乎每隔几天就会增加新的内容，几个春节都是在电脑键盘前度过的。真是四年磨一剑，辛苦寸心知！

这部书稿的写作过程，更是我学习、研究、思考、挖掘、发现的过程。在这个过程中，我接触到了更多的人物、事物、资料，同样使我对“聋”、聋人、聋人教育、聋人生活、聋人文化甚至社会形态、社会意识的认识不断深入。正如我在本书第一节“树立对待‘聋’的正确态度”中写到的：“聋人虽然需要教育、指导和帮助，但更需要的是唤起他们在一个平等、公正的社会环境中对自我价值的认同。这需要付出巨大的社会力量。平等、公正的社会环境更是需要整个社会参与和长期不懈努力的永恒目标。当聋人在各个方面真正地、全面地参与社会并和健听人齐肩时，这个社会才是完满的社会。”所以，研究聋人、帮助聋人的意义岂在研究和帮助本身！

可是，怎样为这本聋人公益书寻找出版社、如何筹集沉重的出版资金、如何对分布十分分散的聋人销售书籍，比著书还要难得多。但是出于对聋人事业和聋人教育的热忱，出于对聋人的一份义不容辞的责任，我仍然咬紧牙关将这个不能不做的艰苦工作坚持做到了最后。为了出书，我节衣缩食，掏空自己仅有的储蓄，甚至提用了住房公积金。这对于一个在每周任课最多 20 节，收入菲薄，又有家口、房贷重负的聋人中学教师来讲，实在是太不容易了。

感谢北京师范大学教育学院肖非教授为本书作序。他是 2007 年 8 月我在“第二期全国聋人教师研修班”上的任课老师，是一个在我眼中非常富于正义感的师长。他有一句话说：“我们残疾人的事情，要靠自己。”我觉得社会太需要听听来自聋人的声音，才使我更深刻地看到了自己著书立说的意义。

感谢陕西师范大学心理学院教授兰继军博士为本书审稿。他是我结识了很长时间的特殊教育学者，始终关心着这部著作的进展，随时随地竭尽全力给我提供帮助，见证了本书从无到有、从简到繁、从浅到深的写作过程。

感谢英国中央兰开夏大学教育与社会科学学院杨军辉博士的热

情帮助。从我开始下笔，这位身在海外、学贯中西的聋人博士就关注着我的著作。三年多来，杨博士和我在网上进行了无数次探讨，给我提供了很多资料和线索，指出了不足和改进方向。

感谢王维女士为本书绘制优美的手势插图和封面设计。她的无私奉献和辛勤努力，使本书散发着聋人文化气息，更加富于聋人特色。在手势插图和封面设计上的每一细节，她都一丝不苟，显示出惊人的敬业精神和专业素质。

感谢我父母的鼎力支持和帮助，他们以七十多岁的高龄，对全书的结构和重心提出重要的指点，为我翻译和校对英文。在本书基本告成之时，父母又亲自为我联系出版社，付出了极大精力。

感谢爱德基金会购买本书。其社会福利部吴安安主任长期致力于引进和推广聋儿双语教育项目，她的著述已在全国领先，对聋人教育有着深刻的阐释。她的鼎力相助促成了爱德基金会与本书结缘。

感谢众多领导、师长、学者、同事、朋友对本书的关心和帮助！

感谢众多聋人朋友、聋人教师、聋人学生、聋人学生家长的关心和帮助！

希望尽己所学所思所能给聋人朋友送上一部经典。

希望这部书能对聋人朋友的成长、学习、生活、有所帮助。

书中不足之处，敬请广大读者指正。

E－mail：seeworld@ xinhuanet. com

陈少毅

2009 年 3 月 10 日于西安浐河岸边

目录

CONTENTS

【聋生学习篇】——DEAF BETTER LEARNING

【聋人生活篇】——THE LIFE OF DEAF PERSONS

【聋人文化篇】 DEAF CULTURE

英文目录
CONTENTS IN ENGLISH

EDUCATING DEAF CHILDREN

DEAF BETTER LEARNING

THE LIFE OF DEAF PERSONS

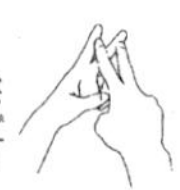

DEAF CULTURE

（英文目录翻译：张遥　［美］戴维·贾斯蒂斯　校对：陈德喜）

【聋童教育篇】

——EDUCATING DEAF CHILDREN

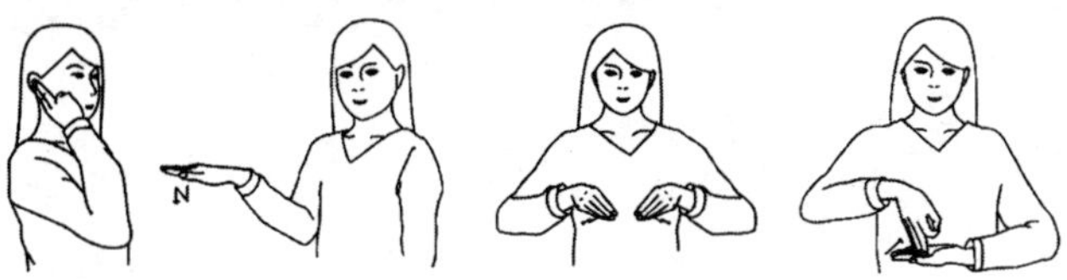

“聋儿的康复首先是家长的康复。”这句话的意思是，聋儿的家长首先要摆正观念和寻找到正确的方法。也就是说，对待聋儿仅有良好的愿望是不够的，重要的是怎样才能做好。

1

树立对待“聋”的正确态度

人类社会早期，由于受到生产力水平和人类认识能力的限制，认为“聋”和残疾是鬼神附身或者是因果报应，要借助于神灵才能解除。《新旧约全书》里曾多次说到耶稣用手和吐沫使聋人复聪、使哑巴说话的故事。[1]那时人们认为聋人头脑简单，是无法接受教育的，就连古代圣哲也对聋人有着严重的偏见。古希腊哲学家柏拉图（Plato，公元前427～前347年）说：“聋人不会说话不会听，所以是没有思想、没有智力的。”亚里士多德（Aristotle，公元前384～前322年）也认为“聋人是不可教育的。”聋人群体因此一直得不到接受教育的机会。就这样一直到15世纪，聋教育在欧洲才开始萌芽，18世纪聋教育才逐步普及，这比起几乎有人类文明就有的教育，落后了几千年。但是，人类社会飞速发展，当代聋人不仅能够接受教育而且接受教育的层次不断提高，聋人高等教育快速前进，聋教育学逐步体系化，聋人教育家、聋人艺术家、聋人科学家、聋人学校校长、聋人博士、聋人诺贝尔奖获得者、聋人大学校长、奥林匹克运动会蛙泳银牌聋人获得者、NBA骑士队聋人球员等等，不断涌现。

回顾历史，人类是在不断纠正落后和错误的观念中发展起来的，有些社会观念的革新是付出惨痛代价才得来的。比如风

行了一千多年的妇女裹足的陋习，带给中国的是一千多年对妇女的禁锢和束缚；清代闭关锁国的政策带给中国的是一百多年的屈辱和落后。人类社会是一个从野蛮洪荒到文明和谐的不断进步过程，人类对“聋”的认识和接纳程度也随着人类文明的进步而提高。国际上有识之士认为，残疾人解放是继种族解放、民族解放和妇女解放之后的第四次人类解放运动。伴随着人类文明和残疾观的发展，国际社会越来越坚定地认为：不健康的社会态度是残疾人取得平等权益的最大障碍，并将提高社会对残疾人的接纳程度，提高对残疾人权利、需要、潜能和贡献的认识，作为实现平等参与的先决条件。因此，营造一个平等、公正、和谐的社会环境是聋人真正融入社会的关键。

美国加劳德特大学教育科研系教授爱米·T. 威尔逊博士（Amy T. Wilson）在论文中以三个不同视角，对“聋”的态度做过深刻的描述。[2]

视角 主题	医疗的视角	康复的视角	人文的视角
聋	疾病	残疾	正常的身体特征
聋人	治疗对象	矫正和训练的对象	主人、合作者
称呼聋人	耳聋患者、 生理上的聋人	听力障碍者、 听力残疾人、 听力康复者	手语使用者、 文化上的聋人、 大写的聋人
措施	药物、针灸、手术	助听器、电子耳蜗、 说话训练	手语作为第一语言， 用第二语言阅读写作
语言计划	单一语言单频道	单一语言双频道	双语，平行发展
教育策略	纯口语、 排斥手语	鼓励聋人学听说 为主，手势为辅	鼓励健听人也学手语， 聋人学口语因人而异

续表

视角 主题	医疗的视角	康复的视角	人文的视角
聋人教师	排斥聋人教师	限制聋人教师	重用聋人教师
手语	绊脚石	拐杖	权利
口号	聋人不行	聋人不能做到	聋人行！聋人能做到！
表情	摇头	皱眉叹息	竖大拇指，目光炯炯

社会对聋人的观念和态度决定着聋人对社会的观念和态度。聋人的观念和态度又决定着他们对待生活的态度，最终决定着聋人的自身素质和价值目标。陈旧落后的视角等于放大了聋人的缺点，把聋人推向被医治、被康复、被矫正、被救助、被怜惜、被限制……的社会角落，会使聋人自卑自鄙、失望绝望、自暴自弃、憎恨社会，甚至因此走上犯罪之路。全新的进步的人文视角，则是容纳、尊重、赞扬、激励、平等、公正……，是整个社会文明、民主、正义、和谐的象征，将会引导聋人自我认同、自信、自尊、自爱、自强、乐观、上进，努力做有用甚至杰出之人。今天，如果人们还以局部的缺陷作为整个人身的标签，以局部的障碍否定整个人身的价值和意义，那就和时代不相协调了。

（1）既要尊重科学，也要尊重科学力所能及的范围，医学并不是无所不能的。在孩子的耳聋难以治愈的情况下，不要悲观，而是要想方设法争取最大程度地开发孩子的智力和才能。

（2）“聋”是一种现象或差异，而不是缺陷、障碍和耻辱，不能一直把聋看作一种需要治疗或者康复的对象，更不应把聋当作一种需要隐藏或克服的残疾。耳聋，不是灾难，也不是毁灭。耳聋，不是孩子的错也不是家长的错。对聋孩子的态度比

孩子耳聋的事实更加重要。

（3）听力语言康复训练是重要的，但是通过语言培养聋孩子的思维能力和认知能力更加重要。康复只是手段而不是目的。无论医疗、康复、教育，最终目标应当是使聋人和主流社会相融合，使聋人同样成为社会物质财富和精神财富的创造者。

（4）人类在地球上经历了千百万亿年的进化，走在物种的最前端，是结构最为复杂的生命体，人的每一方面都有可能成为超常的增长点和发展点。因此，听力语言损伤相较于聋人正常的头脑、视觉、身体、四肢，实在微不足道。聋人完全可以在除了需要听力之外的任何学习和工作岗位上做得很好。

（5）“作为自然科学的生命科学对生物多样性也开始有了这样的认识，因而在国内也有人质疑：‘人类忽视生物多样性、对其他生物不宽容，最终要使人类付出巨大的代价。同样，人类对自身多样性的忽视或不宽容，也要付出历史的和经济的巨大代价。’”[3]一个和谐、完满的社会没有任何理由排斥聋人群体和聋人文化。

（6）聋、聋人和聋人文化是医学、听力学、心理学、科学技术、社会科学和教育、文化、社会工作等等领域的宝贵资源。这些领域中聋、聋人和聋人文化的研究和实践对完善整个社会结构具有重要的意义。

（7）既然聋人中有发明家托马斯·阿尔瓦·爱迪生（Thomas Alva Edison）、宇航科学家康斯坦丁·埃杜阿尔多维奇·齐奥尔科夫斯基（Konstantin Eduardovitch Tsiolkovsky）、诺贝尔化学奖获得者约翰·沃卡普·康福思（John Warcup Cornforth）等等这样杰出的人士，那么就没有任何理由怀疑聋人的能力，没有任何理由不重视聋人。

（8）聋孩子绝对可以像健听人一样成才，只是聋孩子在接受教育的过程中需要付出更多的耐心、讲究更多的方法、运用适宜的手段、寻找更好的方向、创设更好的交流和学习环境。聋教育的关键是解决语言和沟通问题。聋教育更需要研究聋人，更需要从聋人学生出发，聋教育更应该注重开发聋人学生的潜能而不能总是停留在缺陷补偿的层次上。

(9) 聋人不是聋子，不是聋哑人，更不是哑巴。手语是用双手表达的语言，不是哑语。聋人学校不是另类学校，聋人学校也不是收容聋人的学校，聋人学校更不是聋哑学校。聋人学校是培养聋人成才的特殊教育场所。

(10) 全纳教育（即共融教育）是聋教育前进的目标。即在向聋学生提供随堂教师辅导、手语翻译、视频媒介等条件下，聋学生和健听学生在一起学习。在这样的环境下，聋学生可以缩短自己和健听学生的距离，最大程度地发展自己；健听学生也可以从小接纳聋人、学习手语、开发右脑。

(11) 聋人教师是聋孩子的榜样，是聋教育教学、管理和研究的生力军，也是聋人学生获得自尊和自我认同的起点。聋人教师在聋教育中发挥着重要作用，教育部门和聋人学校有责任、有义务积极吸收聋人教师参与教学和管理。

(12) 聋人和健听人一样，同样是社会的主人。除了听力语言有所不便，在其他方面与健听人没有什么不同。聋人应该拥有聋和听两个世界，以适应他们生活的需要。当聋人与聋人交流时需要聋人世界，当聋人与健听人交流时需要听人世界。

(13) 聋，是一种需要以手语交流的特征。手语是聋人交流的工具，是优美的动态性、视觉性、形象性、表演性、立体性语言。聋孩子的家长和聋父母的孩子应该积极努力地学习手语。健听人应该抱着欣赏的态度学习手语，这是帮助聋人融入

主流社会、弘扬聋人文化的事业。

（14）聋人是自己命运的主人，是拥有自己的语言和文化的群体，是手语和聋人文化的所有者，使用手语是聋人的权利。世界聋人联合会主席马克库·约凯恩（Markku Jokinen）说："聋人应争取的人权中第一条是手语使用权。"

（15）手语的社会化是聋人无障碍的根本，手语的社会化应当成为社会和政府的责任。高等学校应当设立手语课程或手语专业，培养社会需要的手语翻译专业人才。手语翻译职业应该尽快实施资格认证化。一个两千多万人使用的语言没有理由不被社会接受或者重视。

（16）手语可以被利用和丰富到特种部队野战指挥和交流、飞行指挥、体育比赛裁判、交通指挥、吊装指挥、视觉传达设计、潜水员水下交流、航天员交流、飞行员交流、登山运动员交流等等领域。在不便出声的场合，如会场、演讲场、影剧院、实验室、手术室等等地方，在噪声非常大以至于听不清口语的场合，如工厂、机器旁、飞机场等等地方，使用手语是不可多得的交谈方式。

（17）手语是人类语言的宝藏，手语是没有被整个社会知晓其全部价值的语言金矿。学会手语还可以强化人的表达姿态、手势和体态语言，增加个人魅力。随着时代的发展，我们完全有理由相信，手语将会应用到越来越多的场合，将会帮助人类的交流更加完满、更加充分、更加优美。

（18）即便是先天性聋人、家族性聋人、连代性聋人，也没有任何被歧视的理由。他们对聋人生活体验更深，对聋人生活更有发言权，是聋人文化的承传者。

（19）聋人学校、聋人高等学校、残疾人联合会等以聋人为工作对象的机构和单位非常需要相应比例的聋人领导和聋人工作者。这不是聋人在向社会争位子，而是这些机构的工作性质、特点和需要决定的。以聋人为工作对象的机构和单位没有聋人参与和决策，工作往往会出现偏差。

（20）聋人在各个方面的表现，往往取决于社会对待聋人的态度。聋人既不应该是被指责的对象，也不应该是仅仅接受救助的对象，而应该是社会需要的群体。

（21）聋人需要的是平等、尊重，而不是施舍、同情。在教育、升学、就业、文化等等方面应该一视同仁。聋人教育、手语教学、会计出纳、药剂师、邮件分拣、超市理货、金工、钳工、眼镜装配等等适宜的岗位应该向聋人倾斜。

（22）“聋人无障碍”，主要是信息无障碍，即解决聋人与主流社会的沟通问题。方式之一是信息电子化，方式之二是手语翻译辅助。这两个聋人无障碍协助方式具体到聋人生活中，一是通讯，二是聋人出现率较高的公共场所和部门。它们主要是：交通、医院、学校特别是高等学校、邮局、银行等；其次是：社区管理部门、法院、公安局、政府有关部门、公共文化和娱乐场所等。

（23）聋人同样有领导才能，聋人更需要积极参政议政。只有这样，政府才能充分听到聋人的心声、才能了解聋人的状况，才能帮助聋人改变劣势处境。

（24）聋人虽然需要教育、指导和帮助，但更需要的是唤起他们在一个平等、公正的社会环境中对自我价值的认同。这需要付出巨大的社会力量。平等、公正的社会环境更是需要整个社会参与和长期不懈努力的永恒目标。当聋人在各个方面真正地、全面地参与社会并和健听人齐肩时，这个社会才是和谐完满的社会。

（25）让我们记住美国加劳德特大学聋人校长欧文·金·乔

丹（Irving King Jordan）博士的话，也是世界上所有聋人的强烈心声——“The deaf people can do everything except hearing.（除了听，聋人可以做任何事情。）”

……

2

什么是手语？

不用说，大家都知道手语是聋人的语言。“聋者以目为耳，哑者以手为口。”手语是聋人的交流工具，是一种以手势动作为主同时结合面部表情和体态的语言。手语分为手指语和手势语。

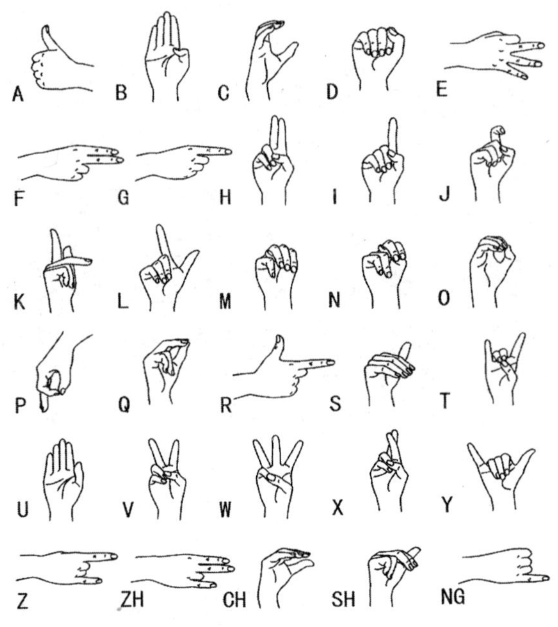

汉语手指字母图　绘图：王维

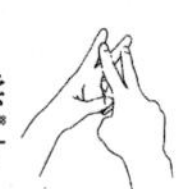

手指语是用手指的动作和变化代表字母并按照汉语拼音顺序依次拼出词语，特点是动作小、手指变化快，常常和手势语结合表达抽象词汇，在聋人的交流中占比重较小。手势语是以模拟、比拟具体事物的式样、特点、特征、运动方式作为某个事物词语的表达方式，特点是动作幅度较大、手势变化丰富、手势表达形象，在聋人的交流中占较大的比重。

在我国，目前可考最早的“手语”一词出现在唐朝后期裴铏（860年左右）撰写的传奇文学作品《昆仑奴》中。说的是一位有情于腼腆英俊青年崔生的红衣歌妓，送别时不便直说，“妓立三指，又反三掌者，然后指胸前小镜子，云：‘记取。’”（意思是：歌妓竖起三个指头，又把手掌翻转三次，然后指自己胸前的小镜子，说：“记住。”）后来崔生家里的昆仑奴磨勒帮助他解破歌妓手势的含义：她是第三歌院的歌妓，十五月圆之夜希望崔生去会面。见面后歌妓说：“知郎君颖悟，必能默识，所以手语耳。”[4]（意思是：我知道郎君您悟性敏锐，一定能够识别我的意思，所以我不出声而用手说话。）宋代著名的文学家苏轼（1037～1101）在他的散文《怪石供》中提到聋人手语为“形语”，他在文章中说：“海外有形语之国，口不能言，而相喻以形。其以形语也，捷于口……”[5]（意思是：海外有用手模拟形状说话的国家，他们的嘴巴不能说话，互相以比拟形状交流。他们使用的形语比嘴巴说话都便捷。）

人类历史有多长，手语的历史就有多长。人类语言的发展是有声语言和手势语言共存并进的过程。人类越是向原始回溯，手语越是在人类的交流中起着重要作用。我们甚至还可以想象到，在人类口头语没有完善之前，手语甚至比口头语所起的作用还要大[6]。随着人类口头语和书面语的越来越完善、越来越充分，手语在人类交流中才越来越居于次要地位，但是手语依然存在，并在人类生活的方方面面起着重要的作用。不同国家或不同民族或不同语言的人在一起交流发生困难时，常常需要手势的辅助。像手势“V”表示“胜利、成功”，手势“OK”表示“同意、赞成”，竖起大拇指表示“好”，伸出小拇指表示“坏、不好”等等，已经成为国际通用手势。甚至古老的佛教造像手印也是经典手势。

国际通用聋人手势
“我爱你(I Love You)”
绘图:王维

聋人手语是一种与口语和书面语地位同等的语言，就像外国语或者少数民族语言一样。同时，不同国家的手语是不一样的，同一国家不同地域的手语也有差异。在一些发达国家，手语被立法为一种独立的语言，并且要求法院、医院、政府相关部门必须为聋人配备手语翻译。手语翻译是一种帮助聋人学习和生活的职业，从事这一职业要通过考核机构资格认证。很多国家的大学还设有手语翻译和研究专业，甚至可以取得高级学位。

手语是不同于口头语和书面语的另一语言体系。手的形状、动作和位置是手语的三大要素。同时，手语不是书面语和口头语相对应的语言，手语有自己的词汇系统和语法习惯。比如：语句不长而简洁有力，句子中的词序位置不同——主词优先、否定置后，较少使用虚词，少见修辞，有自己的常用词和惯用

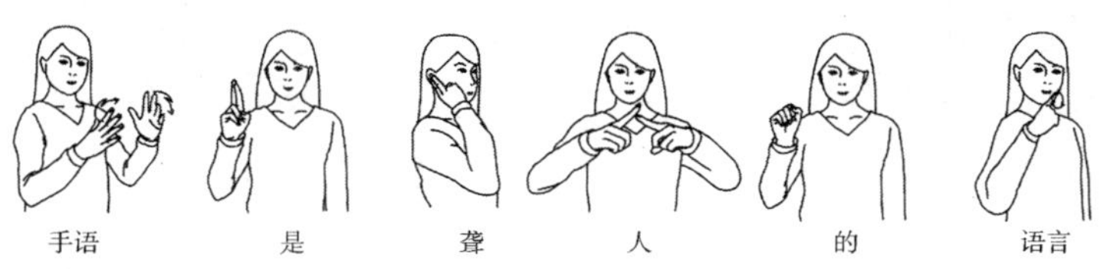

聋人手语图 绘图：王维

词等等。手语研究应该建立在对聋人自然手语的缜密调查和分析基础之上，不能随意用健听人的语言习惯代替聋人的手语习惯，更不应该想当然地仅仅以书面语和口头语套用手语。

世界上的手语

世界上最早的手语体系是法国人莱佩（Abbé Charles Michel de L'Épée）在前人零散的研究和创造的基础上整理出的。他 50 岁时遇见两位孪生聋童姐妹，在和她们的交往中对手势产生了浓厚的兴趣，开始从事聋童个别教育工作。1770 年在巴黎创办了世界上第一所聋童学校。莱佩认为手势是聋人的母语，主张在教学中使用手语，在对聋人细致观察的基础上，他编辑整理出了一套法语手势符号体系，称为“系统手语”（Methodical Sign）。作为手语教学法体系的创始人，他著有《通过手势法对聋人进行教育》、《真正的聋教学法》等书。莱佩的学生英国人西卡德（Roch - Ambroise Cucurron Sicard）以语言学进一步完善莱佩的“可视手势语”，还编写了《手语字典》，1790 年西卡德研究并发明了英语字母手势。[7]

美国加劳德特大学英语系教授威廉 C. 斯多基（William C. Stokoe）1955 年开始从语言学、符号学、认知学、生理学和古生物学角度出发研究美国手语，创立了手语语言学。四十多年的研究和不懈努力使之不断深入、巩固和完善，于是美国手语被广泛认可为适合聋人学习的语言，也是适合健听学生在美国高中和大学学习的第二语言。1960 年他发表了《手语的结构》（Sign Language Structure），第一次对手语语法进行了阐述，1965 年和两位聋人同事合作编撰出版了《基于语言学原则的美国手语词典》（A Dictionary of American Sign Language Studies），

1971 年出版《我们时代的手势》（Sign of Our Times）。1972 年创刊第一份手语研究杂志《手语研究》（Sign Language Studies）。威廉 C. 斯多基的手语语言学认为，美国手语是一种完全独立的语言，手语的手势并不是与英语单词对应的形式，更不是一种依赖于口语的模拟或辅助的表达形式。手语是一种视觉语言，手语与口语这种听觉语言的差异在于语言形式构建的不同。他甚至认为人类视觉语言早于听觉语言出现，手势是人类语言的起源，语言的词汇和句子来自手势的具体化。在威廉 C. 斯多基的手语语言学的影响下，人们逐渐摈弃了对“聋”的病理性定义，为聋人赢得了自尊，为聋人找回了自我和希望。威廉 C. 斯多基因此成为公认的“美国手语之父”，他掀起的手语语言学运动影响超越了美国国境，遍及世界。丹麦、瑞典和泰国等国家在法律上肯定手语的地位和价值，推广聋人双语（手语和书面语）教育，手语翻译职业化，这些国家的聋人已经赢得重要的接受教育和人类文明的权利。[8]

中国早期的手语

美国传教士查尔斯·罗杰斯·米尔斯（Charles Rogers Mills）和他的妻子安妮塔·汤普森·米尔斯（Annetta Thompson Mills）于 1887 年在山东省登州（今蓬莱市）创办了我国第一所聋人学校——“启喑学馆”。后来米尔斯女士 1907 年说服在加劳德特学院任教授的侄女安妮塔·卡特（Annetta E Carter）作为她的助手来中国帮助她办学，将赖恩手势（Lyon's Sign）介绍到中国，编写出中国聋哑学校第一套教材《启哑初阶》（First - step Text for Deafness）6 册，共 237 课。赖恩手势以“贝尔字母”为依据，根据发音器官的部位和动作构成的一套“象形指事”式的

音符手势。[9]赖恩手势源于美国，与中国国情距离较大，而且打法复杂，不易掌握，因此流传不广。但不管怎样说，赖恩手势是中国最早的用于聋人教育的手势，对中国手语的发展起了开先河的作用。《启哑初阶》以单字为基础，配以手势以及和字意相关的插图，进而将单字扩展到双字词、三字词、成语、常用语、格言警句等，既举一反三，又便于学生巩固，很适宜聋人学习。《启哑初阶》是一本独具匠心而又有一定科学性的聋人教科书，同样对中国聋教育起了开先河的重要作用。

《启哑初阶》　图片提供：罗切斯特理工学院国立聋人工学院档案室

聋人龚宝荣1931年在杭州市创办起杭州私立聋哑学校并任校长，他参考英语26个字母手势，首创了40个注音符号手切图，一同将自己创编的算学数字符号手切和英文字母手切汇编为《手切课本》，于1935年经教育部核准公开发行，被很多聋人学校一直使用到20世纪50年代初（注：反切是中国传统注音方法，即用两个汉字合起来为一个汉字注音。反切的基本原则是上字与被切字的声母相同，下字与被切字的韵母和声调相同，上下拼合就是被切字的读音。例如：‘冬，都宗切’，就是用都的声母‘d’、宗的韵母‘ōng’和声调为冬——‘dōng’注

音）。《手切课本》是中国聋人结合中国文字注音法创造的手势，相较《启哑初阶》中的手势更适合中国国情，对中国手语和中国聋教育有着积极的贡献。著名漫画家丰子恺题写了书名，教育家俞子夷赞扬道："注音符号手切的创造，是中国聋哑界的心声。"当时江苏省教育厅厅长许绍棣题词："以手补口耳之缺陷，以师教天赋之偏枯，是书编出而喑者不聋矣，……"[10]（意思是：用手语弥补耳聋口哑的缺陷，以教师教育补偿聋学生的先天不足，这本书编出后可以使聋人不再聋了）。

注音符号手切图　资料来源：《圆梦忆当年》第 187 ~ 189 页

中国手语现状

20 世纪 50 年代后期，中国聋哑人福利会修订出一套《聋哑人通用手语草图》（四辑）。同一时期，中国聋哑人福利会邀请文字改革专家和有经验的聋校教师组成手语改革委员会，制定了《汉语手指字母方案（草案）》，于 1959 年试行。1963 年 12 月 29 日中华人民共和国内务部、教育部、中国文字改革委员会公布实施《汉语拼音手指字母方案》。1979 年，中国盲人聋哑人协会将原有的四辑《聋哑人通用手语草图》修订为两辑，定名为《聋哑人通用手语图》，之后又陆续编纂了第三辑和第四辑。1985 年底，又对这四辑手语单词进行增删、修订，在 1987 年召开的全国第三次手语工作会议上，将《聋哑人通用手语图》更名为《中国手语》。1990 年，中国聋人协会编辑的《中国手语》正式出版发行，1994 年又组织编写和出版了《中国手语》续集。2001 年中国残疾人联合会教育就业部、中国聋人协会委托北京师范大学特殊教育研究中心组织对《中国手语》进行全面修订，于 2003 年 4 月出版了《中国手语（修订版）》（上下集）。2005 年 1 月中国残疾人联合会教育就业部、中国聋人协会和天津理工大学聋人工学院编写出版了《计算机专业手语》。目前长春大学特殊教育学院正在编写《美术专业手语》，天津理工大学聋人工学院正在编写《科学技术手语》。2003 年 12 月西藏

2003 年版《中国手语》封面

藏语手语开发中心收集和编辑出版了两本《聋哑手语藏语词典》。留学美国获艺术硕士学位归国的聋人仰国维多年来研究编著中国聋人自然手语著作，将告完成。2003 中州大学聋人设计艺术学院开办了我国第一个手语翻译专业，之后又有南京特殊教育职业技术学院开办了手语翻译专业。天津理工大学聋人工学院正在筹建手语翻译专业。2009 年 1 月，郑州大学出版社出版了我国第一部手语翻译专著——《手语翻译概论》。

3

使用手语的注意事项和交流技巧

使用手语应简明扼要、直截了当。过多的修饰词、虚词、抽象词会使手语隐晦含混、不易理解。手语表达者要考虑到手语的特点即不宜繁琐，不能想当然地以健听人的口头语和书面语的标准去规范手语，或以健听人的标准去要求聋人。如果希望增强自己的手语表达力，应重点放在对手语的熟练，对口型、表情、体态语言和动作摹拟的逼真程度、幽默俏皮及其手势的创造性上来。

使用手语不要拘泥于它的书面内容的字词和语法结构，这正像我们学习外语不能用本国语衡量和套用一样。比如手语词汇量少，虚词、修饰词和抽象词较少，句子中词序有颠倒、词语有省略等等现象，其与手语表达需要、手语特征和习惯有关。学习者和使用者要逐步学会提纲挈领、灵活变通。

如果用手语给聋人讲述深刻复杂的道理或理论，应当深入浅出地以实际例子进行引证或比较，以此来引导对方分析思考，才能达到较好的效果，这样也方便了手语的表达。如果能加上面部表情和体态动作的一些戏剧性噱头的配合，则更会吸引聋人。仅仅是干巴巴的内容和叙述常常不受聋人欢迎，更难取得预期的效果。聋人学校教师就比较懂得这个方式，“比方说……”

是聋人学校教师最常使用的手语词汇之一。

聋人用手语讲话往往直截而率真，有时使用的词句使人感到唐突、刺激或怪异，此时他们不一定心存恶意，这可能与他们从小在聋人和手语环境中长大以及手语使用习惯、聋人本身的特性和表达方式有关，应当以宽容的态度面对，不必计较。

学习和练习手语尽管可以参照手语书籍，但是往往收效并不理想。学习手语最好的方式是多与聋人交流，多向聋校教师学习。通过深入聋人的手语实践锻炼，不仅可以获得最快速度的进步，而且可以学到手语工具书上没有的手势，学到聋人交流中更精彩、更能吸引人的表达方式以及极富个性和创造性的口型、表情、体态语言和摹拟动作。也只有这样，你才可能成为一个精通手语的专家。

使用手语需要注意的事项和技巧

（1）使用手语交谈时，要避免强光直射对方，也不要在过于黑暗的地方或背对光线，以避免看不清面孔而影响对口型和面部表情的理解。同时不宜戴墨镜或者口罩，打手势时戴手套也常常不被聋人所欢迎。

（2）如果需要把聋人的注意力转移到自己一方，可以轻轻拍拍他的肩膀，但万勿用力过重使他吃惊。对有残余听力的聋人可以击掌引起他的注意，但这样做不如拍肩膀礼貌。如果相距很远，可以举起手臂作召唤状以引起他的注意。

（3）不要站在手语交谈者的中间，在拥挤的房间里或聋人之间相距较远时更要注意这一点。聋人要和健听人谈话时会拍拍他的肩膀，健听人初次可能会感到不自在或不礼貌，但你一定不要在意，因为这是聋人和他人交流中最常见的一种动作。

（4）与聋人交谈时不要做用手敲打桌椅或用脚拍打地板之

类的动作。这样会分散聋人的注意力，使他左顾右盼寻找声音和震动的来源。聋人有时也会用脚跺地板、用手砸桌子和用开关电灯来引起别人的注意，但只在十分必要时偶而为之。

（5）使用手语时要正确、流畅、过渡自然而无停顿或犹豫。健听人模仿学习手语时态度要诚恳、庄重、自然，不要故作噱头，让聋人有不够诚恳以及戏弄人的感觉。同时要充分调动起相应的口型、面部表情和体态语言来配合表达，而且要生动引人，这对聋人来讲就像健听人有文采的语句和动人的语调一样。

（6）打手势时的口型最好依面部表情咬准字眼稍稍加强，语速应稍慢而流畅，对方如不懂，则应耐心地慢慢重复。不应过于顾忌聋人听不到你的言谈而极度夸张口型以及多次反复词句而搞得结结巴巴，反而让聋人不易理解。要知道聋人看口型的能力是很强的，他们大多是幼年开始耳聋，经过了这种交流的锻炼。

（7）聋人常常都有自己的手势名字用来代表特定的人而不是用他的姓名手势的手语翻译，这些手势名字往往是以其人的特点确定的。比如：某位王姓的人体态较胖，聋人就可能用“王胖”的手势称呼他。有时聋人谈到某某健听人时也会自创具备他的特点的手势名字，他们这样做并无恶意，你不要为此不悦。

（8）聋人用手语交谈时，可能会发出健听人感到不愉悦的声音，夸大的口型、面部表情和体态姿势也常常使健听人感到奇怪，但你应尊重和包涵他们这些习惯。健听人应当记住当聋人在一起交谈时，如你不打算加入进去，就不要围观。

（9）健听人在聋人中间作手语翻译时，仅仅需要有效地帮助他们沟通。应当注意不要过分夸大手势喧宾夺主，把自己变

成交谈的中心，也不要顾忌周围人会把你与他们混同而故意作出与他们不同的样子，这样的话会使聋人感到不悦。如果在会场翻译，手势应适当加大，最好穿深色的单色衣服，浅色或花色衣服会使远处的聋人看不请手势而影响翻译效果。

（10）切记在穿行马路、上下楼梯、骑自行车等时候不要打手语，也不要在机动车道上边打手语边走路。如果有人此时要用手语与你交谈，你应暂时不加理会并制止他这样做。因为这样可能会分散大家的注意力而导致车祸、跌跤的危险。在大街上边步行边交谈时也要对地面状况和周围环境多加留心。

4 聋儿康复中家长应注意的问题

毕竟耳聋是一种不常见的现象，谁也不会是天生的耳聋专家和聋儿教育专家。所以当孩子真的发生耳聋时，或由于有关资讯缺乏、或由于看问题片面、或由于自己主观臆断、或由于接触不到有关专家等等原因，聋儿家长往往会陷入误区。而且，有些误区是很严重的并且是一时转变不了的，其结果是聋孩子受到各种各样的损害，尽管这些损害是无意的，或者有时这些损害是潜在的甚至很多年后才能看出后果。正因为这样，聋儿康复专家和聋儿教师说："聋儿的康复首先是家长的康复。"这句话的意思是，聋儿的家长首先要摆正观念和寻找到正确的方法。也就是说，对待聋儿仅有良好的愿望是不够的，重要的是怎样才能做好。

几乎每个聋人都有过类似的经历。小时候耳朵聋了，父母不惜一切代价天南海北地问医求药，经过长期治疗而听力不能好转时，仍然见神就拜求，见庙就烧香，听到什么医院就去看。看病的方法更是层不出穷、离奇古怪，什么针灸啊、中药啊、穴位注射啊、电极刺激啊、气功啊、按摩啊……，还在耳道里放珍珠、放麝香、放冬虫夏草……，甚至还听说有在耳朵里点黑猫尿、喝烧纸灰、喝神庙香灰的……

耳聋如果在早期，治疗及时仍然有恢复听力的希望。然而一旦耳聋既成事实，常常是不可逆转的，尤其是感觉神经性耳聋更是这样。传导性耳聋无法估计治疗时间，感觉神经性聋三天内治疗最有效，超过一周困难加大但仍有些许希望，一个月后基本没有恢复的可能，超出三个月医学就没有回天之力了。此时，家长就不要再把时间、精力和金钱花费在无效的治疗上了，而应该走一条发展聋儿听力和语言的康复之路。传导性耳聋的治疗时间较长，在此期间也应治疗和听力语言康复两者兼顾。家长要记住，给孩子治疗耳聋是重要的，孩子练习听话和说话是更加重要的。这是因为语言的获得只能通过语言的刺激，而认知和思维的发展又依赖于语言的发展。

一般情况下，医生不愿意将没有希望的结果告诉患者，医院为了经济收益更是来者不拒。家长带孩子前往每一所医院，都是从头开始检查，然后进行治疗，一个疗程最少需要一个月甚至更长的时间。一些家长不顾孩子耳聋的既成事实，不听专家劝告、不问效果、不顾一切为孩子到处求医问药，花费了大量金钱、耗去大量时间和精力，到头来不仅孩子的耳聋没有得到任何恢复，还会错过了听力语言康复的宝贵时机，耽误了孩子语言和智力的发展，那才真是雪上加霜。

儿童时期，特别是 3 岁以前，是学习言语的最佳时期。儿童耳聋后，由于不同程度的听力损失，听不到或听不清外界的声音，失去了模仿和反馈语言的先提条件，就无法像健听人那样正常运用语言器官，无法学习和掌握言语，也无法通过言语进行交流，成为既聋又哑的人，即“因聋而哑”。听力语言损伤还会影响孩子的认知能力、语言发展、社会交往直至青少年时期的心智发展、学业成就，进而影响到成年后的工作能力、生活质量、事业成就等等，这才是聋儿家长更应该注意的问题。

聋儿康复指采用医学、教育、社会、工程等多种手段，充分发挥助听器、语言学习设备的作用，开展科学的康复训练，以减轻耳聋造成的听觉、言语障碍及其他不良影响，使聋儿能听会说，尽可能有接近正常的语言交往，达到回归主流社会的目的。聋儿听力语言康复中心（班）一般设立在当地省、市、区、县残疾人联合会，聋人学校以及个别幼儿园，社会福利院等地，聋童家长可以送孩子就近入学。

聋儿康复要“三早”，即早发现、早配助听器或安装人工耳蜗、早训练。3 岁以前是儿童大脑发育最快的时期，也是学习语言最关键的时期；7 岁以前是学习语言的最佳时期；7～12 岁是可塑时期。如果在上述时期发生耳聋则会严重影响听觉、言语发育，同时也会因此影响智力等方面的发展。如果能及时地发现耳聋，明确诊断，及早地配戴助听器或安装人工耳蜗，使聋儿尽早地接受各种声音、语言的刺激，接受科学的康复训练，就会使聋儿在各方面的发展尽可能接近正常，康复的质量就会显著提高。

聋儿家长注意事项

1. 虚心向聋儿听力语言康复中心（班）教师学习聋儿康复和教育方法；
2. 阅读聋儿康复书籍、杂志、培训教材和资料；
3. 积极参加聋儿听力语言康复中心（班）举办的聋儿家长培训讲座和辅导；
4. 积极履行聋儿听力语言康复中心（班）教师对家长的叮嘱和要求；
5. 积极学习手语，促进聋儿双语教育。

儿童通过语言来认识世界、学习文化、与他人交往、进行思考、产生想法、表达自己的思想，从而发展自己的智力。0～6岁期间是语言发展的最佳时期，错过这个时期，孩子的学习和智力发展就比较费力，对聋孩子的影响会被放大很多倍。如果不能给聋孩子提供畅通的语言通道，只是让他们艰难地学习口语，结果很可能就是口语发展并不理想，却错过了孩子学习语言的最佳时期。儿童是在交流中学习语言的。仔细观察就会发现，聋儿因口语较差，在语言训练课之后和课外的生活场合的交流很不充分甚至少有交流，许多聋儿因此失去了通过课外交流发展智力的宝贵机会。

因此，对于听力损失超过40分贝、在配戴助听器后效果不理想、无能力安装电子耳蜗、学习口语比较吃力的情况下，应该在聋儿康复训练和日常交流中运用口语和手语双语手段，使孩子智力得到口语和手语两条渠道的推进。一定要记住的是口语康复重要，智力发展同样重要，要把两者有机地结合起来。对听力语言康复效果较好的聋儿，要积极以口语发展孩子的智力。对听力语言康复效果不太好的聋儿，要积极以手语辅助去发展孩子的智力。对听力重度损失的孩子，不能把那些只占较少比例、听力损伤较轻、康复训练效果较好的聋儿当作目标和榜样，甚至要求孩子的语言能力向健听人看齐。

到达学龄时，要根据孩子的听力状况、康复效果、智力水平、心理状况、意志水平、学校情况等因素，精心选择孩子去普通小学还是聋人小学上学。能够进入普通小学的聋儿，家长要针对性地提前对孩子进行一些适应性锻炼。如：待人接物，自理生活，认识普通小学学习环境和生活学习规范等等。当然，进普通学校是家长的普遍愿望，但是不考虑孩子的适应能力，在普通学校学习也可能适得其反，会出现融合困难、心理压抑、焦虑烦躁、性格孤僻、学习跟不上、失落感严重等负面因素。

中等以上的城市都设有聋人学校，部分人口较多或交通要地的县城和乡镇也设有聋人学校，家长可以请求当地教育主管部门或残疾人联合会帮助孩子入学。

让孩子健康成长

据说小鹰在成长到一定程度时，老鹰会叫自己的小鹰一字儿在悬崖边排开，老鹰用翅膀把它们一个一个往下赶。那些平时勇于练习飞翔的小鹰自由地翱翔蓝天，而那些没有学会飞翔的小鹰却被活活摔死。这个事例告诉我们，一个人从出生开始，就要面对这个世界，无论是健康孩子还是聋孩子都得适应现实生活、适应成长过程中遇到的困难。孩子需要自己飞翔，父母无法代替。但是您的孩子是否能成为一只独立飞翔的小鹰，则完全在于您对孩子的教育方式和教育态度。因此，在聋儿康复、生活和学习中，家长要特别注意避免如下几种消极情况。

否认回避型：不愿承认孩子耳聋这一令人痛心的现实，认为孩子耳聋口哑是一件不光彩的事情，不愿让孩子在大众广庭下露面、说话和使用手语，担心被耻笑，把希望寄托在看病求医、灵丹妙药、偏方秘术上，结果误过了孩子通过生活交往学习语言的欲望和发展智力的大好时机。

溺爱放纵型：由于孩子听力损失，家长痛心不已甚至自责自怨，进而把这种感情转为对孩子的溺爱和放纵。对孩子有求必应，使孩子的生活过度舒适，甚至对孩子的错误放任自流，结果孩子养成难以纠正的任性、懒惰、依赖、蛮横、霸道、自私、自卑等等不良习惯，在接受康复训练时也难以进入良好的状态。

过度保护型：有的家长出于对孩子的疼惜，或出于解决生活问题的便捷，或担心周围环境对聋孩子的不理解而伤害孩子，事无巨细时时事事处处都代替孩子办理，就像老母鸡一样，把孩子庇护在自己的翅膀底下，结果使孩子各个方面的发展受到抑制。

衣食父母型：由于孩子听力和语言都有障碍而难以交流，一些家长感到对孩子无计可施或束手无策，不主动学习手语和聋人教育方法，仅仅成为照顾孩子生活的衣食父母，孩子没有机会通过家庭交流学习语言和发展智力，也造成聋孩子的家庭教育缺失。

疏懒不理型：许多家长因为工作忙，不太愿意学习手语，甚至认为用手语教育孩子太麻烦。许多聋儿家长又生育了第二个孩子，把精力和金钱偏重在另一个健听孩子身上，把聋孩子推给学校，放任不管，使孩子基本没有得到家庭教育，失去了在家庭中学习语言和发展智力的机会。

读书无用型：认为聋孩子不可能成才，聋孩子学习没有意义，或不积极寻找聋儿康复机构进行训练、或不送孩子去聋人学校上学、或孩子年龄很大了才送到学校、或把孩子推给学校不加过问、或没有完成义务教育就让孩子打工，使孩子得不到应有的教育和正常的发展，成为家庭和社会的沉重负担。

5 聋孩子的父母要熟练掌握手语

人每时每刻离不开和其他人的交流，听力和语言损伤造成的恶果正是影响了聋孩子与健听人的正常交流。通常人们看到聋人的文化和素质较差，其实是因为从小与人与社会交流不充分造成的。1972 年 5 月，印度那拉雅普鲁尔村民那尔辛格在森林里发现了一个狼孩，他将他捉回后经过医院长期专门教养，但狼孩仍然昼伏夜动、吃饱就睡、舔喝生水、爱吃生肉、伏卧而眠、不能与人交流、不能恢复人的生活方式。这个事例常常被心理学和教育学研究者援用，狼孩之所以没有发育成长为人所具有的心智，就是因为他从小与世隔绝而与狼为伍，和人间社会割裂了开来，完全失去了与人的交往和交流，智能根本没有得到发展。所以说，聋教育的关键是解决沟通手段，聋孩子教育的根本问题就是解决交流的问题。交流问题一日不解决，聋孩子的心智就受损一日。没有交流就没有教育，交流的问题解决了，聋孩子的教育障碍就不复存在了。

海伦·凯勒曾说道：“目盲的结果是割断了人和物的联系，耳聋的结果是割断了人和人的联系。”聋人学习和生活的关键是解决沟通问题。语言是人类交流的工具，人与人之间主要是以语言互相联系的。人的心智的成长就是人类交流耳濡目染的长期积累，人类交流是每个人心智发展的必经途径。聋孩子听力和语言能力受到损失，手语就成为他们的主要交流手段。人们常说父母是孩子的第一任教师，父母对孩子的成长所起的作用是非常重要的。但是我们看到，目前绝大多数聋孩子的家长不会手语，很难和聋孩子充分沟通，尽管他们很爱或很想帮助自己的聋孩子，但由于不会手语，就不了解聋孩子的心理和愿望，仅仅成为聋孩子的衣食父母，使聋孩子自耳聋开始就失去了家庭教育这一非常重要的环节。换句话说，聋孩子因听力和语言障碍造成的心智发展受损，就是从聋孩子父母这里开始的。聋孩子不能或者难以用口语进行交流，聋孩子的父母面对孩子的交流需要茫然无措地指手画脚，甚至碰到聋孩子离家出走都不知所措、无从寻找。聋孩子遇到这样的父母，怎能健康地成长呢？怎能在各个方面不低于健听孩子呢？可以说，凡是不会手语的家长，他的孩子的心智发展受损是肯定的。那么，家长们还有什么理由不好好学习手语呢？

被视为聋儿康复和聋人教育榜样的聋人周婷婷，认为自己成长过程中的一个重大缺失就是没有学习手语，以至于参加社会活动、聋人活动、研究聋人教育都受到了很大的阻碍。她在“全国自强模范”颁奖大会上，既听不到语音讲话，也看不懂手语翻译，感到十分窘困。后来周婷婷去美国留学，以不长时间掌握了美国手语，对她学习聋人教育起到了很大的促进作用。周婷婷在《聋人如何适应主流社会》一文中写道：“手语是聋人世界的交流工具，主流语言是健听世界的交流工具。当两种语言都学会的时候，聋人将在两个世界游刃有余。针对许多聋人家长和部分聋人拒绝使用手语的心态，我请求聋人不要拒绝使用手语，因为这是他们的语言，也是找到他们归属感的必不可少的途径。”[11]

有这样一个事例。中州大学聋人设计艺术学院外聘了数名聋人教师给聋人大学生上美术课，其中一名仅仅是电大毕业的聋人画家，但是这些聋人教师却受到了聋人大学生的欢迎。此时，一个令人不能不深思的问题同时产生了：为什么水平很高的大学教授的授课效果未能比得上水平一般的聋人教师呢？其实答案很简单，那就是，聋人教师因为从小使用手语，授课时用手语和聋人学生沟通得更加充分，表达得更加精彩。大学教授水平可能很高，但是手语不够熟练或不会手语，表达就有限或无法表达，高水平的知识经验就成了“茶壶里的饺子——有嘴倒不出来”。这不禁使我想起一些聋人学校老教师对新进学校的年轻教师常常说的话：“你们年轻一代比我们老教师专业知识水平高。但是聋人学生评价一个好老师却不是以文化水平定高低的，而是以手语的精彩程度。只有手语精彩，才能把自己掌握的文化知识传达给聋人学生。”

聋人学校教师对于聋人教育体会最深最大的问题之一，也是家长因不会手语造成聋孩子家庭教育的严重缺失。比如聋孩子在小学阶段，不懂基本的生活常识、礼貌礼节、学习规范、交通规范、卫生常识、安全常识，形成了非常巨大的教育断层。此外，家长因为不会手语无法和孩子交流，孩子无法向家长诉说，无法在与家庭的交流中应用在学校学到的知识，孩子在学校学到的东西得不到练习和巩固，家长也无从检验和了解孩子的学习效果。到了小学高年级和中学阶段，任课教师发现这些缺失十分严重，不得不从头开始对学生进行规范和补充，否则聋人学生几乎不能像普通学校学生那样有效地学习。不仅如此，聋人学生因缺乏家庭教育，也失去了开发智力的最好时机，聋人学生的阅读力、理解力、记忆力、思维力、想象力、创新力、创造力严重不足，影响到他们各门功课的学习，成为发展的瓶颈。

耳聋只不过是一种特殊的现象，需要以手语这一手段实现交流，聋孩子不能使用口语交流，做父母的就应该积极学习并且熟练掌握手语。家长的手语水平越高，和孩子交流的内容就越充分，交流的质量就越高。在发达国家，聋孩子的父母学习手语以及聋父母的健全孩子学习手语是一种普遍现象，聋孩子的父母甚至以不学手语为耻，认为这是对聋孩子不负责，会遭到学校、老师和周围人的指责。在外国一所普通小学，一个班里二十几人都是健听学生，只有一个聋孩子，老师就鼓励全班同学向这位聋孩子学习手语，全班呈现着一片聋健和谐交融的感人气氛。在这些孩子们的眼中，那个聋孩子是身怀手语这一绝技的人，会用手语交流是掌握了一种令人羡慕和钦佩的才艺。挪威总共有 4 千多聋人，却有 1 万左右手语翻译，其中不少是聋人的亲友。美国加劳德特大学一名健听女教师，自己没有生过孩子，却在中国、俄罗斯等国家收养了七名聋孩子。这位美国老师还特地请了既懂英文和美国手语，又懂中文和中国手语的手语翻译陪同，带着这些聋孩子周游各国，带她们回祖国观光、参观当地的聋人学校、和当地的聋孩子进行交流。

很多聋孩子的父母不学手语的原因是认为手语是一种简单、不雅观甚至遭人耻笑的语言，这种想法是完全错误的。手语其实是一种优美的动态性、表演性、形象性、视觉性、立体性语言，有着与口语和书面语同样丰富的内涵，可以表达人的丰富思想和内心，是人类语言的瑰宝。也有很多家长认为自己很忙，没有时间学习手语，这也是错误的。因为家长不学手语，就等于从心理上遗弃了聋孩子，使他们得不到来自家长的教育和濡染，心智发展受限，也将使家长背上沉重的包袱。家长只有熟练掌握手语，只有充分地和聋孩子交流，才能指导他们的生活

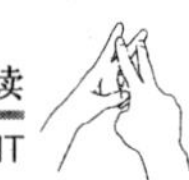

和学习，才能更多地了解他们的心理，更多地了解聋教育方法，更多地帮助孩子成长。家长掌握了手语，聋孩子可以在和家长的交流中学到很多东西，这样就不再封闭，就促进了心智的发展。家长要把手语作为和聋孩子谈话的主要方式，随时随地用手语交流，了解孩子的想法，给孩子讲故事，讲人情世故，讲各种知识，解答疑问，孩子在这样的家庭环境下成长，还有什么理由不出色呢？

聋孩子的父母不仅应该下决心学好手语，而且应该成为聋人手语的推广者和宣传者，不仅聋孩子的父母要学手语，而且也应该鼓励聋孩子的亲友甚至发动社会上的人士一道学习手语，共同创造一个有利于聋孩子成长的社会环境。社会上懂得手语的人越多，对聋人的生活就越有帮助，就越能促进社会的文明与和谐。

家长学习手语的途径

1. 最好的办法还是在生活中随时随地向自己的孩子学习手语，多多练习和孩子手语交谈聊天，使自己的手语水平与孩子同步成长；

2. 参加聋人学校、聋人协会、残疾人联合会和社会举办的手语培训；

3. 去聋人学校听课，参与聋孩子的学校活动，参与聋人社会活动；

4. 购买手语书籍、光盘学习；

5. 网上学习等等。

6

什么是聋儿双语教学？家长怎样配合聋儿双语教学？

在聋人教育中，口语和书面语是非常重要的，口语和书面语能够帮助聋人学好语文以及其他文化课程，培养聋人抽象思维的能力直至和社会尽可能正常交流。但是，聋人毕竟有听力语言障碍，尤其是占同龄聋人大多数的重度聋儿和聋人学生，口语交流主要依靠读唇即看口型。这种依靠看口型获得的只言片语、半懂不懂的语言显然不够完整，大脑难以及时直接联系和语句关联的事物，聋儿的理解就因此受到了限制。而且，聋儿由于听力不好，思维重心更多地放在了分辨和猜测口语上，于是对于口语内容所涉及的情景和环境的联系和联想大打折扣。同时，聋人学校一年级的学生大多数手语能力很差或者不会手语，学会手语至少需要二三年时间，此前他们的交流是极不充分的。人们都知道，课堂交流只是学习的场合之一而不是唯一的场合，此外还有生活中的广阔交流空间。

大家都知道，听力正常的儿童与人的交流从咿呀学语就开始了，并不需要先掌握一定的书面语基础。交流的开始是学习的开始，更是思维的开始。聋人的笔谈交流需要相当程度的书

面语基础，需要相当长时间的文化知识的积累才能达到，大约在聋人小学五六年级，这对于初学语言的聋儿，显然无法做到。所以，单一的口语交流，肯定会使聋儿的交流受限，因为它与幼年和少年时期交流和思维发展的需要不相适应。

从20世纪80年代开始，丹麦、瑞典、挪威、美国、加拿大等欧美国家倡导聋人双语双文化教育。21世纪初，我国在联合国儿童基金会、英国救助儿童会和爱德基金会的帮助下，展开了聋人双语双文化教学实验，提倡综合交流教学法，在教学中推广“双语教学”，即手语和口语书面语结合并行，聋儿先以手语掌握一种完全语言，再以这种语言进行思维、学习知识和获得经验。

聋人听力不好，又主要生活在聋人社会，手语是他们的第一语言，在日常交流中起着主要的作用，在交流的范围、内容、质量和便利程度上都远远优于口语交流和书面语交流（笔谈）。聋人双语教学顺应了聋人学习语言的特点，考虑到了聋人学生的需要和权利，尊重聋人手语和聋人文化，体现了以聋人学生为本的教育理念和因才施教的教育原则，给聋人学生开辟了一条更便捷、更有利、更自然的交流渠道和接受信息的途径。可以说双语教学是一场有利于聋人学生学习进步和生活发展的聋教育革新。双语教学并不是手语唯一、排斥口语，而是手语口语双轨并行，各尽所长，尽可能让聋孩子交流得充分些、完满些，从而促进聋孩子的发展。

无数事实和调查研究已经证明，经过双语教育，聋儿的语言和智力发展比没有经过双语教育的聋儿要好得多。国外还有将手语引进健听儿童学习的实验，结果是引进手语学习的健听儿童的注意力、视觉认知力，还有空间记忆力都优于没有经过手语学习的儿童。[12]

聋人教育的目的是尽可能开发聋人学生的潜能，发挥聋人学生的优势，而决不仅仅是学习语言。双语教学为的是尽可能拓展聋人学生交流、尽可能扩大聋人学生的信息渠道、尽可能促进聋人学生的思维、尽可能增加聋人学生的知识积累。家庭的合作、参与和支持是双语教学的必要条件。家长应该努力把聋人双语教学的理念运用到聋孩子的家庭教育中去，帮助孩子扩充阅历、增长知识。聋人学校的教师有一个最深的感触就是家长不会手语，造成聋人学生自幼家庭教育严重缺失，这种缺失深刻地影响到聋人学生的方方面面，其中最突出的是阅读缺失。家长因不会手语，从来或者很少像对健听孩子那样讲故事、读故事。孩子没有阅读积累、阅读习惯，理解能力没有得到发展，造成书面语和思维能力发展滞后。这种情况直接导致老师在讲台上费尽心机讲解，聋人学生却不知所云或只知一二，教学效果难以达到预期目标，而且这种情况又进一步影响到其他课程的学习。所以，聋人家长要努力弥补这一不足，尽可能地帮助孩子成长。

与聋人进行双语交流首先要求家长熟练地掌握聋人手语，在日常生活中，除了口语和书面语交流之外，还要以手语和孩子交流。即以手语为主，综合口语和书面语，给孩子讲解生活常识、解答疑问、讲故事或者读书。聋人双语教育是为聋孩子的成长主张权利，因此和聋孩子共同阅读是需要大力推广的有益活动。双语交流和阅读应该从孩子小时候就开始，一直坚持到孩子初中毕业后能够自己独立阅读。聋孩子越是幼小、语言和阅读能力越差，就越需要双语交流和阅读，以便帮助孩子积累语言和增加知识。

美国加劳德特大学劳伦特·克勒克国家聋教育中心研究制订的“共同阅读计划”卡片上帮助聋孩子阅读的指南，非常值

得家长参考。[13]

和孩子共同阅读完书籍后，家长可以根据孩子的年龄和程度，让孩子将手语讲解的故事用书面语叙述或整理下来，以便同时锻炼孩子的记忆、分析、思考、概括、想象能力以及书面语表达能力，这又是一种促进孩子学习和进步的方法。

序	共同阅读计划
1	选择你和你的孩子都喜欢的书籍。
2	读书时让孩子同时能看到你的表情、手势和文字。
3	不必完全受书中文字的限制，可以发挥、变通书中的意思。
4	一边读一边跟孩子讲解书中故事的内容，还可以不时向孩子提问。比如结合你的经验来讲解书中的故事，让孩子来预测情节的发展和结果。
5	要有表演性地讲解书中的故事，用手势、体态语言和夸张的面部表情来扮演故事中不同的角色。
6	常常变换你做手势的位置，可以在书本上，可以在孩子身前，可以在你常用的位置上。
7	如果书中有些词语的手势你不会，也不必紧张。你可以用动作、指示图片和表演情节来讲解，之后再请教孩子的老师。
8	讲解故事时随意地轻拍孩子的肩膀，或用肘部轻推孩子让孩子保持注意力。
9	鼓励你的孩子带领你读故事。对幼童来说，这意味着你一边简短地描述图片一边让孩子翻书。对大一些的孩子，可以直接给他们读原文。
10	看完书后可以让孩子或与孩子一起表演故事的情节。
11	如果孩子喜欢的话，应将同一故事再重复讲述一遍，这是孩子语言发展中的一个重要部分。
12	轻松愉快地让你和孩子一起度过读书这一段积极而有意义的时光。

7

聋人教师在聋教育中的重要作用

(1) 社会发展的不平衡、人们长期对聋人存在世俗偏见、聋人整体教育水平的偏低，制约着聋人参与社会的能力。加上听力和言语障碍影响着聋人与社会的沟通和交往，从而使聋人生活在相对甚至是绝对的困难之中。聋人教师清楚地看到聋人与健全人的生活差距，有着改变困难处境的强烈愿望、决心、热忱和意志，有着希望通过教育改变聋人的困境、拯救聋人的超常感情和工作热情。

(2) 同病相怜、同气相求的感情使聋人教师往往更加关爱聋人学生，急聋人学生之所急，忧聋人学生之所忧。聋人教师以与聋人学生相同的生理障碍、相同的交流手段、相似的生活处境和相似的生活经历去体验聋教育，去实践聋教育，往往对聋教育有着健听人很难具有、更加切合聋人学生和聋教育实际的教育观念、教学经验和体会，这是聋教育决策、管理和教学不可缺少的宝贵财富。

(3) 聋人教师有与聋人学生相同的生理障碍、相同的交流手段、相似的生活处境和相似的生活经历，因而聋人学生更愿意与聋人教师交流沟通、倾诉内心，聋人教师成为聋人学生获取知识、经历和信息的重要渠道，聋人教师易于成为聋人学生行为的参照标准和人生效法的榜样，聋人教师更易拉近与聋人

学生之间的距离，更利于了解聋人学生因听力语言障碍和交流不便而隐藏较深、不易察觉的问题，及时加以引导和解决。

（4）聋人学生从小受到听力和言语残疾的影响，智力、文化和知识乃至分析、判断和思辨能力都严重地滞后，他们又从小在聋校长大，很少与健全人打交道，视野和处事能力受到了极大的限制，尤其是中小学聋人学生因耳聋口哑又加上书面语表达能力极差，非常缺乏主张，很难得到他们对所在学校管理和教学的真实反映和客观评价。聋教育机构听不到来自聋学生的声音，就极易产生偏差、过失和错误。聋人教师扮演着无法替代的聋人对聋教育反馈的角色，也是聋人学生的代言人和权益主张者。

（5）耳聋人如果处在听力正常的人中间，而不是其他耳聋者中间，他们非常有可能被孤立。一个耳聋人如果仅仅是生活在听力正常、语言流利的人们中间，他可能没有机会真正地参与到社会中去。聋教育学校如果没有聋人教师，聋人学生很少有机会接触成年聋人，平时与健听人的心理距离很大，走上社会时，遇到与过去截然不同的生活，这种情况势必加剧他们所面临的困难。聋人学生能够通过聋人教师了解聋人社会，学习成年聋人处理问题的方法和经验。因此，聋人教师是聋人学生适应社会的缓坡和桥梁。

（6）聋人教师是对聋人学生进行双语教学的重要人选。聋人教师的交流方式和健全人教师的交流方式的天然互补，是对聋人学生进行双语教学的最好条件。因为聋人教师的交流方式和健全人教师的交流方式并存，能够使双语交流不仅存在于课堂之中，而且存在于课堂之外，这就优化了聋人学生的双语学习环境，有利于双语教学的实施。只有聋人教师与健听教师配合才能共同完成双语教学任务。

（7）聋教育研究和聋教学研究必须始终以“聋”为中心，因而聋教育研究和聋教学研究离不开聋人教师的参与。如果得不到来自既是聋人又是教师这样双重身份的聋人教师的合作，聋教育研究就容易被架空。国际聋教育研究的重要成果如：聋人双语教学、聋人手语研究、聋人教学研究等等，都是建立在与聋人教师和聋人聋教育学者合作的基础上的，国际聋教育和手语研究学术会议从来没有离开过聋人教师和聋人学者的广泛参与。可以说，如果没有聋人教师就没有客观的和完整的聋教育研究环境，没有一流的聋人聋教育研究者就没有一流的聋教育研究。

（8）聋人教师扮演着聋人文化和聋人历史传播者的角色。聋人文化和聋人历史是一直随着聋人而存在的，是聋人社会生活的长期积淀，是聋人群体智慧的积累，广泛地体现在聋人教育和聋人事业中。聋人文化是人类文化的瑰宝，是国家文化和民族文化的重要组成部分，是世界文化中的奇珍异宝。如果没有聋人教师，聋人文化和聋人历史就难以薪火相传、难以发扬光大。

（9）聋人教师比一般聋人具有更高的文化知识和自身素质，又经过聋教育机构规范严格的职业训练和教学实践锻炼，他们身为聋人生活在聋人中间，有着更多接触学校之外的聋人的机会，既成为聋人中先进文化知识的传播者，又成为聋人中国家规范手语的传播者，他们也自然会成为社会聋人学习的榜样。每当一地聋人学校出现一到几位优秀聋人教师时，他们往往又会成为当地聋人群体的核心成员，兼任着当地聋人协会领导职务，对当地的聋人教育、聋人协会工作都会产生火种或辐射作用。聋人教师对提高聋人群体的文化素质以及推广规范手语起着重要作用。

（10）聋人学校任用聋人教师是聋人人权的体现。如果聋人学校都不能吸收聋人任教师，何谈其他机构吸收聋人就业？何谈聋人的社会地位和权益的维护？如果聋人学校都见不到聋人教师、听不到来自聋人的声音，何谈整个社会对聋人群体的尊重？何谈社会能听到聋人的呼声？如果聋人学生在接受教育阶段都看不到聋人师长和聋人榜样，何谈聋人学生努力成长为有用的人才？如果聋人学校都不能培养出出色的聋人教师，何谈社会产生出色的聋人人士？何谈聋人在整个社会面前的前途或者出路？

8

聋孩子在聋人小学，家长应注意什么？

（1）在刚入学和低年级的孩子的衣袋、书包、文具盒里时时保存有孩子姓名及其父母姓名、家庭地址和电话、学校地址和电话的卡片，万一孩子走失以便于联系。只要可能，家长要尽早教会孩子书写自己的姓名、父母的姓名、老师的姓名、家庭住址和电话号码、学校地址和电话号码。

（2）家长要主动向专业人员学习助听器维护、调理知识和技巧，每周定期检查、养护和清洁孩子的助听器。如果发现孩子不爱戴助听器、助听器效果变差等情况，就要及时带孩子去助听器服务部门进行检查、调试和维修，以保证孩子的助听器处在最佳工作状态。同时应该在孩子的助听器上栓一根细绳挂在孩子的脖子上以防止丢失。孩子大一点时应该教会他开关、调试和维护助听器，给助听器更换电池等。

（3）家长应该和孩子一起学习手语，解决和孩子交流的障碍，尽可能地通过手语交流补偿孩子因听力言语障碍带来的心智受损。家长要在孩子的家庭教育和交流中注入手语和口语双语交流手段，像对待健听孩子一样，用手语多给孩子讲益智故事和生活道理，创建一个和谐、愉快、畅达、无障碍的家庭交流环境，帮助孩子学习语言、开发智力，不能因为孩子耳聋就忽略家庭教育。

（4）家长要帮助孩子练习读唇看口型的能力，这种能力对孩子的学习乃至一生的生活都有很大的帮助。平时交谈时如果孩子没有看明白家长的意思，要稍稍加强表情，辅助手势，和蔼、诚恳、耐心地给孩子重复，直到孩子看懂为止。记住锻炼孩子看口型时一定不要着急，更不能发火，否则孩子会因害怕而不再努力学习看口型，对孩子影响非常不好。

（5）家长应该认真向老师请教孩子的教育方法和需要配合的地方，经常和学校和老师充分交流、充分沟通，以帮助孩子适应学校管理，及时了解孩子在学校的表现，及时纠正孩子的错误行为。每个期末和开学家长会一定要按时参加。记下学校和老师的电话号码、手机号码和网上聊天号码，每隔一段时间向学校和老师了解一下孩子的学习和生活情况，及时向学校和孩子提供帮助。因为聋人对聋人生活的体验直接而深刻，所以如果学校有聋人教师的话，家长还应经常和聋人教师交流，听听他们对聋孩子的生活和教育方面的见解。

（6）聋孩子因听不到，丢了东西往往找不回来，所以不仅要在开学前为孩子准备好学习和生活用品，并且每隔一段时间还要补充消耗和丢失，还要逐步教会孩子自己补充学习用品，教孩子养成爱惜学习用品的习惯。聋人学生互相借用学习用品的情况非常普遍频繁，甚至到了影响教学秩序的地步。这一情况一直持续到高中。很多聋人学生干脆不买学习用品，养成了借东西的坏毛病，应该在孩子幼年时就纠正。

（7）如果可能的话，尽量不要让孩子寄宿在学校而要让孩子住在家里。这是因为，再好的学校教育也代替不了父母亲情和家庭教育。那些离学校较远，实在不得已让孩子住校的家长，要尽可能在周末和节假日把孩子接回家。有些家长借口忙或者嫌聋孩子麻烦，长时间把孩子放在一个远离亲情的环境中，对孩子的身心成长是非常不利的。对于聋孩子来说，家庭教育不是可有可无，而是更需要加强。

（8）带孩子外出时，最好随身带上便笺和钢笔，多给孩子介绍周围事物，用笔书写这些事物的名称和知识，或者给孩子讲些有趣的故事，把重要的词句写下来让孩子看懂。如果孩子对您使用的语句实在理解不了，您可以画出简单的图形帮助孩子理解。尽管这样做比较麻烦，但是如果家长能持之以恒地这样做下去，会对孩子的智力发展、写作等方面有较大的帮助。如果家长英语比较好，还可以用这样的方法随时随地帮助孩子学习英语。

（9）要定期检查孩子的学习效果，因为大多数聋孩子上学地点较远，很多学生在学校住宿，一周甚至几周才能回一次家。家长在和孩子的交流中，要经常鼓励孩子主动复述和演示当天或者当周学习过的课程内容和文化知识，使学过的东西能在家庭交流中得到巩固和深化，同时也可使家长及时了解到孩子的学习情况，以便及时发现问题加以辅导或设法补救。

（10）要积极注重视觉环境对聋孩子的教育作用，以补偿听觉障碍带来的认知损失。在家庭中注意多为孩子提供视觉方面的支持，如图片、图书、画报、光盘、电脑、展览、参观等等。要有意利用社会生活中的视觉资源，多为孩子讲解其内容和应用方法。要多带孩子去植物园、动物园、公园、城市景观点、城市文化设施、郊区农村参观游览，给孩子讲解与其有关的基本知识。结合书本内容和学到的知识，带孩子进行体验和实践。利用日常生活随时碰到的情景，给孩子讲解与之有关的知识和问题。

（11）聋孩子或因与健听环境相对隔离，或因父母溺爱包办，或因教育培养不够等等，最大的毛病是“懒惰”和“散

漫”，影响到他们学习、生活甚至日后的工作。懒惰不仅表现在学校劳动上偷懒、逃避、不认真等，而且表现在学习上不主动、不严格、靠人催、有问题不及时解决或懒得解决等，在生活上则是依赖心重、惰性强等。家长应该注意从小培养孩子勤劳、主动的习惯，教育孩子主动安排自己的学习、生活，主动做力所能及的家务等等。散漫表现为不能严格要求自己、学习时思想不集中、做事不能善始善终、分不清轻重主次、没有责任心、敷衍了事。家长应该严格要求孩子，生活规律、按时作息、专心致志、有始有终、严谨细心等等。

（12）聋孩子容易受到周围的冷落、遗弃、漠视，所以要有意加强培养孩子的社会交往能力。社会交往对孩子的帮助非常大，而且也是成年生活能力的基础。比如家中来了客人要让孩子接待；让孩子与周围正常孩子交友、玩耍；带孩子参与亲友会面和社会活动；让孩子单独购物、办事、处理人际问题等等。在这个过程中，聋孩子会受到更多的挫折、失败甚至伤害。此时，家长要加强对孩子的心理开导和交往方法的指导，千万不要时时处处事事包办代替，使孩子失去适应社会的能力。

（13）由于聋孩子书面语言表达能力有限，加上口语不好、听力不好，很多事情不容易被及时发现，所以要特别注意对孩子进行人身安全教育，尤其要防范成年人对聋孩子的性侵犯。对孩子遇到的人都要起一个手势姓名，告诉孩子任何情况、任何时候都不允许任何人触摸自己的隐私部位，如果遇到这样的情况要立即叫喊、斥责、拒绝、远离，同时要记住对方的相貌、特征和手势姓名，及时告诉父母、老师、警察。

（14）要定期给孩子检查身体和视力。这是因为聋孩子由于听力和语言障碍，对自己的身体状况和疾病难以认识更难以表达，等到他们对身体不适表现明显时，问题就已经比较严重了。

对一些早期症状不太明显，但之后会产生严重后果的疾病或传染病，需要通过检查身体及早发现及早治疗。经常检查孩子的视力，则为的是坚决避免聋孩子眼睛病变和视力衰退这一绝对不允许出现的情况。

（15）因为教育聋童的方式和手段和健听孩子有所不同，社会也比较缺乏关于聋童教育的资讯，所以家长应该尽早地主动学习聋童教育方式，而不能听其自然地靠感性积累这些知识。否则的话，等到家长对聋孩子教育方法较为了解时，孩子可能就已经错过了学习的大好时机，家长也会在“早知……就好了”的后悔中看着孩子在学习和知识严重滞后的情形中苦苦挣扎。

家长学习聋儿教育的方法和渠道

1. 购买聋教育书籍、聋人知识书籍，订阅特殊教育杂志；

2. 常去聋人学校听课，常向聋人学校教师请教；

3. 积极聆听特殊教育学术会议报告和演讲；

4. 主动拜访聋人学校名师，听取他们的建议和经历，向他们咨询有关聋童教育知识；

5. 积极参与特殊教育论坛、博客、聊天群，和聋学生、聋人学校教师、聋童家长讨论聋孩子教育问题，互相学习聋童教育知识等等。

（16）家长要重视培养聋孩子良好的品德行为、基本的生活习惯和独立生活能力。

教育孩子：热爱祖国、热爱学习、热爱科学、遵守纪律；勤奋上进、遵纪守法、诚实守信、珍惜时间；明辨是非、团结友爱、坚强勇敢、谦虚礼让；热爱劳动、关心集体、爱护公物、助人为乐；尊重他人、感恩他人、勤俭节约、勤劳质朴等。

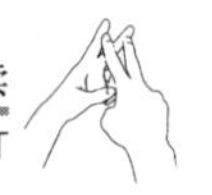

帮助孩子学会接人待物和基本文明礼貌：孝敬父母、尊敬师长、友爱兄弟姐妹朋友同学；学会“你好”、“谢谢”、“请”、“对不起”、“没关系”、“打扰”、“辛苦了”、“再见”等礼貌用语。

培养孩子自己的事情自己做：学会收拾物品、整理用具、打扫卫生、清洗碗筷、洗衣晾衣、购买物品等。

培养孩子勤俭节约：不浪费粮食，不浪费水电；不乱花钱、衣着朴素大方；不浪费生活用品和学习用品等。

培养孩子热爱自然，保护环境：爱护植物、花木，不攀折、不破坏花木；爱护动物、爱护鸟类，不伤害、不虐待动物；废弃的电池要集中起来放入专门收集处等。

（17）家长需要帮助聋孩子掌握如下知识：

学习规范：遵守课堂纪律，专心听讲，认真思考，及时复习；按时独立完成作业，作业格式正确；写作业要专心致志、独立思考、字迹工整；不随意缺课，不抄袭作业，考试不作弊；每天坚持定时阅读课文，阅读时要沉静专心；每天复习学过的知识，预习第二天的功课；会整理自己的学习用品，保持书本干净整洁；放学后先完成作业再玩，睡觉前准备好第二天的学习用品等。

自然常识：了解人体结构、生理知识、器官和内脏的位置及其功能；了解常见疾病的成因、表现和预防知识；了解常见动物名称及其特点；了解常见植物名称和特性；了解自然现象、景观形成的原因和特点；了解电器知识和使用方法，学会使用天然气灶；了解身边的物理、化学、科学知识等。

卫生常识：积极锻炼身体，作息规律；爱护眼睛，坐姿端正，保护视力；正确刷牙，预防龋齿；多喝开水，不喝生水，多吃蔬菜和水果，少吃无益多害的各类小食品；不乱丢弃垃圾，不随地吐痰，不随地便溺，不乱倒污水；勤理发、勤洗澡、勤剪指甲，饭前便后要洗手等。

交通规范：汽车左灯闪左转弯，右灯闪右转弯；红灯停绿灯行，宁停三分不抢一秒；过马路要走斑马线、地下通道或过街天桥；学会乘坐公交车的注意事项等。

安全常识：记住并能复述自己、父母、老师的姓名和地址；不跟陌生人走，不收陌生人的东西，不去陌生偏僻的地方；不羡慕金钱和享受以及新奇的东西；不贪小便宜、不接受他人赠送，拾物上交、拾金不昧；不过晚回家或过晚回校，不留宿家外或校外；外出要和家长或老师打招呼，讲清目的、时间、地点、路线并且按时回家和回校；不玩火、水、电、煤气等危险物品和设施等。

9 聋孩子在聋人中学，家长应注意什么？

（1）经常和孩子谈心，经常询问孩子的学习和生活情况，充分交流、充分沟通，以了解孩子的心理、学习和生活需要并努力帮助解决。帮助孩子树立正确的人生观、世界观、社会观、价值观、残疾观，帮助孩子树立理想、建立目标、规划人生、计划学习、计划生活、计划零用开支。适时、及时、经常地对孩子进行法制教育，比如通过讲解法律知识、利用报刊法制事例、观看法制教育电视频道，教育孩子遵纪守法。

（2）尊重孩子的独立意识和个人自尊，帮助孩子扩大知识视野，帮助锻炼孩子的分析和思考能力，引导孩子利用书籍、互联网、图书馆学习；引导孩子正确阅读报刊，及时了解国内国际时事；带领孩子拜访名人、名师、专家，逐步让孩子建立高远的追求目标、掌握正确学习态度和高质高效的学习方法。同时针对这些教育目标和实际需要给孩子订购杂志，购买相应的书籍、光盘等。

（3）根据情况及时对孩子进行自强教育、励志教育、道德教育、意志教育，有意锻炼孩子解决问题和克服困难的能力；给孩子讲述伟人的事迹和杰出残疾人的事迹，培养孩子坚强勇敢、勤奋好学、勤劳上进、生活俭朴、乐于助人的优良品质；搜集优秀聋人的事迹，并尽可能给孩子创造与优秀聋人直接交

流的机会，为孩子树立聋人榜样。

（4）聋孩子学习的难中之难是作文。因为交流是学习语言的前提条件，所以应该经常和孩子一边手语交谈一边笔谈，在交谈中给孩子创造学习规范书面语的机会。持之以恒地在家庭交流过程中轻松、及时地纠正孩子的病句。鼓励孩子多和健听亲戚、朋友、同事以及各种人士交流和笔谈，扩大视野，了解健听人世界，学习规范书面语，丰富生活书面用语。如果有时间的话，多看看孩子的作文，根据老师的批语给孩子说说作文中存在的问题和今后的努力方向。

（5）关注青春期孩子的心理和生理需要并及时加以正确引导，给孩子讲述和讨论一些青春期生理和心理知识，同时给孩子购买一些青春期性知识书籍并进行讲解，严格要求孩子不去网吧，不浏览不健康的网站。家长要抓住青春期心智飞跃发展的大好时机，创造有利于孩子发展的广阔天地；要注意孩子的社会交往情况，鼓励有益交往，谨防因交往不良聋人而被诱入歧途。要教育孩子预防性错误和性侵犯，对女孩子的社会交往要更加注意和严格要求，决不允许过晚回家回校，更不得在外留宿。

（6）帮助孩子锻炼社会交往能力、处事能力、面对困难和解决问题的能力，经常给孩子讲解人情世故、人际关系、社会关系、知人处人、安全防范等等知识。帮助孩子学会从班级到学校、从学校到校外、从同学到朋友、从朋友到其他人逐步扩大交往范围；因为孩子是聋人，个人交际往往脱不出“聋人圈”，所以家长要给孩子争取和创造了解、交往健听同龄孩子的机会，消除健聋隔阂，使孩子学会融入主流社会并从中学到更多的东西。

（7）聋孩子由于听力语言障碍，社会活动范围狭窄，自幼

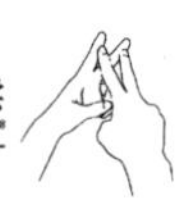

在聋人小圈子里生活，观察、分析、辨别、研究、联想、想象、创造等方面的能力严重不足，家长要通过帮助孩子写日记、写读报读书的读后感等方法，锻炼孩子观察和分析生活、分析社会的能力；通过帮助孩子写作文、诗歌，教会孩子鉴赏美文、体会诗韵。如果需要经常辅导孩子的文化课，家长可以购买一些教材辅导书看看，这样辅导起来针对性就更强一些。

（8）由于聋人学校活动范围较普通学校窄，学习进度和课程设置也慢于普通学校，因此在当孩子具备阅读能力后，建议家长给孩子建立属于孩子自己的“图书角”甚至“图书柜”。可以根据孩子的实际情况和阅读能力进行选择，分为扩大视野类、百科知识类、益智类、修养励志类、学习方法类、生活知识类、名人伟人事迹类、聋人专门读物类等等。据很多成年聋人的回忆，对他们影响较大的书籍有《十万个为什么?》、《365夜》、《上下五千年》、《安徒生童话》、《格林童话》、海伦·凯勒《我的生活的故事》、周婷婷《从哑女到神童》等等；杂志有《世界知识画报》、《人民画报》、《儿童文学》等等。

（9）积极支持和帮助孩子发展爱好或专长，对孩子有益的爱好和专长应当投入支持资金。比如：让孩子参加科普、航模、美术、表演、工艺制作等活动。爱好和专长可以锻炼孩子动手动脑能力、培养孩子的创造素质、扩展孩子的思维和视野、扩大孩子的有益交际、发展孩子的优势能力等，这对于今后大学学习、日后走上工作岗位甚至在某一领域做出成就，都有十分重要的意义。很多杰出健听人和杰出聋人，往往都是从小时候某一个爱好开始的。

（10）经常和孩子交流，谈论学校生活、学习内容、社会知识、生活方法、学习方法、妙闻趣谈等；带孩子参观大学、工厂、农村、古迹；带孩子参观科技馆、博物馆、天文馆、地质馆、海洋馆、民俗馆、纪念馆、名人故居；带孩子游览山川名胜、边疆风貌、民族风情等等。这些活动可以巩固学到的知识、扩大知识面、启发智慧、刺激思维、激发孩子上进。参观学习时家长要记住多给孩子讲解、多给孩子收集相关书面印刷资料，以便于孩子学习。

（11）在孩子参加高考前两年，家长就要经常和学校取得联系，结合学校和老师的计划逐步对孩子的学习、生活进行安排，而且越是临近高考越要这样。这里主要包括：合理计划孩子高考学习和复习进度、及早弥补孩子学习上的弱项、调理好孩子的生活和饮食、帮助孩子选择学校和专业、帮助孩子应对高考压力、帮助孩子策划考试应对策略等等。

（12）经过多方尝试和考察，如果孩子确实在少数不适宜上大学的个案之中，家长要考虑让孩子经过学校或社会培训等途径掌握一技之长，为将来谋生和自立奠定基础。当然，对孩子上大学和不上大学的选择要慎重又慎重。

10 家长应该怎样避免聋孩子离家离校出走?

每隔三五个月，就能在报纸、杂志甚至电视上见到十四五到十八九岁的小学高年级和初中聋人在校学生突然离家或者离校出走失踪的消息，而且出走的学生几乎全是因接触了社会不良聋人的诱骗弃家弃校而去的。聋人学生离家离校出走，不仅使家长、学校忧心如焚，耗费大量时间、精力和资金去寻找他们，而且这些离家离校的聋人学生更容易在社会不良聋人的诱导、欺压或逼迫下走向违法犯罪的道路，女孩子还有受骗失身甚至怀孕的危险。在校聋人学生出走有着方方面面的原因，主要还是家长对聋孩子关心不够、理解不够、了解不够、教育不够造成的，聋孩子和家庭缺乏感情和思想交流，对家庭产生隔膜、疏远、失望。避免聋孩子和不良聋人交往而出走，是一个非常值得家长们注意和及早防范的问题。

多了解和掌握一些聋教育方法和理论

耳聋这一生理缺损现象要求聋孩子以特殊的方式接受教育，所以家长应该努力学习和掌握聋教育的方法和理论。只有遵循聋教育的规律，依循聋孩子的身心特点，按照聋教育的方法教

育和培养自己的孩子，才能弥补耳聋给孩子带来的心智上的损害，才能帮助孩子尽可能健康成长。

学习聋教育方法和理论的途径

1. 经常去您的孩子所在班级听课；
2. 参加聋人学校家长培训和家长会；
3. 多和孩子的老师交流；
4. 向比较成功的聋人和家长请教；
5. 觅购聋教育书籍，订阅特殊教育杂志；
6. 拜访聋人学校教师；
7. 向聋教育专家求教；
8. 旁听聋教育学术会议；
9. 浏览特殊教育类网站、加入特殊教育论坛；
10. 加入特殊教育教师、聋儿家长组织的群聊室探讨聋儿教育；
11. 积极组建或加入聋儿家长组织等等。

要学好手语以方便和孩子交流

手语是聋人交流的工具，是聋人的语言。说到学习手语，很多家长不以为然。如果家长不会手语，就无法和孩子交流，就难以了解孩子的需要、孩子的表现，这无异于心理上对孩子的遗弃。聋孩子也是一个活生生的人，需要交流、关怀、爱护、帮助，在没有交流或者交流不充分的家庭，聋孩子的心理需求得不到满足，感受不到家庭的温暖，心里面有问题得不到及时疏导和解决，怎能不出走呢？报道上家长说走失的聋孩子见到聋人总是感到很亲切，这些聋孩子的父母怎么不反问一下为什

么聋孩子和聋人亲而和自己疏远呢？换句话说，如果家长本人生活在没有交流或交流不充分的环境中，该是什么滋味呢？自己该何去何从呢？这就像不会外语的人生活在外国、不会少数民族语言的人生活在少数民族中，不融合、无关怀、受孤立、被遗弃是肯定的事情，在这种生活环境中，任何人都会想出走离开。所以说，家长学好手语是头等大事，必须及早下决心。

经常关心和爱护孩子

多和孩子在一起，住校的孩子要多接回家里。平时经常和孩子交心谈心，多关心和爱护孩子，多听孩子述说自己的情况，及时了解和掌握孩子的心理、思想、愿望以及和外界的交往状况。要把聋孩子和健听孩子一样对待，要在品德、能力、情感、习惯上一点一滴耐心地培养孩子，不正确的地方要立即纠正。对孩子正当的需求应该尽量予以满足，对孩子不正当的需求应该及时遏止。要经常帮助孩子了解周围健听孩子的学习和生活，多给孩子讲述主流社会情况，教会孩子辨别是非。对青春期的聋孩子要更加爱护和关心，增强家庭和学校对聋孩子的吸引力，使这一时期的聋孩子复杂的心理和生理冲突能够得到缓解。

经常了解孩子的学习和生活情况

聋孩子由于听力和言语障碍使得他们的思想和行为比较隐蔽，所以需要对孩子多加了解以便及时跟踪和引导。聋孩子居住比较分散甚至距学校较远，家长更应尽可能多地了解孩子在学校的思想动态和行为表现。要经常向老师了解聋孩子的学习和生活情况，及时帮助学校和老师把孩子的学习和生活搞好，把孩子的问题及时解决在萌芽状态。家长要全面了解孩子的情况，要向孩子的班主任了解，向孩子的其他任课老师了解，向孩子的生活老师了解，向孩子的聋人老师了解，还应该向孩子的同学和好友了解。

了解孩子外界交往情况

聋孩子作为一个个体的人，有社会交往的愿望和需求是很正常的。如果对聋孩子的外界交往一概不允许，反而伤害了孩子的自尊心，促成了孩子的逆反心理，使孩子的交往更加隐蔽诡秘，家长更难以了解。有的家长对孩子的交往不加过问或听之任之，也会导致孩子不辨良莠，错交朋友。正确的态度应该是鼓励有益的外界交往，对于孩子带来的聋人同学和朋友，既不能拒之门外，也不能一概迎纳。要热情接待孩子交往的聋人同学和朋友，同时还要适当加入他们的交流，以了解孩子交往的同学或社会聋人的情况，弄清和记下对方的姓名、年龄、手机号码、家庭住址、家庭背景、家庭电话、父母姓名等等，做到心中有数。孩子带同学或社会聋人来到家里，家长要及时问请对方的基本情况；孩子去同学或社会聋人家返回后，家长要及时询问对方的情况和交往的过程。这样做不仅能够有效防止孩子结交品行不良的聋人，而且孩子万一出走也能寻踪问迹、有据可查。

教育孩子的方法要策略适度

教育孩子在于平时一点一滴严格要求，培养良好的生活和学习习惯。孩子认识自己的过错需要一个过程，因此批评孩子

要讲究策略，严慈温寒适度。有些家长平时疏于过问孩子，或因家长不会手语难以勤于过问孩子，一旦孩子出现较严重的过错就斥责甚至体罚。此时孩子在思想上还不能认识自己的错误，见到的却是家长雷霆交加，这样会使孩子心理上难以接受，或自卑、或委屈、或逆反，甚至突然离家出走。

对孩子进行法制教育

聋孩子不仅掌握的文化知识较少、对外界社会了解不多，而且也因此对法律知之甚少。家长要经常对孩子进行基本的法律常识教育，让孩子知道作为一个个体的人也是一个社会的人，人人都要遵守一定的道德和行为规范。每个人的行为都要负相应的法律责任，任何触犯法律的人，都要受到法律的制裁。家长可以为孩子讲解报刊、电视上的法制事例，引导孩子坚持收看电视法制频道节目，如中央电视台 1 频道《今日说法》节目、中央电视台 12 频道法制频道等，教育孩子知法守法。

努力帮助孩子提高文化水平

尝到学习的乐趣、喜爱阅读、上进心强的聋学生是不会受到外界诱惑而出走的。出走的聋孩子大多处于青春期，文化程度较低，缺乏辨别是非的能力。这些聋学生常常是家庭管教不严而思想和行为活跃、不爱学习、不阅读报刊书籍、喜欢校外新奇事物、与社会聋人交往频繁的人。聋孩子文化水平较差的话，就不具备较好的思辨能力，家长和教师的教育难以对他们起到应有的作用，学校和家庭对他们的影响力较小，而校外聋人对他们的影响却较大。摸清了这个要害点，我们就可以对症下药，其中重要的还是要帮助孩子提高文化水平，强化阅读能力，强化他们辨别是非的能力。

创建美好和谐、愉快、积极上进的家庭生活环境

美好和谐、愉快、积极上进的家庭氛围是孩子健康成长的最好环境。家长多给孩子温暖体贴，避免家庭不和。父母不要当着孩子的面大吵大闹，更不能把自己的不愉快扩散到聋孩子身上。一些家长或是嫌不方便、或是感到不光彩，亲友往来不愿让聋孩子出面，迫使孩子自己从社会聋人那里寻找心理安慰和生活情趣。此外，家长还应经常关注残疾人和聋人网站、购买和订阅有益于孩子心智发展、适合孩子口味的书籍、杂志；经常带孩子参加各种聚会活动、旅游观光；经常带孩子参加社会公益活动、残疾人联合会和聋人协会的活动。

给孩子配备手机

通常聋人学校中住校寄宿的聋人学生占学生总数的一半左右，这一半学生中又有二分之一的学生离家更远，一个学期才能回家一次。即使是每天回家的走读生，或是每个周末都能回家的住校生，对于家长来说，和聋孩子联系也十分不便。所以，只要家庭经济条件许可，非常赞成您给大一些的孩子配备手机，以便和孩子保持联系，及时把握孩子的动向。手机最好买便宜的，能打短信息就行。所需注意的是，要教育孩子不在上课时使用手机打短信息，不能没有约束地乱打手机短信息。同时如果您不是特别紧急的话，和孩子短信息联系最好放在中午饭后、下午饭后，以免打扰孩子的学习、影响孩子的情绪。

加强对孩子的安全防范教育

聋孩子阅历较浅、分辨能力较差、缺乏防范意识；聋孩子社交范围较窄、生活内容相对单调，对外界事物更加好奇；聋孩子思辨能力较差，容易轻信盲从；聋孩子使用手语交流，健听人不易了解他们的言谈，因此对他们的言行难以了然在心。一些社会聋人利用了聋孩子这些弱点，以聋人相同的手语交流方式欺骗聋学生、拐骗聋学生。作为家长，应该经常对孩子进行安全防范教育。

提高警惕：手机本来属于有个人隐私内容的生活用品，但是对待聋孩子家长则要定期检查孩子手机的短信息内容，以了解孩子的交往情况，杜绝社会聋人利用手机短信息欺骗和拐骗孩子，防止不良同学帮助社会聋人欺骗和拐骗孩子。叮嘱孩子，不要随便把自己的手机号码、家庭状况和联系方式告诉不认识的人。

经常和孩子聊聊天：了解孩子的生活和交往情况。告诉孩子，遇事首先告诉家长或老师。不要轻信花言巧语、不要接受小恩小惠、不要羡慕外出工作、不要相信天上会掉馅饼、不要接触不可靠的聋人、不要单独外出、不要跟陌生走、不要去陌生偏僻的地方、不要羡慕金钱以及新奇的东西。

要求孩子：不许过晚回家或回校，不许留宿家外或校外，外出必须和家长或老师打招呼，讲清目的、时间、地点、路线及同伴姓名并且要求按时回家和回校。

寒假和暑假期间：由于孩子的自由时间较多，家长要对孩子的生活和学习做好安排。同时，家长要更加留心孩子的行踪，交往和表现，防止孩子受到社会不良聋人的诱骗。

11 聋人要特别注意爱护自己的眼睛

聋人失去了听力，健听人可以通过听觉获取的信息对聋人来讲就完全转移到了视觉上，健全人可以从广播、电视播音、人际对话、录音、电脑音频等等渠道获取外界信息，聋人却完全依靠阅读报刊、观看字幕、笔谈等。就连聋人使用的手语也是一种“视觉语言”。随着社会的发展、人们的学习、工作、生活越来越高度依赖电脑和互联网，这是一种更重的视觉负担。社会越是发展，生活中的视觉信息越会增多。比如，证券、商业、交通、电视、广告等等，人们的视觉负担无疑会越来越重。再比如，在一个陌生、黑暗或危险的环境中，健全人大多是眼耳并用甚至以听为主去体察周围动静，而聋人就完全需要靠视觉观察，必须眼观六路，却不能耳听八方。出门在外，聋人也必须比健全人更多地用眼睛留心周围情况。很多人说聋人因耳聋眼睛变得敏锐了，视阈变宽了，这实际上是聋人的视觉代偿作用。作为一个聋人，学习或书面工作负担重了，眼睛就常常感到很累；在一个纷杂缭乱的环境中，也会感到眼睛不够用。

其次，聋人已经丧失了听觉功能，所以剩下来的视觉功能就更加显得无比宝贵。一个失去听力的聋人，如果视力也受到损害，那就是个不堪设想的后果了。所以聋人保护眼睛的意义

更为重大，最好定期检查眼睛。要知道眼睛是人体最宝贵的器官，视觉器官受损和听觉器官受损一样难以治愈，千万不要等到眼睛非常不适或视力明显衰退才去医院，那样常常就为时已晚。我国聋教育家吴燕生在《聋教育常识》一书中也谈到了保护聋孩子的视力非常重要。

尽管聋人近视率不是很高，但聋人“知识分子”——即文化层次较高，爱看书弄文的聋人近视率是比较高的。随着社会的发展和聋人受教育水平的不断进步，聋人文化水平迅速提高，这个聋人层的人数正在迅速地增长。近年来，我国聋人高等教育快速发展，很多青年聋人可以通过努力学习步入高等学校。但有一个不容乐观的情况已经发生，那就是由于高考的压力、聋人学校学制的延长、教育内容的增加、考核要求的提高、作业负担的加重，聋人学生中的近视率正在迅速增长，步入高校的聋人大学生近视人数也迅速增多。又因为很多聋人从大学美术设计专业毕业，大多从事与电脑有关的如室内外设计、平面设计、动漫设计、展示设计等等，这种高强度视觉工作很容易损伤视力。同时工作聋人的交际圈较小、工作环境、生活环境甚至住宿条件也常常不如健全人好，这也是一个不利于视力健康的因素。失去听力的聋人戴眼镜的人数变多，绝对不是什么好事，这个问题亟需引起高度注意。

关于眼睛保健的方法我们大家可能都已经耳熟能详，但聋人“知识分子”和青年聋人近视的发生，主要还是个人不注意用眼卫生导致的。

建议聋童家长或聋人买一张《标准对数视力表》贴在家里。家长可以随时检查聋孩子的，大一些的聋孩子可以自检，在视力轻微退步时就采取对策，避免视力严重退步。

在此提醒各位聋人读者，请按照表中的要求保护视力。

保护视力16条

序	内　　容
1	看书和做作业要保持与书本一尺距离。
2	看书、写作业和使用电脑时间不要过长。
3	不要在光线昏暗和强光刺眼的地方看书和写作业。
4	不要在行走时和车船中看书。
5	不要躺在床上看书。
6	使用电脑要间隔休息。
7	学习、作业和课堂间隔要出门活动或远观调节。
8	身体和眼睛疲劳时不从事用眼过度的事情。
9	去过公共场合，乘坐过公交车，使用过公共用品如电脑、钱币、开关按钮、电梯扶手、门锁、图书馆书刊等等，要及时洗手。
10	避开电焊等超强光刺激，不能凝视太阳。
11	要注意避免眼病和眼外伤的发生。化学、物理、劳动技术等一些有可能伤及眼睛的课程要戴上防护眼镜。
12	盥洗用品不能和别人交叉互用并要保持洁净、经常消毒。
13	不要用手揉眼睛，眼睛进入异物不能用手抠，要用医用棉签将异物轻轻往外擦，最好及时去医院请眼科医生处理。
14	理发时如果被迫使用理发店交叉循环使用的毛巾，很容易感染眼疾。理发师给你擦脸时你最好紧闭眼睛，待回家后及时重新洗一次脸。理发时最好自己带毛巾。
15	远离患有眼病的人。
16	要注意营养、加强运动、锻炼身体、劳逸结合，睡眠不能太少，常去野外踏青。

12

给聋人学校的26条建议

由于我国聋人学校包括高等聋人学校中的聋人教师数量较少，聋人领导更是少有，使得聋人学校领导和教师很难听到站在聋人立场上的聋人的建议，这些健听领导和教师在聋人学校的工作中往往因此出现偏差。这里，笔者作为一个18年教龄的聋人教师，就自己曾经看到的、遇到的和不断思考到的，聋人学生非常需要、至少是目前聋人学校还做得十分不够和需要改进的地方作如下建议：

（1）聋人学校要十分重视吸收一定比例的优秀聋人教师，这些聋人教师将会对聋人学校的教学和管理工作起到非常重要并且是不可替代的作用。一个全是健听人而没有聋人的聋人学校教育是不可能没有偏差的。

（2）聋人学校管理层亦应该配备一定比例的聋人领导，这也是由聋人学校工作的特殊性决定的。聋人学校领导层如果没有聋人，听不到来自聋人的谏言，学校很多工作肯定会有意无意地以健听人自己的立场牺牲掉聋人学生的需要和利益。

（3）手语和口头语双语教学早已被国内外认为是适合聋儿成长和学习的正确教育方式，聋儿康复中心要积极吸收条件合适的聋人教师，早日全面实施双语教学，让学龄前聋儿的语言和智力尽可能发展得充分些。

(4) 聋人学校要以开设家长学校、举办学习班或讲座等方式，培训聋人学生家长学习手语和聋人教育方法，改变长期以来聋人学生家长不会手语和聋人教育方法，因而起不到应有的家庭教育作用，严重影响聋人学生身心成长的状况。

(5) 聋人学校新教师一定要经过相应时间的手语培训，待具备一定手语水平后再上岗。如果让不会手语或手语不熟练的教师仓促进入教学岗位，在难以沟通的情况下教学，就会耽误聋人学生。聋人学校教师的手语要提高、提高、再提高，熟练、熟练、再熟练。

(6) 聋人学校要为聋人学生配备心理指导教师。心理指导教师可以一对一及时帮助聋人学生解决学习、生活、成长中遇到的困惑和问题，同时也可以为聋人学生开设心理疏导、成长指导、生活常识、生活能力、学习方法、学习规范等等的教育或课程。

(7) 聋人学校校医不仅有责任维护全体聋人学生的健康，而且要懂得耳科、听力学知识，为聋人学生和家长提供耳科和听力学咨询和指导，向聋人学生提供助听器及电子耳蜗的调试、维护和保养服务，向聋人学生和家长提供助听器及电子耳蜗调试、维护和保养方法的指导和咨询。

(8) 不仅聋人学校的任课教师要熟练掌握手语，聋人学校的图书管理员、生活教师、校医、会计、后勤人员、食堂师傅、门卫等人员也要熟练掌握手语，以方便与学生交流。不能也不应该让学生在课外的生活中受到手语问题带来的阻碍和影响。

(9) 聋人学校的手语培训应该吸收聋人教师来做一部分教学工作，因为来自聋人的手语更自然、更地道、更为聋人所欢迎、更能让聋人看懂。聋人教师也应当成为手语培训效果的检

验员。

（10）聋人学校应该努力创建、不断完善适于聋人学生成长的聋人文化环境。要积极收集聋人书刊资料、校内外聋人事迹、聋人作品、聋人校友成就，专辟场合展示给聋人学生和校外人士。

（11）聋人学校要把创造聋人学生和健听学生、健听人士互相交流和学习的机会作为重要工作来做。这是因为，生活和交流环境对人的成长起着重要的作用。聋人学生从小到大一直只和聋人学生来往和交流是不会很出色的。

（12）要积极给聋人学生创造和校外优秀聋人、已经毕业的有成就的聋人校友接触的机会；积极给聋人学生创造参观高等学校聋人学生学习和生活的机会，让聋人学生获得优质的社会学习机会。

（13）聋人小学要增加手语课，以基本手语学习、讲故事、讲童话、讲寓言、表演戏剧小品等方式，让低年级聋人学生的手语尽早尽快熟练和丰富起来，成为学习生活的利器，而不应让聋人学生的手语仅仅在课堂和课余交流中自然缓慢地形成。高年级聋人学生手语课内容可以学习方法指导、生活指导、手语演讲等等，以提高聋人学生的手语水平、加强学生的表达能力、增强学习能力和生活知识。

（14）聋人学生的晚自习要配备教师专门辅导，否则聋人学生在自习过程中遇到的问题得不到及时解决，会影响到聋人学生学习的巩固和对白天教学内容的理解。

（15）聋人学校图书室要充分向聋人学生开放，以方便聋人学生阅览、借阅。图书室要适当增加适宜聋人阅读的图书和画报品种。

（16）聋人学校要设置室外阅报栏，阅报栏要由专人负责每日更新，以打破聋人学校聋人学生坐井观天、不知时事的封闭状况，方便聋人学生了解国内外时事与新闻、通过报纸学习。

（17）聋人学校青春期教育要制度化、定期化，至少应该每学期进行一次。因为聋人学生文化水平较低、信息来源较窄，更不可能指望他们对青春期知识无师自通。因此，聋人学校的青春期教育更应该强化，而不是因为聋人学生耳聋口哑很少吐露心迹就可有可无。

（18）聋人学生表演艺术不能仅仅重视发展舞蹈，还应该发展哑剧、魔术、木偶剧、武术等等更多聋人喜爱的种类。哑剧、魔术、木偶剧对聋人学生的手语表达有很大的促进作用。

（19）生活教师不仅要管理好聋人学生的生活、作息、起居，而且要注重培养聋人学生良好的生活习惯、生活自理能力，教给学生丰富多彩的娱乐游戏方法。生活教师应该给住校聋人学生在双休日和节假日适宜地安排一些校内外的活动，而不应该让住校聋人学生的双休日和节假日在聋人学校狭小的圈子里百无聊赖、单调乏味地度过。

（20）聋人学校要给教室和聋人学生宿舍安装闪光警示灯，以方便聋人学生敲门进出。闪光警示灯还可起到提示聋人学生作息时间、向聋人学生提示紧急情况等作用。

（21）聋人学校的室内会场应设计为阶梯式座位，以便后排的聋人学生毫无遮挡地看清最前边人的讲话口型、手语、演示和表演。

（22）聋人学校大门口道路两侧和附近路口要设立标志以提示司机小心慢行，防止机动车辆伤及听不到车辆往来声音的聋人学生。

（23）高等聋人学校要积极开辟更多适宜聋人青年学习的专业，要打破目前因专业单一，造成全国聋人学校学生学习美术，

千军万马走美术高考独木桥这一不正常现象。

（24）特殊教育工作会议、特殊教育学术会议、聋教育教材编写、特殊教育论文和教学竞赛或评比，应该积极吸收相应比例的优秀聋人教师参加，选拔优秀聋人发言、演讲和担任评委。

（25）各级教育系统教学研究所（室）要配备特殊教育教学研究人员，以研究、指导聋人学校的教学和管理工作，教研人员也应该有优秀聋人教师。

（26）聋人高等学校也要积极地逐步吸收聋人教师，逐步配备相应的聋人领导，以协助搞好聋人教育和管理工作。

【聋生学习篇】

——DEAF BETTER LEARNING

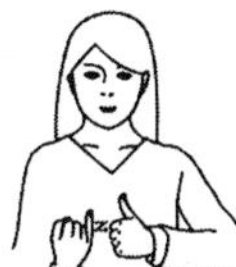

只要聋人善于分析利弊、扬长避短，就可以化不利为有利、化不幸为有幸、化艰难为动力、化困难为砥砺，战胜耳聋的障碍，走向一条尽管曲折坎坷却令人起敬的人生道路。

13

聋人应该怎样应对听力语言障碍带来的困难？

听力语言障碍给聋人带来的困难和不幸是显而易见的，因为人主要是以听觉搜集信息的。很多聋人学生在语文老师常常出的作文题《假如我能听见声音》中写道，自己因为听力不好，听不到爸爸妈妈亲切的呼唤、听不到老师琅琅的讲课声音、听不到鸟儿悦耳的鸣叫、听不到孩子们银铃般的话语、听不到美妙的音乐、听不到医生的询问、听不到售货员报价、听不到售票员报站……真是让人感慨唏嘘。

但是人可以通过智慧和努力克服困难、解决问题。顽强的毅力可以征服世界上任何一座高峰。只要聋人善于分析利弊、扬长避短，就可以化不利为有利、化不幸为有幸、化艰难为动力、化困难为砥砺，战胜耳聋的障碍，走向一条尽管曲折坎坷却令人起敬的人生道路。

要努力克服耳聋的难处

勇于面对耳聋缺陷：聋人自从耳聋那天开始，就受到外界的冷嘲热讽、挖苦欺负、冷落遗弃、压制限制……有些聋人因此或痛苦、或自卑、或逃避，这都是不对的。社会对聋人有偏

见有歧视，这说明社会还有很多不完满、不文明的现象，说明这个社会有待改善、有待进步、更有待聋人以卓越的实际行动改变周围人对自己的看法。如果因为社会存在歧视，自己就悲观丧气、就自惭形秽，那才是以他人的错误来惩罚自己，既改变不了社会，又伤害了自己。正确的态度应是：接受现实，积极、坦然、勇敢、坚强地直面人生，直面命运，直面社会，把一切事情做得更好，给周围人看、给社会看、给歧视聋人的人看。我国两千多年前的战国时期，有个名叫鹖冠子的人，正当年壮有为时，不幸突然得病，双耳失聪，连打雷的声音都听不见。可是鹖冠子却很坚强乐观，他说："耳朵聋了算什么，坏事也能变好事。古时有个叫许由的人，每当他听见一些脏话时，便要到河里把自己的耳朵洗一番。我现在耳朵聋了，可以省掉像许由那样洗耳朵的麻烦，这不是件好事吗?"鹖冠子照常勤奋学习，努力研究，著书立说。他教过的学生不少成为很有学问的人，他的《鹖冠子》一书成为诸子百家中影响很大的著作。

锻炼看口型的能力：看口型也叫"读唇"，这种能力在聋人日常生活中是非常重要的。比如走进商店、邮局、车站、宾馆、机关、医院、银行、单位甚至街头等地，都需要询问一些简单的问题，这些场合你不可能指望健听人随时为你写出来或有会手语的人帮助你。如果看口型能力比较强，就会带来很大便利，和健听人交往时也会感到方便得多了。反之，看口型能力差的聋人，生活中遇到的阻碍就会多得多。看口型的能力不是与生俱来的，在于自己主动练习，而且越早练习越好。要向健听人多多询问，不要脸皮太薄不好意思，不要怕重复询问带来麻烦和尴尬，不要自认为麻烦对方，不要担心对方瞧不起自己。和健听人交流时，没有看懂的短句马上询问，真诚地请求对方重复，大多数健听人是不会计较并且乐于帮助聋人的，时间长了，看口型的能力就会提高。

学好文化特别是学好语文：耳聋影响着聋人学习和接受信息的能力，耳聋又影响着聋人与社会的交流。假如聋人的文化水平和健听人有着较大的距离，就会加重聋人学习、工作和生活上的困难，也会引发健听人对聋人的错误认识甚至歧视，使聋人的生存状况雪上加霜。试想，健听人不会手语，他们讲话聋人听不到，唯一能够实现交流的方式就是笔谈，如果聋人的书面表达能力也很差的话，笔谈也不行，那么就等于完全截断了聋人与外界交流的渠道，孤苦无助在所难免。所以，聋人必须下定决心，克服困难，学好文化特别是语文。当文化基础达到一定的程度时，你就会发现，耳聋的阻隔是可以通过文化知识打破的，聋人和健听人的交流隔阂是微不足道的。

锻炼解决问题和克服困难的能力：聋人学习、工作和生活上的困难有很多，人就是解决问题和克服困难的动物。艰难困苦怕什么！只要意志坚强、勤奋好学、不屈不挠、勇于尝试、千方百计、想方设法，就不会停住前进的脚步。困难是弱者的绊脚石，困难更是强者的垫脚石，人的能力就是从解决问题和克服困难中得到的。聋人周婷婷考入辽宁师范大学后，由于听力不好影响听课，她就和盲人同学王铮组成一对“海伦·凯勒号舰队”，一人帮助另一人听课，一人帮助另一人生活，共同完成了大学学业。当你通过探索、通过研究、通过坚持克服了这些困难时，你就会发现自己的意志变强了，能力变强了，甚至会为此而自豪：“除了听，我还有什么做不了的事呢?”

探索聋人学习、工作、生活的独特方法：聋人面对的是聋人的特殊生活，常常有特殊的困难。比如在公交汽车上听不到报站，怎样不误下车？信息不灵、闭目塞听，应该怎么扩展视

野？等等。这一切除了社会进步带来的部分改变之外，大多还是需要聋人自己解决。西安聋人申松柏的工作昼夜倒班，他利用老式闹钟上发条的转动拨动台灯的开关，以提醒自己按时起床。有位初中时双耳失聪、在普通中学上学的聋人学生，语、政、史、地通过自学掌握，物理、化学特别是数学就碰到了很大的困难。他左思右想，终于想出了一个好办法。他找到任课老师，请求老师把备课本预先借给他，在老师上课使用备课本前一周就通过钻研搞懂内容，老师上课讲解时等于再巩固一遍，功课从来没有落下，赢得了老师和同学们的一致赞赏。

处好与亲友、师长、邻里、领导、同志、同学的关系：听力语言障碍毕竟对聋人的学习、工作和生活有很大影响，需要健听人的热情帮助，所以聋人还要特别注意处好和亲友、师长、邻里、领导、同志、同学的关系。礼貌待人、热心诚恳、勤于助人，才能更多地获得他人的帮助，也能从他人身上学到很多东西。俗话说："帮助他人就是帮助自己。"人是社会的产物，人和人是互相帮助的关系，何况对于有听力语言障碍的聋人呢？比如半夜突然有了急病或者急事，如果家里没有健听人的话，情急之下也就必须求助于邻居。

养育好自己的孩子，使孩子早日成为自己的帮手：聋人夫妻怀孕和生育要特别当心，特别用心，一定要生一个健康聪明的宝宝。聋人夫妻在抚育和教育自己的孩子上也要讲究方法，精心培育，一定要带出一个出色的孩子。聋人夫妻不仅有耳聋带来的诸多不便和潜在危险，而且孩子将是聋人生活的最好帮手。生活中常常看到很多聋人夫妇的孩子很懂事，上街购物能够帮助聋人父母听售货员报价，在家能够帮助聋人父母接听电话，小小年纪就成为家里的顶梁柱，让人看到感慨万分。

要善于利用耳聋的益处

安静：聋人听不见声音，“耳不听，心不烦”，可以少受甚至完全不受环境噪音的干扰。健听人学习、工作和生活中有时特别讨厌的声音，如：他人走动、咳嗽、说话的声音；小孩游戏和吵闹的声音；电视机或广播播放节目的声音；电话铃声、开关门声；窗外交通车辆的声音；大街上人群熙来攘往的声音等等。这些声音不会干扰聋人，聋人对此可以“置若罔闻”（意思是好像没有听到）。聋人还可以避开口头唠叨不休的人、不会手语但爱唠叨的人。由于听力障碍和交流方式特殊，健听人一般不会对聋孩子或聋人喋喋不休。由于听不到声音，免受声音的干扰，聋人可以睡得更香甜，醒来后精神会更加充沛。这是很多希望做出成就的人殷殷以求的。孔子说：“天何言哉，四时行焉，百物生焉，天何言哉。”（意思是：“天不言不语，无声无息，却操纵着自然界四季四时的变化和万物的生灭。天主宰这些变化和生灭，都不言不语，无声无息。”）其实，不仅万物生灭四季四时变化悄然无声，而且人的学识、智慧、事业的进步、成长、兴旺、发达也大多是在安静的学习、思考、研究、劳作、努力中获得的。所以，聋人耳朵聋了听不到声音了，不全是坏事，有时也是好事。

视觉更加敏锐：健听人的注意力是听觉和视觉两者兼顾，聋人则完全集中在视觉上。但是人的活动还是以视觉注意把持或者操作的内容居多，所以聋人学习、工作时容易集中注意力。滤去听觉的干扰，默默地细致观察，静静地分析思考，这是人们学习、研究、创造等活动最需要的心境。在很多名人的故事里经常有专注于研究或者创作以至听不到外界声音的事

情。其实“耳根清净”（意思指耳边十分宁静，没有嘈杂吵闹的声音）和“充耳不闻”（意思是好像把耳朵眼堵起来不听一样）本来就是聋人的特权。“堤内损失堤外补”（大堤内的庄稼被水淹了，可以通过更加精心耕作好大堤外的庄稼弥补损失。意思是某个部分受到损失，可以通过发展其他部分弥补这项损失），听觉不好了，可以扩大和发展视觉功能来补偿听觉的损失。

眼亮心灵手巧：个体身心的发展具有互补性，机体的某一方面受损甚至缺失后，往往能够发展其他感官和身体的潜能予以代偿。听力受损甚至缺失，会对人的精神力量、意志力、情绪产生调节作用，帮助人们战胜残疾。聋人视阈变宽、视觉敏锐、注意力集中。聋人还因从小使用手语，手指变得非常灵活。耳聪目明固然能给生活带来很大的便利，但是很多人也不一定能够物尽其用，这也是生活的辩证法。聋人要好好利用因耳聋带来的其他功能的超常发展，做出不凡的成就。山东聋人吴永清练就一手非凡的家具制作技艺，自 1989 年以来，连续三届获得“全国残疾人技能竞赛”家具制作第一名，多次获国际残疾人技能竞赛金牌。这位“三连冠”选手每次比赛做出的严丝合缝、精湛入微的作品都让在场的裁判、领导、选手赞叹不已。

社交范围较小：聋人由于听力语言障碍，社交活动范围比健听人少了许多，这种情况对一些事情有很大影响。但是除了政治、商贸、表演、影视等集体行为外，世界上很多业绩又大多是在安静的环境中做出的，过多的社会活动反而会分散精力、无法专注。著名的日本作家村上春树说：自己好像就是走进寂静黑暗无人的地下室鼓捣出一部又一部的作品的。熙来攘往的社会和人际关系分散和消耗着人的时间和精力，所以较少社会交往和人际活动也是难得的好事。只要聋人善于利用这一好处，找准方向、讲究方法、专心致志、聚精会神、全力以赴、埋头苦干，更容易在某个方面做出成绩。

逆境磨练坚强：“困难艰苦，玉汝于成。”“梅花香自苦寒来，宝剑锋从磨砺出。”这两句话说的都是困苦和艰难可以促发思考、磨练意志、锻炼能力，直到获取成功。聋人都知道听力语言障碍给自己学习、工作和生活带来的困难和不幸，因此性格一般都比较倔强甚至好胜争强，在听力语言方面不如别人，就要在其他方面超出别人。坚强的意志是人们争取成功的一个重要因素，这样的性格如果能够用到学习、工作、事业的追求上来，向旧观念挑战，与命运抗争，卧薪尝胆，更加努力，决心出类拔萃，追求独一无二，和健听人一比高低，反而获得了成大事者最需要的品质，生命会更有意义。

14 聋人怎样扩大视野和见识?

听力和语言障碍把聋人孤立起来，使聋人变得孤陋寡闻，同时还会缺乏人际往来、乏味单调、孤寂沉闷。这样一来，聋人的生活范围和知识见解都受到了很大的限制，以至影响到了学习、工作和生活的方方面面。因此，聋人要更加刻苦地学习，采用多种方式尽可能弥补听力语言障碍给自己带来的影响。现代社会信息的发达和科学技术的进步给聋人带来了前所未有的福音，现代人生活获取知识、信息和阅历的方式越来越多，只要聋人善于利用、善于学习，完全可以做到“秀才不出门，便知天下事”。

图书

书籍是人类进步的阶梯，书籍是人类智慧的源泉。读书学习，是提高聋人的知识水平、扩大聋人的生活阅历、提升聋人的思维质量的最好方式。现代出版业空前繁荣，各门各类的书籍琳琅满目，聋人可以根据自己学习、工作和生活的需要进行选择。天下书多读不完，读书要注意选择，有些书需要精读甚至反复钻研，有些书只需要泛读浏览；有些必备的书需要购买，有些书只需要借阅。“开卷有益”，经常读书、热爱学习的聋人就可以缩小和健听人之间的文化差距——“聋于耳而不聋于心，哑于口而不哑于脑”。不仅会感到生活障碍变小了，而且会感到自己和周围的世界更加融合了。

报纸

报纸可以使人知道国内外最新事件，扩大视野，增加阅历，指导生活。聋人听不到广播以及没有字幕的电视内容，读报就成为弥补这一损失的最好方式。报纸种类五花八门、多种多样，聋人可以根据自己的需要订阅或购买。为了加强阅读效果、加强报纸的利用率，还可以摘抄报纸中的有用文句，或者制作剪报。剪报制作方法是将有用的文章剪下，然后分类贴在旧杂志、旧画报上，日积月累，就成为学习、工作和生活的宝库，既实用又省事，是一个学习的好办法。

杂志

杂志是针对不同对象、不同内容、不同需要连续出版的定期出版物，有学术性、技术性、政治性、时事性、资料性、科普性、检索性、趣味性等等不同。杂志比报纸具有更强的针对性和专业性，把传播的内容集中在一个方面连续介绍。现代杂志出版业同样空前繁荣，琳琅满目，包罗了人们生活的方方面面。聋人可以根据自己的学习、工作和生活需要去订阅或者购买。阅读杂志可以放在学习和工作之余，既可以调节身心，又可以增加知识，还可以利用闲暇时间。

图书馆

天下书多读不完，天下书多买不完。自已想阅读在书店找不到的书、过去出版的书、只需阅览的书怎么办呢？解决这个问题的办法就是去图书馆。图书馆是书籍的宝库，利用图书馆的书籍资料是现代人学习的一个重要方式。图书馆书籍一般分为社会科学、文化艺术、自然科学、科学技术、期刊、过刊、报纸、文献、馆藏等等分部。利用图书馆就要履行图书馆的借阅规定和要求，同时掌握一定的图书分类检索知识，这样就可以尽快找到需要的书籍或者资料。有的图书馆还有残疾人免费借阅或优惠规定，更加便利了聋人的学习。图书馆还常常举办讲座、展览、培训等活动，也值得聋人好好利用。

电视

电视早已是非常普及、每个家庭须臾不可离开的大众娱乐工具，聋人可以利用这一工具来增加知识、扩大视野。看电视要弥补知识阅历的不足，应该有目的、有选择地收视，不能想看就打开电视，也不是打开电视就拨弄遥控器，最好是按照节目预告有目的地选择，要有意控制收视娱乐休闲节目，多多收视具有知识性、学习性、教益性、科普性、视野性的节目。

互联网

20 世纪末改变现代人生活最大的科技成果就是互联网的应用和普及。互联网主要以视觉资源为主（当然包括听觉资源），可以浏览信息、电子联络、搜索信息，触角伸进世界和社会的各个角落，几乎无所不包、无所不能、应有尽有，真是一机在手万事无忧，非常值得聋人好好利用，没有电脑的聋人可以就近利用网吧上网。要利用互联网资源，就要学好计算机应用知识，聋人可以通过参加培训、购买学习光盘等等方式学习互联网知识。对于互联网上浩瀚的资源，要学会甄别和遴选，剔除无益的、不良的甚至有害的内容，选择积极的、上进的、健康的、有教益的内容。

社会交往

人不仅要向书本学习，还要向社会学习，即向他人学习。向他人学习就要扩大自己的社会交往范围、增加个人魅力，就要礼貌待人，虚心、诚心、热情。在此同时还要加强自己的修养，发展知识、能力、特长，使自己成为一个吸引众人、受大家欢迎的人。孔子说："三人行，则必有我师焉。"意思是有三个人走过来，其中就有可以做我的老师的人。你的社交范围大了，就能在别人身上学到很多东西，在人际交往的互相促进中不断进步。社交的方式有很多，如参加社会活动、学习、培训、访问、亲友往来等等。

参观

参观博物馆、展览馆、美术馆、收藏馆、科技馆、天文馆、地质馆、海洋馆、民俗馆、纪念馆、名人故居、动物园、植物园等等以及这些机构举办和组织的各种各类展览、活动、讲座、培训，可以拓宽视野，增长见识。如果你能利用甚至创造机会

去农村参观农业生产，去企业参观工厂加工，去知名大学参观校园，也是非常好的学习途径。参观学习时要多留个心眼，带上笔记本和数码相机记录重点。带上钢笔和便笺，不懂就问，让工作人员和随队老师或家长为你介绍得更详尽一些，同时注意多索取和收集相关的书面资料，这样会收获更大。如果能持之以恒，时间久了，就一定能比别人知道得更多。

旅游

旅游是前往异地游览参观的一种娱乐活动，旅游可以通过观光游览参观不同地域、不同民族、不同国家，领略和体验不同风土、不同人情、不同历史、不同生活，从而扩展自己的阅历、陶冶自己的情操性格。古人说："登山则情满于山，临海则情溢于海。""仁者乐山，智者乐水。"聋人旅游不仅是一种娱乐活动，更应该是一种学习活动。在旅游途中，要注意利用好照相机、摄像机、笔纸等，不仅要记录自己去了什么地方，而且应该记录领略了什么风情、了解了什么人情、学到了什么东西、得到了什么感受，使旅游更加有意义、有收获。建议在旅游途中或返回后书写旅游日记。

15

聋人怎样和外界通讯联系?

聋人不仅与社会交流不便，而且还存在着通讯不便的困难。即使是诞生了一百多年、给现代人提供了极大方便的电话，由于听力和语言障碍，聋人也只能对此兴叹。但是，20 世纪 80 年代后无线通讯和互联网的产生，从根本上改变了世界，也从根本上改变了聋人的生活。现将适宜聋人的通讯方式介绍如下：

书信

在互联网产生之前，书信一直是人类的主要通讯方式。在电子通讯普及的时代，如果收到远方亲友亲手书写的信笺，你一定倍感温馨、亲切和激动。尤其是对方没有电子通讯设施，对聋人来讲那就非书信不能通讯，所以书信仍然有着不可替代的重要作用。书信实用、方便、简单，几张纸、一个信封、一枚邮票，发到邮局信筒就行，而且让收信者感到情谊深长。常常书写信件，还能锻炼文笔，活跃大脑，提高写作能力。

手机短信息

手机发送短信息可以誉为聋人通讯的革命。在此之前，聋

人可以说根本没有现实意义上的通讯。目前手机通讯在聋人中使用非常普遍，手持一部手机，只需拨动按键就能实现点对点通讯。有的手机还有群发功能，可以实现一点对多点的通讯。如果手机有照相功能，还可以发送彩信。如果聋人不会汉语拼音，可选择购买有笔画拨字功能的手机。如果聋人年事高、眼睛花，看不清手机屏幕上的小字，可以买一只具有手写功能的手机。另外手机还有计算器、日历、记事、定时发送、闹钟、游戏等等功能。聋人在选购手机时，要挑选闹钟震动功能的，如果来了信息、设置了记事和闹钟的话，就会以震动提醒你。对联系不是特别频繁的人发送短信息时，最好在信息结尾注明自己的姓名，这样既能让对方感到你有礼貌，也能防止对方因为忘记你或不熟悉你而造成反复询问的麻烦。

网上聊天

网上聊天在年轻人中非常流行，甚至有的人对此沉迷不拔，原因是网上聊天方便经济而且沟通充分。网上聊天最常用的功能是即时互发信息，如果双方接上视频就可以互相看到对方，聋人还可以利用视频打手语交谈呢！此外还有音频、收发文件、链接手机、群聊等等功能。网上聊天最风行的是腾讯 QQ，此外还有 MSN、Yahoo Messenger 等等。只要双方电脑联网就可实现网上聊天，先在网上有关网站按照要求的步骤下载此项功能，然后按照提示要求的步骤进行登记直到成功为止。没有上网条件的聋人可以利用就近网吧。此外，还可以加入或申请网上聊天室或和志同道合的朋友组建群聊，这样可以进行多人讨论和交流，可以就某一主题进行探讨。

个人博客和网站

聋人可以选择网站建立博客，把自己的文字、摄影、美术作品发布在博客上。这样既可展现自己的专长、风采和成绩，还可发表自己对社会的见解，使更多的人了解你、品味你。你也可以从博客评论栏里听取他人对你的评价，不断完善自己的学习、工作、生活和事业。如果你电脑水平高超、资料丰富，还可以创建个人网站，这样你的网上宣传力就更大了，还可为他人服务，赢得你的人气、经济收益和名声。

电子邮件

电子邮件方便快捷、即发即到，应用越来越广泛，可以发到有联网电脑的世界任何一个角落。电子邮件还有传送附件功能，可以把电子文件通过电子邮件传送给对方，另外还可以发送电子贺卡、电子精装信笺等等，真是丰富多样。电子邮箱还有地址簿、草稿箱、回收箱等，更加方便了使用。申请电子邮箱的方法是在众多提供电子邮件服务的网站任意选择一家网站点击邮箱，登记申请。电子邮箱申请成功之后，再登录打开自己的邮箱即可使用。记住发送电子邮件一定要准确键入对方的电子邮址，否则就无法发送到对方的邮箱中。为了防止输错电子邮址以及遗忘电子邮址和密码，可以利用电子邮箱里的地址簿功能，把电子邮址和密码存入两个以上不同的电子邮箱，这个办法还可以储存网上聊天号码和密码。

传真

家里安装有线电话的聋人可以买一部传真机，然后去电信公司服务点申报开通即可使用。没有有线电话的聋人如果需要安装传真机，可以去电信公司服务点申报一并安装电话和传真机。发传真的花费和打有线电话的基本费用一样，可以把印刷、打印、写在纸上的东西传送给对方。平时打开传真机的自动传真功能，即使一时不在家也可收到传真内容。如果要给对方传送内容，必须先接通对方的电话后才能进行传真。

可视电话

家里安装有线电话或传真机的聋人可以购买可视电话机，双方打开可视电话机后就能看到对方。这时你尽管由于听力语言障碍无法接听和讲话，但可以不用听筒而利用可视显示屏用手语和对方畅谈。当然，可视电话必须要求对方也有可视功能的电话机才能实现互视通讯。随着电信 3G 时代的来临，聋人中普及可视电话更不是遥远的事情。

16
聋人要学会规划和管理自己

要有人生目标

有位名人说："没有目标的生活是不值得过的。"但是目标的实现依赖于规划和计划合理可行。一个国家有国家的规划和计划，一个单位有单位的规划和计划，一个人也必须有个人的规划和计划。只有依据规划和计划的安排，一步一个脚印地稳步向前，最终才能实现目标。如果没有合理、详密、周全、可行的规划和计划，人生不是茫然无措就是任意而为，不是拖延迟滞就是误过时机，不是忙手乱脚、就是丢三落四，就很有可能使设定的目标流于形式，而使一生碌碌庸庸，一无所成。一天的事情没有完成就等于把事情推后了一天。推后一天可能感觉不到什么，但是如果天天如此轻抛岁月，一生的目标或愿望落空，那就不可能有来世再等你了。这便是"少壮不努力，老大徒伤悲"。

制定个人规划

个人规划指的是人生总体安排，即一生要实现什么目标和

理想，要达到什么样的高度和标准。规划人生总的来说主要包括每一人生阶段应该怎样做。即少年时代、青年时代、壮年时代、老年时代每一段的安排。比如你决心成为一个美术家，你就应该规划一下少年时代如何入门、青年时代如何深造、壮年时代如何努力等等。由于人生并不是一帆风顺的，中间总会有曲折或者意外的事情发生，此外还有事业之外如工作、经济、婚姻、家庭、购房、育子、疾病、赡养老人等等负担，因此人生规划应该根据情况时时调整，尽管可能历尽曲折坎坷，但最终会实现目标达到理想。

人生规划好之后，就应该建立个人计划。个人计划应依照需要，分为长远计划、短期计划、近期计划、多项计划、单项计划、学习计划、工作计划、家庭计划等等。目标明确之后，任务下达之后，是否能够如期实现目标或如期完成任务，与计划的详尽、优劣有着很大的关系。每一个聋人都应该养成按计划行事的好习惯。

个人计划要和学校、单位、家庭计划联系起来制定。计划要可行，即结合实际能够实现；合理，即符合个人承担能力；弹性，即留有余地和机动时间。应当预先估计的意外时间损失有疾病、意外事情、检查计划执行的效果、某些内容需要回炉重做等等；还要以不影响个人身体健康、单位和家庭计划为前提。首先要充分了解和分析目标或者任务的难易、轻重、缓急，然后分主次、先后，并计算出具体的阶段性完成数量，也就是对任务进行时间分配。

制定计划公式

任务总数量 ÷ 有效时间 = 平均完成数量

例如：某学生距高考还有100天，共有语文、数学、政治、英语4门功课，每门复习资料为300页，代入公式：

4（门）×300（页）÷100（天）=12（页）（考虑到应该留出富余时间）≈15至20（页）

计算好了平均任务之后，应该安排好每天如何执行这些计划。如早读、上午、下午、晚间各学习什么。4门功课可能熟练程度不一样、难度不一样、使用时间不一样，应该进一步详细安排。同时还要安排和留出休息、做家务等所需要的时间。有时生活出现意外情况，计划也要依情况的变化进行调整，或收紧计划加速完成，或放松计划留出精力处理计划外的事情，或暂时放下计划全力解决其他事情后再返回继续执行计划。有时计划完成得特别顺利迅速。有时计划不合理，有时阻力很大、困难重重，这就需要修改、调整计划；有时计划因某种原因失去继续进行的意义，还需要放弃这项计划另行其他计划等等。

严格执行计划

计划制定好了之后，就要严格执行，脚踏实地、有条不紊、按部就班、环环相扣、层层推进地实现计划。要养成这样的好习惯，每天早上醒来，想想今天应该做些什么事、应该怎样做？每天晚上入眠前再想想，今天做了些什么事、做得怎样？让生活充满节奏，紧张有效，充实而有意义。计划完成后，还应该及时检查一下完成的质量和效果，总结经验，改进不足，作为下一次制定和执行计划的参考。如果有兴趣的话，可以利用效率手册、电脑效率管理软件、网上效率手册，协助管理自己的学习、工作和生活，安排自己的计划。

17

聋人怎样克服常有的缺点?

聋人由于听力和语言障碍而与主流社会、与健听人相对隔离，这使得聋人失去了向健听人学习的机会，失去了主流社会人们共同参照的标准，使得聋人自身存在着很多缺点和不足，严重地阻碍了聋人自身的发展，影响了社会对聋人的印象。聋人和主流社会健听人的融合还远远不够，使得聋人自身的缺点和不足有时非常严重。一个人怕的不是自己有缺点和不足，最怕的是不自知、不面对、不改正。这样的话，不说聋人的听力和语言障碍，就是聋人的缺点和不足也严重地影响着自身的形象，严重地影响着融入社会。

名言有“自知者明，自胜者强”，说的是一个人如果能够了解自己的缺点就不会糊涂，一个人如果能够战胜自己的不足就会变成一个强者。这句格言实在太值得聋人时刻铭记于心了，因为一个封闭的群体最容易坐井观天、不知进取。

聋人中优秀人物是很多的，他们在很多方面做得不比健听人差，甚至更加出色。但由于各种原因，聋人的缺点和不足还有很多，甚至是很严重的，总归起来主要有：封闭、散漫、偏执、懒惰、浮躁、偏狭、自私、随意、轻信；不坚强、不专注、不严格、不细心、不自律、不团结、易嫉妒；缺乏理想、缺乏礼貌、缺乏恒心、说话随便、言过其实、妄自尊大、不懂装懂；不关心他人、做事虎头蛇尾、喜欢做白日梦、喜欢哗众取宠、不能沉静收心、生活盲目、缺少目标、过于被外界事物吸引、轻易承诺而不践行、易于开脱原谅自己等等。聋人必须痛下决心改正和克服这些缺点，这是树立自身形象、融入主流社会、追求卓越的前提。

多和健听人交往，向健听人学习，交往优秀的人

健听人由于没有听力语言障碍，信息灵通、交际广泛。比较起聋人来说，健听人文化水平较高、素质较好、能力较强、成就较大，与周围人关系融洽，做事偏差较小，符合社会的共同标准。因此，聋人应该创造机会多多接触健听人，看看健听人是怎样学习、工作和生活的，把自己的工作、学习和生活建立在和健听人一样的标准上。“近朱者赤”，意思是常常接触红色就会粘上红色。通常比较优秀的聋人也是与健听人接触较多，善于与健听人交往，善于向健听人学习的人。

向优秀残疾人学习，向优秀聋人学习

优秀残疾人指的是在某些方面获得显著成就的残疾人，他们战胜残疾困难和障碍卓拔的坚强意志、品性人格等等，是聋人探究、效法的榜样。尤其是优秀聋人，虽然他们的生活状况和大家相似，但他们的人生目标比大家高，值得聋人参照；他们的奋斗经历、宝贵经验、奋争方法，值得聋人们学习。聋人学生可以先通过老师、家长和朋友努力交往身边的优秀聋人，逐步结识更多、成就更大的优秀聋人。此外还可以积极参加各

种残疾人社会活动，结交和学习优秀残疾人，通过书籍、电视、报刊、网络，向优秀的残疾人学习，向优秀聋人学习。

通过和师长、亲友的谈话听取对自己的评价和批评

聋人因听力语言障碍不仅影响了和社会的交流，而且也较少听到人与人之间的评价和他人对自己的评价。而这些评价恰恰是校正自己言行的重要客观准则，尽管这些评价有的出于有意，更多的是出于无意，有时是有形的，有时是无形的，但失去了这个评价准则，人的行为就较容易出现偏差。“以铜为镜，可正衣冠；以人为镜，可知得失”。意思是：照镜子可以把身上的衣帽整理整齐，拿他人的行为和意见作为参考，可以知道自己做得正确还是错误。聋人失去了以听力听取客观评价的机会，那么就应该主动想办法寻找镜子，比如有意地多和师长、亲友谈话，听取和分析他们对自己的评价和批评，及时纠正自己的不足和存在的问题。

在生活中学习纠正自己的不足

聋人听力不好对自觉纠正自己的不足有很大影响，但是这种影响还是有很多办法消除的。比如在生活中，在学校、家庭周围、社会场合看到他人犯了错误或发生了问题，就应该告诫自己；看报纸、杂志、电视、因特网时，多留心修身养性、自律自检的内容，严格要求自己；在报纸、杂志、电视、因特网上看到错误事例时，要提醒自己引以为戒。大家一定记得鲁迅少年时因上学迟到受到私塾老师的批评，在课桌上刻了一个“早”字以警示自己的故事。聋人也可以把要求自己的内容写在

纸上贴在床头、铅笔盒、课本上以时时诫勉自己。

经常检查自己的不足并且加以改进

古人说："吾一日三省吾身。"意思是我每天都要以三条要求检查和反省自己的不足。"一日三省吾身"对任何人都是一个自律自强的好方法、好习惯，是任何人的一条座右铭。对于失去了以听力听取客观评价的聋人来说，更需要以"一日三省吾身"检查和改正自己的不足，经常想想：我今天有没有不求上进得过且过？我今天说话和做事有没有疏漏偏差引人不悦？我今天待人接物有没有不够诚恳？能够做到"一日三省吾身"，这个人就一定不会懒散、一定不会偏执、一定不会平庸。

经常阅读一些修身和励志书籍

书店里的修身和励志书籍琳琅满目，聋人可根据自己的需要前往选择。"读书可以医愚"，说的是通过读书可以使愚蠢的人变得聪明。读书也可以"治病"，这里的"治病"两个字指的是纠正自己的缺点和不足。励志和修身书籍可以感染人，可以让人学到杰出人物的品格，可以激发人上进，可以使人处好人际关系，可以教会人克服缺点和迎战困难等等，好处真是说不完。当你感到心灵困惑的时候，当你感到精神倦怠的时候，当你感到孤独苦闷的时候，你都可以翻开书籍，在字字句句的教导中吸收营养、获取方法、得到力量。

18

聋人应该怎样待人接物?

·保持健康、积极、乐观的心态，即使有精神压力和生活烦恼也要这样。

·遇事要思考他人的动机，防止上当受骗。

·礼貌待人。

·常带微笑。

·举止端庄。

·尊重他人。

·虚怀若谷。

·诚恳正直。

·诚实守信。

·热情待客。

·性格开朗些。

·衣着大方、整洁、得体。

·说话缓慢、稳重、和蔼。

·打手语不要过于着急。

·真诚地关心他人。

·勤于问寒问暖。

·记住他人的姓名。

·可能的情况下多多帮助他人。

- 多向他人求教。
- 尊重他人的意见。
- 多听取他人的述说和意见。
- 多赞赏他人。
- 尊重长辈。
- 爱家庭、爱孩子。
- 三思而后行。
- 加强个人修养。
- 生活有条有理。
- 对事物保持兴趣。
- 宽以待人，严以律己。
- 勤劳、坚强、勇敢、果断。
- 遇事要沉着冷静。
- 办事不拖延。
- 最好以商量的口吻发表自己的见解。
- 锻炼谈吐能力。
- 举止言谈不能轻浮。
- 说话简洁、生动、有趣。
- 不要唠叨。
- 不浪费他人的时间。
- 说话、做事要负责任。
- 站在对方立场考虑问题。
- 凡事想开点。
- 乐于让他人分享自己的经验。
- 不把自己的想法或要求强加于他人。
- 胸怀宽广，哪怕对方有使人不悦的言行也要包容。
- 勇于承担责任。
- 荣耀、好处多让给他人。

· 借他人东西要及时归还。
· 尽量不向他人借钱。
· 尽量不把钱借给他人。
· 自己吃点亏没有关系。
· 善于化解矛盾。
· 善于对待挫折、伤痛。
· 批评他人要特别小心，避免伤人面子和自尊心。
· 不怕困难，善于解决问题。
· 自己做不到的事情不能轻易承诺。
· 拒绝他人时说话要讲究策略。
· 不斤斤计较。
· 不揭他人短处。
· 避免触动他人的伤痛。
· 不搬弄是非。
· 不传小道消息。
· 决不飞短流长。
· 打扮不过于标新立异或花枝招展。
· 不过分要求别人和苛责别人。
· 善于原谅他人的不足和过错。
· 避免和他人争论，不强词夺理。
· 自己错了要勇于承认。
· 决不说他人坏话，更不在背后说他人坏话。
· 决不说损害他人的话。
· 决不做损害他人的事情。
· 决不骂人，决不说脏话。
· 不和伤害自己的人争斗。
· 害人之心不可有，防人之心不可无。

19 聋人怎样才能变得优秀起来?

聋人有别于其他残疾人，其表现在听力和言语障碍并不碍观瞻和身体行动。如果聋人不戴助听器并且不用手语，外人是无法看出其耳聋的。聋人四肢健全、眼观八方、行动自如、健步如飞，看起来的确不像残疾人，甚至和健全人一样。聋人仅在与人交流时才产生不便和障碍，这种障碍是一种交流和沟通的阻隔，并不是其他残疾人那种身体行动上的缺陷。因此，在世界聋人大会上，甚至有聋人领导和聋人代表发出了“聋人不是残疾人”这样的呼声。美国加劳德特大学聋人校长欧文·金·乔丹博士倡导的“除了听，聋人可以做任何事情”早已成为世界各国聋人的共同强音。

但是，人是社会的产物，脱离了社会人就无法生存。人不仅每时每刻要与社会发生联系，而且人的心智也是在社会中形成的。人与人发生联系的纽带是听力和言语，从这一方面来讲，听力和言语障碍给聋人的发展所带来的不利后果又是最严重的。听力和言语障碍阻隔着聋人收集外界信息、影响着聋人的认知能力，最终受损的是聋人心智的发展。一个人不管身体功能是多么正常和健全，假如心智上不够完善，仍然会被社会打入另册。用句不雅的话来讲，心智受损的人恰恰是人们常常最鄙夷

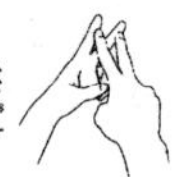

的“四肢健全、头脑简单”的人。

但是，人又是一种主观能动的动物，人更能够以坚强的毅力和不懈的努力克服困难、自我完善、跨越障碍。海伦·凯勒战胜盲聋哑三重残疾成为世界著名的伟人，又证明了“顽强的毅力可以征服世界上任何一座高峰”的伟大名言。事实上，我们身边有很多聋人通过自己顽强的意志和坚韧不拔的努力变得卓立不群。纵观他们的事迹，总结他们的经历，尽管各不相同，但有一些可以共同遵循的规律。

向健全人学习

深入聋哑人群体，我们就会发现，文化和能力较强的聋人中，有和健听人共同成长、学习和生活经历的占大多数，而平时与健听人素不来往的聋哑人往往落后许多。“染苍则苍，染黄则黄。”人就像一块白布，给它染绿色就会成为绿布，给它染黄色就会成为黄布。这说明一个人的文化、能力和素质的形成和发展与他所处的生活环境有着很大的关系。在健全人中成长、学习和生活的聋人，有着更加接近健全人那样较高的参照标准和主观努力，健全人较高的素养对这部分聋人起着较大的影响，这样的影响促进优化的结果。例如第一位攻读国内博士学位的聋人唐英、第一位赴美国攻读博士学位的聋人杨军辉、陕西聋人作家赵林祥、辽宁省残疾人联合会干部邱丽君等等，都有这样的经历。相反，从小到大生活在聋哑人小圈子里的聋人便失去了这样的影响和促进，这些聋人往往固步自封、夜郎自大和不思进取。既然人的心智的成长是在社会中形成的，既然听力和言语障碍阻碍着人收集外界信息、影响着人的认知能力，既然听力和言语障碍会给聋人的心智发展带来严重的不利后果，

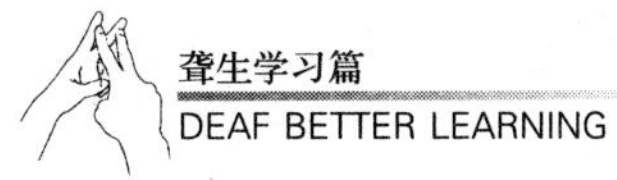

那么聋人就应该更加积极主动地和健全人打交道，向健全人学习、向健全人看齐，尽力弥补和消除不利后果，迎头赶上甚至超过健全人。

打好文化基础

听力和言语障碍对于聋人学习文化的影响也是很大的，聋人从中学毕业，课本内容比起同龄健全人要相差很多年，实际掌握的知识差距更大，这些只要看看他们的考试内容、作文和作业就可以知道。文化知识水平的高低决定着聋人参与社会的能力。聋人本来就因听力和言语障碍影响着与他人的交流和社会交往，如果文化基础和书面语表达能力较差的话，对于交流来说就是雪上加霜、困难加大。可以想象，书面表达是聋人和健全人的主要沟通手段，所以聋人要立足于社会，就要下大功夫学好文化尤其是学好语文。尽管聋人学习文化和语文比健全人难度大些，但人世间没有绝对的障碍和困难，聋人可以通过自己的毅力战胜困难。听力和言语障碍是可以依靠语文这一利器去克服的，一旦刻服，聋人就会发现自己和社会的距离和隔阂变小了。事实上很多聋人通过刻苦学习达到了这一高度，就拿写文章来说，舞文弄墨的聋人还真不少，北有哈尔滨江源滨、大连邹德珍；东有北京苗彦得、济南李圣元；南有江苏祁兆龙、武汉邓继禹；西有陕西赵林祥、重庆郑利群等等，举不胜举。他们中间还有出版了个人著作的。

尽可能接受高等教育

因为听力和言语障碍，因为社会对聋人的观念和教育方式

还很不理想，造成聋人在文化知识、视野、思维、能力等等方面都比健听人落后得多；还由于大多数聋人从小在聋人学校学习长大，视野比较狭窄，知识和能力相对不足。正是因为这样，聋人们更要奋起直追，特别是在接受教育上，要尽可能水平高一些。“知识就是力量”，“知识改变命运”。大学是知识萃荟的地方，也是充实知识、学习专长、扩大视野、历练自己的地方。即使日后不从事大学所学专业，即使日后没有找到合适的工作，大学也是不可缺少的一段人生历程。没有文化知识的人是愚蠢的人，取得不了任何成功。当然，我们不否认人可以通过自学成才直至获取成功，但总的来说，自学和直接接受教育的性质是完全不同的。自学受到各种不利因素的干扰，自学成才的人为数也少，对于耳不能听、口不能言、视野狭窄的聋人更是这样。尤其是在一日千里飞速发展的社会中，如果不重视教育，势必被社会所淘汰。一些家长或因观念落后或因经济原因等不重视聋孩子接受高等教育，你应该努力说服他们，还可以动员自己的教师、亲友一道去说服家长支持你接受高等教育。聋人踏进大学殿堂的时候，就是获得战胜命运、争取成功法宝的时候，任何人在这个时候都会感受到，这样的决定没有错。

掌握专业技能

听力和言语不好，对学习、工作和生活带来了很大的不利影响，聋人因此就业选择面变得更加狭窄。在目前我国人口众多、就业十分困难的背景下，聋人寻找工作更是困难重重。工作是一个人的立身之本，没有工作，个人和家庭生活、后代抚养乃至事业追求都会成为纸上谈兵和空中楼阁。就业问题尽管和社会环境有关，但一个人的能力和素养是就业的重要方面。

作为聋人，本身存在的听力和言语障碍已经影响着生活的方方面面，就业越是困难重重，聋人就越要扬长避短、自强不息，要努力学习和掌握一门甚至几门突出的专业技能以立足于社会。在各届全国残疾人技能竞赛中，很多聋人技艺精湛、夺金抢银，并获得了“全国技术能手”称号，这些聋人的工作和收入也都十分稳定。全国“第二届残疾人技能竞赛“获得第一名并代表中国残疾人赴印度参加“第六届国际残疾人技能竞赛”的聋人，有安徽藤编选手王东田、山东家具制作选手吴永清、山东蜡染选手张莉、北京 CAD 设计选手曹毅、北京海报设计选手胡可、上海英文文本处理选手须莉莉、甘肃美发选手李蕾、江苏丝绸手绘选手瞿溢。这些聋人在技艺上出众，工作稳定，收入良好，事业上也硕果累累，非常值得聋人们学习。

奋斗自强、寻求突破

坚持信念、把握契机、坚韧不拔、持之以恒、努力突破、追求卓越。卓越意味着在学业、工作、专业、经济等领域出类拔萃，有着独一无二的成就。一般说来，成功的客观因素不外乎“天时、地利、人和”，即时机和际遇、环境和地点、人际和人缘。但是“机遇垂青于懂得如何追求它的人”，也就是说，个人的主观努力是决定成功的主要因素。如：对学习、事业、生活和工作做出合理的计划和安排；勤于学习、勤于思考、勤于创造；意志坚强、坚韧不拔、持之以恒；脚踏实地，努力探索、独辟蹊径、勇敢创造等等。四川省农村出身的聋人肖阳梅，家境贫寒艰苦，姐妹三人都是聋人。她在普通中学上学，1992 年沈阳工业学院统计专业大专毕业后，继续坚持学习并以同等学历报考研究生，2000 年获内蒙古师范大学教育学院发展与教育

心理学方向教育学硕士学位，毕业后在北京联合大学特殊教育学院特殊教育系任教，成为改革开放后第一个大学聋人教师。作为一个现代人，聋人朋友应该通过努力去探索一条适合于自己的成功之路，让自己的人生道路闪闪发光、人生意义丰富多彩、人生价值含金量重重的。

20 和聋人谈文化知识学习的方法

教育学家说："教育就是培养习惯。"把这句话引申一下，也可以说学习就是研究和探索方法。学习效果不够理想、不够满意，大多与方法不当有关。培养习惯、讲究方法、走正路子是取得良好的学习效果的重要前提。学习的方法有很多很多，人的学习过程其实也是对学习方法探索的过程，要善于探索自己独特的学习方法。这里介绍一些供大家参考：

高标准要求自己

人生有理想、生活有目标、学习有计划。常常用生活中、历史中的杰出人物和事例激励自己。要意志坚强、勤奋上进、自强不息、矢志不渝、专心致志；要行事有方，专心、细心、有恒心。

行事有计划、有主次

每天先做最重要的事情，在头脑最清醒的时候学习。珍惜时间，做事不拖延，当日事当日毕。把要做的事记在纸上或小

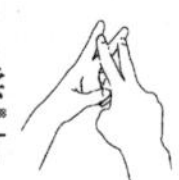

本子上面，以防止遗忘。有时间观念，善于利用小块时间，比如常带一个小本子，利用等公共汽车、坐公共汽车、等人、洗衣待机的时间记外语单词、数理化公式。

养成良好的生活习惯

每日锻炼身体；吃饭注意营养卫生、合理搭配，多喝开水，注意休息，劳逸结合；心态平衡，善于调节身心，善于利用大脑皮层兴奋和抑制的交替安排学习内容，比如数学学累了读读语文课文或英语课文，复习文化累了站起来做一会儿家务或进行体育锻炼等等。

重视预习及复习

重视预习，经常复习，温故知新，检查漏洞，及时巩固学习成果。著名的德国心理学家艾宾浩斯的遗忘曲线表明，人的记忆特点是识记后最初一段时间遗忘较快，而后逐渐减慢，并且稳定在一个水平上。这个原理告诉大家及时复习的重要意义。

锻炼记忆

养成记忆习惯，探索记忆方法。平时勤于背诵，经常回忆，重视清晨和睡前两段记忆黄金时间；平时勤于记笔记，“不动笔墨不读书”。认真听讲、重视思考、独立完成作业，培养创造思维和创新意识，决不抄袭作业，考试决不作弊。

兴趣广泛

积极参加校内外各种活动、少看电视，博览群书，经常剪报，扩大视野。坚持记日记，锻炼文笔，锻炼观察能力、理解能力、分析能力、表达能力、论述能力、想象能力、创造能力。

向他人学习

善于利用社会交往向他人学习，特别是向健听人学习。最好多结交一些同龄健听朋友，与他们交流，参加他们的活动，学习他们的学习方法、思维方法、语言习惯，看一看他们的校园、课堂、作业、作文、活动、生活等等。

提高解决问题的能力

锻炼寻找问题和解决问题的能力，通过寻找问题和解决问题促进能力的提高。追求进步就没有平坦的大道可走。问题和困难是锻炼和提高自己的绝好机会。人就是解决问题的动物，解决问题的能力越强，就越能证明自己的能力；能解决的问题越多，前进的步伐就越快。

善于吸取教训、总结经验

犯错误是人成长中不可缺少的学习过程，因此要勇于尝试，不怕出错，善于从错误中总结经验，吸取教训，进而改正错误，最终走向成功。“授之以鱼不如授之以渔”，意思是给某人一条

鱼不如教会他捕鱼，要主动尝试，主动学习如何“做饭”和“吃饭”，而不是等待老师“喂饭”。

善于思考

学习中要善于发问、善于思考。不仅要有正向思维，而且要有逆向思维；不仅要有聚合思维，而且要有发散思维；要从不同方面、不同角度去思考问题。学习、生活、思考和作业要善于求异求新、独出心裁，不拾人牙慧、不重复老调；要标新立异、要独一无二，不墨守成规、不循规蹈矩；学习、生活、思考和作业要勇于创造和创新，要有独特见解，有自己的智慧。

多多积累资料

学会利用互联网、报刊、图书馆寻找资料。学会积累资料，对学习上遇到的问题要喜欢究根问底、按图索骥。业余时间可以进一步开发个人兴趣爱好，必要时可以和要好的同学合作、讨论、研究直至达到目标和做出成绩。

21

聋人怎样学好语文和作文？

语文和作文学习对任何人都有十分重要的意义，对聋人而言更是重中之重和难中之难。很多语文之外的科目聋人也学得不很好，往往与语文水平不好、阅读能力和理解能力较差有很大的关系。听力语言障碍不仅影响着聋人学习语文和作文，而且语文水平也影响着聋人了解社会、与社会的交流以及日后的生活质量。所以下决心学好语文和作文，应该是聋人学生的头等大事，必须下苦功夫。

熟读文章

聋人学习语文最大的问题之一是无法像健听人那样流畅通顺、富于感情、扬抑顿挫、声调优美地朗读课文。言语的障碍也使得聋人在阅读文章时思维和记忆不能流畅或者同步，对文章的理解和记忆受到严重的限制，进一步影响到更深层次的学习。另外，聋人从小阅读较少，在阅读方法、分析、理解和记忆等方面发展不足。聋人还听不到老师对课文的范读和领读，听不到日常生活中人们的对话，也听不到电视、电脑音频、DVD、广播等，对精彩的文学语言的语音无法留下听觉印象。

找到了问题的关键所在，所要做的就是用加强阅读、烂熟于心去弥补这个不足。古人说："读书百遍，而义自见。"说的是把文章读得滚瓜烂熟之后，就自然地能够明白和理解其中的涵义和思想了。学习新课文新文章时要利用词典对新词汇会读会用，能理解能造句，了解相关的背景和相关的基础知识。进一步熟读要"心到、眼到、口到"，一定要专心致志、聚精会神，要调动起全身的感官和思维，达到一种心在其文、身在其境，个人与文章相融一体的会心会意的状态。有时还要反复阅读、反复领会，在阅读上下更多的功夫。如果对课文理解得不透彻就誓不罢休，学好语文的第一道大门就会被你敲开。

分析研究文章

熟悉了文章之后，第二步要做的是对文章进行深层次的分析和研究。主要是分析段落大意、欣赏艺术特色，归纳主题思想、分析写作特点，这些是学习每篇课文必做的事情。但是由于聋人对文章理解不深，思维难以和老师的讲解同步，常常流于形式。要真正学好语文，就要变被动思维为主动思维，即在老师讲解之前就要对段落大意、主题思想和写作特点作出分析，然后在老师讲解时进行对照，同时思考老师为什么那样讲解，自己的理解有什么优点和不足。如果在此基础上你能深挖材料、背景，研习课文内容，做出更深的、老师没有讲解出的分析和研究，那就再好不过了。

分析研究之后，要进一步深化领会，比如说背诵佳句、摘抄妙语、寻找文章和作者的背景资料进行研读；进而和同学讨论心得体会、提问互答、表演情境、书写读后感、创办专栏、制作小报、交流各自的收获，可以扩大和巩固学习成果。

积累写作材料

加强课外阅读，增加语言积累，积累写作材料。学习作文要积累材料，否则就会成为无源之水、无米之炊。试想，一个人没有米怎么能做出米饭来呢？没有材料怎么能写出文章来呢？

积累材料第一个办法是研究报刊。对报纸、杂志上的重要、别致的事件进行研读，对优美、生动的文章进行研读，对论述社会的文章进行研读。可以采取制作剪报的办法分类收集文章和资料。报刊文章的内容比较新鲜丰富，对聋人学习生动的语言也有很大帮助，在研读报刊时要注意分析辨别，剔除其中杂乱、品位不高的东西。

第二个办法是记录电视节目中的新闻、名家访谈、社会调查、故事片等有意义的内容和情节，记录字幕文句。再有一个办法是从因特网上阅读、拷贝、剪辑各种材料。使用因特网可以更大限度地扩展阅读资源，尤其是和因特网一起应运而生的网络文学、网络讨论、网上聊天等，形成了富有鲜明特色的网络语言，可以丰富知识和语言。需要提醒的是网络资源更加纷乱，要花费更大的精力注意辨别、遴选。

第三个办法是多和健听人笔谈，注意学习健听人的语言和生活内容。把较有意义的和重要的笔谈内容整理成日记、对话片段等。随身携带个小本子，把自己所看到的、感到的、想到的东西随时记下来，这些素材往往比较新鲜、生动。还可以把自己和朋友网上聊天、手机短信息中新颖生动的内容抄录下来。时间长了，熟悉的事情多了，写文章时心里和手中的材料也就丰富了。

第四个办法是加强课外阅读，手不释卷，广采古今中外作

品的精华，不断增加知识储量、丰富写作手法、启发自己的思路。明代学者朱之瑜说："非读书不能作文，非熟读不能作文。"意思是：不多读书就写不出文章，不把书读熟也写不好文章。正如大家熟知的杜甫诗句："读书破万卷，下笔如有神。"记住读书时要尽量带上本子和钢笔，及时记下要点、重点以及自己的感想、联想，这样收获会更大一些。

坚持写日记

作文是语文学习的实际应用，写作文为难的根本原因还是对生活观察不够、理解不够。所以除了语文课要求的作文外，要紧的就是加强培养自己对日常生活的观察能力、理解能力、分析能力、表达能力、论述能力、想象能力。写日记的目的就是针对性地解决这一问题。经常写日记的好处非常多，不仅能锻炼文笔，更重要的是能锻炼以上所说的六种能力。天长日久，日积月累，就一定会轻车熟路地写出作文，而且能够妙笔生花。

开始练习写日记时往往苦于无事可写、无话可说，这说明对生活没有积累，没有养成观察、思考、记录生活的习惯。这时候可以通过课外阅读、参加校外活动来扩大视野，锻炼观察、记录的能力。注意的是从此开始，不仅要积极主动参与生活，更要积极主动观察生活、思考生活、记录生活，这样一来，写作文就不愁没有素材。写日记可长可短、可叙述可抒情、可说明可论述，人物景物动物，灵活多样，不拘一格。

精心做作文

有了"米"之后，其"炊"就要看"巧妇"之巧了。作文的“巧”字就指的是文章的精妙。写作文时要绞尽脑汁、冥思苦想、字斟句酌、精雕细刻。“吟安一个字，捻断数根须。”说的是作诗为了用好一个字，反复思考以至于揪断了好几根胡须。“一字穷岁月，十年成一赋。”为了作好一篇文章，其中有的字句从年初一直想到了年尾，花费了十年时间才写成一篇韵文。

作文如同盖房子，先备建筑材料、再深挖地基、再浇筑骨架、再层层垒砌、再安装门窗、再排布管线、再装修内部、最后摆放家具……。搜集和选择写作材料有如准备建筑材料。搜集材料要围绕题目，尽可能广泛、尽可能深入，选择材料要尽可能典型，尽可能精致。这就像做饭多多备好油盐酱醋、多多备好菜肉米面。试想，有米面下锅，有佐料烹菜，再经过精挑细选，还发愁做不出好吃的东西吗？拉出写作提纲、搭起文章骨架、建立文章结构有如挖地基筑骨架。文章有了骨架，还要有血有肉使之丰满充实、有形有色。或高大有力、或秀美婉转、或宽广博大、或妩媚动人、或深刻感人、或娓娓动听，这就像垒砌墙壁、安装门窗、排布管线、装修内部、摆放家具，就这样逐步细致入微，才能建设成完美的“家”，整合成满意的文章。

练习仿写、扩写、缩写、改写

聋人由于听力语言障碍，阻隔了以听力吸收语言资源的重要渠道，因此作文是聋人学生难中之难的课程之一。为了突破这一困境，建议聋人学生在平常作文练习中穿插仿写、扩写、缩写、改写。这样可以吸收他人的写作长处和语言优点，锻炼自己的写作能力。范文可以请老师、父母帮助挑选，也可以自己挑选。

仿写：意思是挑选难易适中、长短适度、个人也喜欢的范文，模仿其写作风格、篇章结构、语言特色另写一篇相似的作文，但是人物、事件、论点、内容不同。所需注意的是，仿写不能照抄，必须有自己的内容。如果仿写过程中组织自己的内容发生困难，说明作文材料积累还不够，要以仿写需要为出发点，去搜寻各种材料。

扩写：意思是将一个小故事、小论点、小事物拉长，扩大，增加，拓展，自己组织补充材料，使之更充分、更详尽、更精彩、更完善。可以充分利用生活经验积累，发挥自己的想象、联想能力，使作文梗概源于他人，而内容和细节主要是自己的创造。

缩写：意思是将较长的叙述、说明、议论压缩得简洁、扼要、短小。因为一篇好文章本身就是有详有略、有繁有简、有虚有实、有张有弛、有放有收、有松有紧，缩写就是为了锻炼凝缩、提炼和概括的能力，也能锻炼安排和控制篇章布局的能力。

改写：意思是将一范文改头换面、换汤换药。改写练习的方法很多，如叙述文中顺叙改倒叙、人物张换李、事物甲改乙、情节此易彼等等；议论文中评论改驳论、支持改反对、赞成改质疑等等；说明文中主体改次体，细节放大为主干，主干缩聚为细节等等。改写可以活跃头脑、增强智慧。

重视修改文章

写完作文不能万事大吉、一掷了之，而要反复修改，要达到“语不惊人死不休”的境地。古人对修改文章的论述很多，清代学者梁章钜在《退庵论文》中说：“百工治器，必几经转换而后器成；我辈作文，亦必几经删润而后文成。”（意思是：工匠做器物，经过多次反复加工才能做好；我们写文章，也一定要经过多次增删润色后才能完成。）他又说：“近闻吾乡朱梅崖先生每一文成，必粘稿于壁，逐日熟视，辄去十余字，旬日以后，至万无可去，而后脱稿示人。”[14]（意思是：最近听到我的老乡朱梅崖先生每次完成文章，一定要贴在墙上，每天仔细看几遍，动不动就删掉十来字，十几天后，一点都没有可以删除的了，然后才抄写整齐给人看）这个方法非常值得聋人学生效仿。此外，文章不仅自己要修改，而且应该虚心主动请水平高的人帮助找问题、提意见，然后再进行修改。“文不厌改”，修改文章其实更是一种深化和扩展思维的过程，这个过程对今后写文章帮助极大。修改文章要从大到小、从宏观到微观，开头、结尾和整体安排如何？结构是否有主有次？情节是否曲折多变？描写是否细致入微？事实或论据充分有力与否？语气是否连贯圆转？词句是否准确生动、简练、通顺、优美？等等。哪里不足就补充完善哪里。

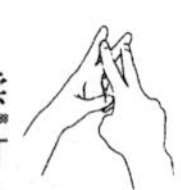

22 聋人怎样学好数学?

数学是理学的基础学科，是研究现实世界的数量关系和空间形式的科学。学好数学是学好物理、化学、生物等课程的基础，是日后进入理工科学习，攀登科技高峰的基本前提和必要条件。数学能锻炼人的逻辑思维和推理能力，对于文科、艺术学习也有极大的帮助和促进作用，被列为高考必考科目，因此引起聋人学生的高度重视。

避免缺课

数学课的内容往往是环环相扣、节节相连、前后贯穿、层层拔高的，其中某一环节出现问题或者没有掌握，就会影响到下一节或者之后某一节甚至数年后某一节的学习，初中以后的数学课内容尤其是这样。因此，要尽可能避免缺课，偶然缺课，必须及时补上没有听过的课程内容。

认真听讲，及时练习

课堂四十五分钟比课外十几个小时也要金贵，上课一定要认真听讲、认真思考，思维要一直紧紧跟随老师的讲解。情况允许的话，应该在草稿纸上和老师同时演算例题，及时把数学公式、定义、定理用彩色笔勾注出来。不懂的环节要及时解决，当堂课程内容必须当堂掌握。对于没有理解的内容，必须及时解决，直到完全掌握为止。如果对某些环节和方面自感不够熟练或者不够放心，就应重新演练一遍或找一些练习题强化一下。

作业格式要严谨整齐

数学作业要认真地按照课本和老师的要求去作，不可随意而为。草稿纸要干净，防止演算时字迹重叠而造成差错。这样，不仅可以培养严谨、细心的学习习惯，而且有助于培养思维缜密、善始善终的好品格，也便于回看前因后果，还能方便老师批改作业。

牢记数学公式、定义、定理

由于听力和语言障碍，聋人对抽象语句理解不够透彻或者印象比较肤浅，所以对于数学公式、定义、定理必须强化记忆。可以把这些数学公式、定义、定理抄写下来贴在书后、床头前、铅笔盒里、小本子上，课后或者睡前、晨起默记一遍，牢记于心。还可以对数学公式、定义、定理与例题结合起来进行分析检查，重新演算，这样学用结合，理解更深，知识更巩固。

独立完成作业

数学作业必须独立思考、独立完成，决不能抄袭，也不能

让他人代劳。如果遇见问题，应该自己找到出现问题的根由，出现在哪个环节，力争自己解决。实在不得已，可以请教老师和同学，但要把重心放在理解原理的过程中而不能只图结果正确。对曾经遇见的问题，最好再找一些练习题做做，防止半生不熟。多做练习题，以求熟练掌握，这是学习数学最好的办法。

刻苦钻研，培养解题能力

学习数学要善于钻研，喜爱解题，培养自己解决数学问题的乐趣。掌握学习过的内容之后，如果有空闲时间，可以找一些相同内容、不同资料、不同类型的练习题做一下，也可以尝试一下解决没有学过的新题，还可以对同一题用多种方法或途径进行演算、推理、解答，培养灵活运用知识的能力，即一题多解、一题多变。这样不仅锻炼了多向思维能力，提高了思维品质，而且也巩固了所学的内容，并且在数学方面会有独到的体会和发现。

重视错题，及时补足欠缺知识

做题出错不是坏事，它说明你对这一知识环节没有掌握好，提醒你及时弥补过失。练习题错了不要紧，关键是要先找出原因，再做一遍重新掌握。重做原题之后，一定要再找几道同类的练习题做做，如果都能做对就说明已经掌握了这部分内容。需要提醒的是，千万不能抄袭同学的解题步骤，以免遗留的问题越来越大，越来越难解决。

及时轮回复习，查缺补漏

每学完一个单元或每隔一段时间，就应寻找一些测验题考核一下自己掌握的程度，检查不足之处。对各个知识关键点，要多做些练习题。对掌握不好、曾经出现问题或不熟练的内容，要有意寻找不同练习题加强练习，及时寻找办法弥补漏洞。数学学习的关键在于多做练习题，有问题必须当即解决。考前临阵磨枪起不到什么作用。

23 和聋人谈学习英语

英语是世界五大主要语言之一，使用人数达 11 亿多，仅次于汉语，但它在使用地域、国际性上又超过汉语而雄踞第一。英语被确定为世界第一商业语言，也是联合国外交官员最常用的语言。互联网上使用英语的人数占 1/3 以上。国际会议、贸易往来、经济合作、文化科技学术交流大多使用英语，尤其是科技成果、发明和创造多用英语向全世界报道和推广。世界上报刊的 1/2、邮件的 3/4、新闻广播的 3/5 使用英语。以上这些数字还在不断增长，不懂英语的人就无法站在世界前沿。

在英国、美国、加拿大、澳大利亚、新西兰等国，英语是他们的母语。这些地区科技、文化、教育比较发达，向他们学习就得学会英语。第二世界如法国、瑞士、日本等国家都把英语作为第一外语，人们从小学就开始学习，大学可以开始学第二外语。第三世界印度、马来西亚、巴基斯坦及非洲一些国家，英语是他们的第二语言或官方语言。

代表着第五次信息革命的计算机的普及已使我们的社会发生了巨大的变化。有人预测，未来人类 2/3 甚至更多的工作将依赖信息技术去完成。由于电脑的基本程序、语言和软件是英语操作编写的，就连因特网上的大部分文字信息也用英语，不

掌握英语就难以把握这种决定未来社会发展的利器，就跟不上时代的脚步。

我国聋人高等教育已逐步走向成熟。大学报考、毕业和学位授予也都有着相应的英语要求，学士学位授予的英语要求是必须通过国家英语四级考试，硕士学位的授予要求必须通过国家英语六级考试、博士学位的授予要求必须通过国家英语八级考试并掌握第二门外语。同时，国家大部分专业技术职务的授予也需通过相应的外语水平考核。由此可见，聋人攀登学术、科技高峰，必须学好英语。我国目前少数取得硕士甚至博士学位的聋人，英语水平均在大学六级以上，而很多专业优秀但英语较差的聋人却难以考上研究生。

随着国际交流的增多，英语也日显重要。世界聋人联合会把英语定为官方语言，会议、文件、杂志、通讯、具体工作都用英语。世界聋人联合会和发达国家聋协常向世界各国招聘优秀聋人援助不发达国家的聋人事业，英语往往是首条要求。国际聋人康复、教育、社会工作、学术交流也以英语居多。美国加劳德特大学和罗切斯特理工学院聋人工学院是聋人向往的高等学府，毫无疑义，英语水平是到那里留学的基本条件。

聋人学习英语遇到的困难的确大一些，这就要舍得花代价、花时间、花精力、流汗水、吃苦头。一定要日日坚持、雷打不动。有时中断几个月，此前的心血就会付诸东流，不是前功尽弃就是得从头开始。

学习英语要循序渐进，要注意反复练习、及时记忆、及时复习，务求吃透，不留夹生。要尊重英语语法习惯并逐步养成用英语思维的习惯，应当勤于思维，不要离了课本就置之不理。

精读和泛读相辅，通过阅读培养自己的语感，加深对语句的理解和语法的掌握。这是学好英语的窍门之一。最让人头疼

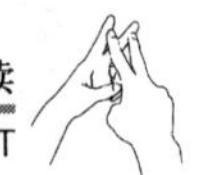

的是记单词、记语法、记句子，除了平时认真学习之外，还可以尝试晚上睡前躺在床上过幕回忆、早上醒来躺在床上再次过幕回忆的办法，对加深记忆非常有效。

要熟练掌握英语词典的用法，而且要多查词典。查词典学习单词时要将一词多义、一词多类、同义词、反义词、近义词、衍生词和例句结合起来学习和记忆。这种方法看似麻烦，但对英语的学习促进很大。同时建议多用印刷词典，少用电子词典，因为印刷词典页面稳定，给人留下的印象较深，可以强化记忆。

对聋人讲，学习英语应像小时候在聋校教学汉语口语练习一样，要大胆开口，勇于反复模仿，即使发音不准也无妨，因为动口可以加深大脑记忆。要逐步掌握英语语音规律，通过语音规律去记单词，不要单纯用聋人手指语去记忆单词，不能总是停留在以字母记单词的初级阶段。

要热爱英语，勤于请教，利用任何机会联想回忆英语，勤于用各种方法练习英语，如写英语格言短诗、记英文日记、写英文短信、与外国人或懂英语的人锻炼英语对话，这些对提高英语水平都有很大的帮助。

当英语达到一定水平时，应积极参加各种水平的考试如：自学考试英语科、大学英语分级考试、专业职称英语考试等，以检测自己的学习效果，及时修补漏洞，层层拔高。

其实英语不是不可战胜的壁垒，只要肯下功夫、讲究方法、持之以恒、锲而不舍、志在必得，三年五年、八年十年，一定可以像健全人那样熟练掌握英语。有志气的聋人朋友一旦真正掌握了英语，会惊喜地发现英语给自己打开了另一扇窗户，会看到更多更精彩更丰富更美妙的世界，会感到自己是一个真正能走在时代前列的人，会感到自己能给社会、给中国聋人乃至世界聋人做更多更好更有意义的事情。

24 聋人怎样学好美术和应对美术高考？

美术属于视觉艺术，主要靠动眼、动脑和动手，不需要动耳，非常适宜聋人学习。我国目前招收聋人的大学也大多是美术类专业，比如：油画、中国画、美术设计、动漫设计、服装设计、工艺美术、古建筑绘画、摄影摄像等等。因此，对聋人学生来说，学好美术就显得非常重要。同时，审美品质和美术素养对人的影响也是非常大的，直接关联到人的生活、工作和学习的方方面面。

爱画画是孩子的天性。学前和小学阶段的聋孩子，在主要画想象画的基础上，以各种不同的工具、材料、题材、方法锻炼造型和表达能力。工具有：水彩笔、蜡笔、油粉笔、粉笔、毛笔、水彩、水粉、刻刀等等；材料有：画纸、宣纸、彩色纸、塑泥、陶泥、肥皂、布料等等；形式有：各种绘画、剪纸、布贴、纸雕、纸贴、蜡染、扎染、刺绣、泥塑、陶艺、镶嵌、编织等等；题材有：动物、人物、风景、科幻等等。主要目标应该是尽可能培养孩子对美术的爱好、开拓视觉想象力、丰富形象表达力。评价这个阶段的孩子，不应该以画得像不像、画得准不准作为标准，而应该以画得丰富不丰富和神奇不神奇作为标高。平时多带孩子参观各类展览、多接触大自然，打开孩子

的视野，要多启发孩子的创造性思维。行话说，“最愚蠢的创造胜于最高明的抄袭”，艺术作品要与众不同、要独树一帜、要标新立异、要独一无二。很显然，人的创造能力和想象能力的开发非常重要。这个阶段的孩子不要急于进入素描与色彩正规的美术训练，防止过早束缚孩子的想象力和表达力。

孩子 14～17 岁左右，可以开始学习素描、色彩、速写三大美术基础训练。一般地说，美术水平是以画人物的水平的高低来衡量的，过关不过关关键看画人。能够画好人，其他题材如风景、花卉、动物也不会感到特别难。为了达到画好人这个目标，要经过由简到繁、由易到难、由低到高的艰辛枯燥的长期磨练。素描一般是从：几何石膏→静物器皿→石膏人像→人物头像→人物胸像→全身人物进行；色彩一般是从：静物→风景→人物头像→全身人物进行；速写练习方法主要是结合人体结构多进行人物慢写。学习方法上应该是临摹和写生结合、不同内容互相穿插地循环进行。临摹的目的是为了学习他人的表现方法，而写生则是锻炼自己观察和表达的能力。在此同时还要学习一些绘画理论以指导绘画实践。如果有时间的话，多去看看各类美术展览，还可以去书店购买美术书籍，去图书馆阅览或借阅美术书籍。如果有条件，拜访艺术名家、参观艺术院校、探访美术专业大学生、看艺术展览就更好了。见识多了，会在美术学习上标准更高、进取心更足、艺术思维更加灵活、艺术表现更加丰富。

绘画过程中观察方法很重要，绘画进步的过程也是把普通人的观察方法进化成美术家的观察方法的过程。绘画过程中时刻记住要整体地看、比较地看、立体地看、理解地看。整体地看要求绘画者时刻不忘整体，局部的刻画以整体观感为准，不死抠局部；比较地看意思是绘画过程中时刻不忘比较，如比较比例、比较斜度、比较体积、比较前后空间差别、比较色相差异等等，把比较出的差异表达出来；立体地看意味着把物体理解成立体的东西，要打出具有高、深、宽三维的立体结构性的轮廓，刻画明暗时不能被动地照抄明暗黑白，而要画出明暗变化表现的物体的立体感和转折；理解地看指的是绘画过程中对物体的结构、体积、立体、空间、质量等等因素要理解在先，有目的地主动地表达和表现。有关绘画的理论还有很多很多，读者可以通过自己购买、去图书馆借阅美术书籍，请教行家里手等方式去学习。对于美术练习，笔者长期作为聋人中学美术教师，总结了如下要点供大家参考：

美术练习要诀

种类	要　诀
绘画要诀	感情饱满　专心致志　统观全局　大胆落笔 经常远看　多加比较　大方轻松　气势贯一 宁方勿圆　宁黑勿净　大处着手　细心收拾
素描要诀	讲究构图　打准轮廓　加强暗部　强调立体 抓住关键　推开层次　先大后小　先主后次 空间分明　相映虚实　深入钻研　准确有力
水粉要诀	工具好用　颜料黏稠　打好轮廓　分开明暗 敢于调色　大胆下手　用笔连贯　厚重紧凑 调色看色　下笔看形　色彩多变　不忘形体
速写要诀	注意动态　定准比例　不忘结构　心有体积 线有张弛　形有虚实　全神贯注　表达人体 强调头部　画好双手　经常磨练　提高技艺

对于美术高考的对应策略，笔者也总结出了以下要点供大

家参考。

素描

素描考试时间一般为3小时，考试内容常为石膏像或真人头像写生，但也有可能考静物内容。主要考察素描的基本表达能力：画面构图、基本结构、明暗表现、整体观感等。

必备工具：4开画板或画夹子，2B、4B、HB铅笔各2支，4开素描备用纸2张。另：橡皮、小刀、胶带、图钉。

打轮廓（20分钟左右为宜）：确定好适宜的构图位置，打出有立体观感、结实而有层次的轮廓，为下一步进展奠定良好前提。

画明暗（30分钟左右为宜）：抓准关键部位，推出层次，大刀阔斧画出基本明暗调子的60%左右的深度。

深入刻画（1.5小时左右为宜）：在明暗调子的60%左右的基础上，深入、到位地表达写生对象，使画面生动、精彩、深刻起来，达到90%～95%的深入程度。

调整（5～10分钟为宜）：在画面基本完成的基础上，整体观察，对不适宜的地方进行调整，该加强的部位加强、该减弱的地方减弱，使画面更加和谐、完满。

水粉

水粉考试时间一般为3小时，个别院校为3.5小时，内容一般为静物器皿加水果或蔬菜写生，个别院校以默写方式进行考试。主要考察色彩表达基本能力：画面构图、色彩关系、画面色调、物体表现效果等。

必备工具：4 开画板或画夹子，18 色水粉颜料，4 号、6 号、8 号（或3 号、7 号、9 号）水粉笔数支，4 开水粉备用纸2 张。另：铅笔、小刀、橡皮、胶带、图钉、抹布、折叠水桶、工具箱。

铅笔轮廓（5 分钟左右为宜）：为了防止出错影响作画心绪甚至打乱作画步骤，建议先用铅笔起稿，画出写生对象的基本结构和明暗。

单色轮廓（10 分钟左右为宜）：选用一种深色打出水粉笔触的单色素描效果的轮廓，画出物体的结构、明暗和层次。

初步色彩（30 分钟左右为宜）：以较薄的色彩画出物体基本色彩关系，为深入刻画奠定基础，手法轻快活泼，达到 30% 以上的深入效果。

深入刻画（1 ~ 2 小时为宜）：以较稠厚的色彩笔笔衔接、气势贯一地逐步完成画面，达到 90% 左右的深入效果。要下笔肯定、大方、有力；忌拖泥带水、反复涂抹、小心翼翼。

调整（10 ~ 20 分钟为宜）：将最靠前的物体画得更加精彩，关键的细节部位画龙点睛，使画面生动并拉开空间距离。对不协调的部位进行处理。注意千万不要改坏画面。

速写

速写考试时间一般为全身真人 30 分钟慢写加 5 分钟快写两种，主要考察在较短时间内概括表达人物的基本能力。要求：比例准确、形象生动、手法活络、表现到位等。

必备工具：4 开或 8 开画板或画夹子，2B、4B 铅笔各 2 支或炭画铅笔，8 开素描备用纸 2 张。另：小刀、橡皮、夹子。

30 分钟慢写：迅速准确地确定人物比例，可以采用 8 头率，

在此基础上头略画大点，然后依次定准头形、肩斜、肩宽、胸部、髋部、膝盖等；再从头深入地画一遍。如果画完还有一点时间，可以加强一下头部和双手，或者调节一下整体观感。绘制过程中注意人物动态，关节线的张弛、松紧和虚实。画慢写速写主要是表达衣服内的人体，所以时时刻刻不要忘记通过衣服和衣褶分析和表达人体。

5 分钟快写：一般是在平时大量人物慢写的练习基础上，逐步穿插尝试在较短时间内画出人物。这项功夫在于平时多多进行慢写练习，熟能生巧。

美术高考应试策略

1. 临考前要作息规律，加强锻炼，保证饮食营养健康，按时休息，善于调节身心；

2. 考试期间注意饮食，不要吃坏肚子，饮食要清淡有营养；

3. 晚上早睡，早上早起，最好考前清空肚子以免考试中间需要上厕所；

4. 考前不要喝水，以免考试中间要上厕所。考后及时喝水补充体内水分消耗；

5. 考试前一天晚上准备好一切用品并仔细检查，不得遗漏物品，水粉色最好考前头一天晚上再兑挤好；

6. 前往水粉考场过程中注意拿好调色盒，不要让色彩流溢造成无法作画；

7. 戴上手表，高考过程中注意把握好时间，不要没有画完，否则会严重失分；

8. 考场上要沉着、冷静。安排好考试位置后，不要急于开始作画，以防止考场还没有安静下来前模特变动、位置调整、心慌意乱等原因造成画面错误影响情绪和作画效果。宜安静片刻以调整心绪、观察模特考虑画面表达方法，大约5分钟左右后，待考场安静、模特固定、心绪沉静、胸有成竹时开始落笔。

25

聋人怎样报考大学？

我国高等聋人教育1987年始创于长春大学。目前有长春大学特殊教育学院美术专业、天津理工大学聋人工学院、北京联合大学特殊教育学院、中州大学聋人艺术设计学院、西安美术学院特殊教育艺术学院5所普通高等学校集中招收聋人学生。此外还有一些普通高等学校某些专业招收聋人学生。这些院校都是经教育部批准的单独命题、单独考试、单独录取聋人的普通高等学校，在校聋人学生享受普通高等学校学生待遇。报考这些大学的聋人应该事先向有关院校了解招生要求，然后按照招生规定履行报名手续、参加招生考试。具体招生要求每年都有变动，报考者务必在考前一年10月份左右网上查询或向有关院校咨询并按照规定要求报考。2007年10月，中国高等教育学会特殊教育研究分会制定并颁布了《残疾人（听力残疾）高等教育入学单考单招说明（试行稿）》，对语文、数学、英语三门公共科目的考试作出了统一和规范，于2008年正式施行。

另外有一些聋人从普通高中毕业，如果有实力和健听考生一比高低，可参加全国高等学校统一招生考试，在专业选择上可以更宽一些。

【长春大学特殊教育学院】

长春大学是吉林省属一所综合性大学，有机械工程学院、电子信息工程学院、管理学院、计算机科学技术学院、外国语学院、特殊教育学院、人文学院、理学院、经济学院、生物科学技术学院、光华学院、旅游学院、美术学院、音乐学院、莱佛士国际文化交流学院、成人教育学院。长春大学特殊教育学院是由中国残疾人联合会和吉林省人民政府于1987年联合创办的专门招收盲、聋哑和肢残青年的高等院校，是我国最早建立残疾人高等教育的普通高等学校。学院现开设艺术设计、绘画学、针灸推拿学三个本科专业。该学院为国际聋人高等教育网络组织（PEN－International）成员。

学院有电化教室、多媒体模拟诊断实验室、解剖室、装裱室、图书资料室、计算机房、琴房、画室、天光教室、雕塑工作室、编织工作室、蜡染工作室、电脑设计室等专用教室和学术报告厅、作品展厅等。

序	招生专业	层次	学制
1	艺术设计	本科	4年
2	动画设计	本科	4年
3	绘画（国画方向）	本科	4年
4	绘画（油画方向）	本科	4年

考试科目：

语文、数学、英语、政史（政治、历史各占50%）、素描（人物头像写生）、色彩（静物写生）、人物速写。考生只能报考一个专业（方向），不能兼报。

联系方式：

地址：吉林省长春市卫星路6543号

长春大学招生办公室

邮编：130022

电话：0431－5397489

网址：http://cdtjxy. ccu. edu. cn[15]

【天津理工大学聋人工学院】

天津理工大学是一所以理工科为优势、电子信息技术为主要特色、多种学科协调发展的天津市属重点大学。学校的前身天津理工学院始建于1978年，2004年5月经教育部批准更名为天津理工大学。天津理工大学现有41个本科专业和21个硕士学位授权学科，覆盖了理学、工学、管理学、文学、法学等五大学科门类，形成了电子信息、材料科学与工程、制造技术与控制、环境科学与生物化工、现代物流与交通运输、经济管理、文学艺术、数理科学等具有自身特色和优势的八大学科群。

天津理工学院聋人工学院是我国第一所面向聋人的高等工科特殊教育学院。聋人工学院1991年以特殊教育部的名义开始招生，1997年成立聋人工学院。在日本世川财团的资助下，发起并成立了国际聋人高等教育网络组织（PEN－International）。

序	招生专业	层次	学制
1	计算机科学与技术专业	本科	4年
2	艺术设计专业（服装设计方向）	本科	4年

考试科目：

语文、数学、英语，计算机专业加试物理，艺术设计专业加试色彩静物写生。

联系方式：

地址：天津市南开区红旗南路 263 号

天津理工大学聋人工学院办公室

邮编：300191

电话：022－23679346，23362729

网址:http://www.tjut.edu.cn:8080/lgweb/longren/index.htm[16]

【北京联合大学特殊教育学院】

北京联合大学特殊教育学院成立于 2000 年 9 月，是北京市属普通高等学校。学院现设有特殊教育系、艺术系、生物与医学系、电子信息系、基础部、成教部和北京市特殊教育师资培训中心。共有本专科专业 10 个：特殊教育专业、听力语言康复技术专业、学前教育专业、艺术设计专业、视觉传达艺术设计专业、计算机科学与技术专业、计算机应用技术专业、园林专业、针灸推拿学专业、音乐表演专业。

学院拥有专用苹果机房、摄影实训室、平面设计实训室、心理实验室、测听与语训实训室、网络实验室、硬件实训室、多媒体机房，设施完备的图书馆、体育馆、田径场、舞蹈教室、钢琴房等。该学院为国际聋人高等教育网络组织（PEN－International）成员。

序	招生专业	层次	学制
1	艺术设计专业	本科	4 年
2	视觉传达艺术设计专业（装潢广告设计）	专科	3 年

续表

序	招生专业	层次	学制
3	视觉传达艺术设计专业（动漫设计）	专科	3 年
4	计算机科学与技术专业	本科	4 年
5	计算机应用技术专业（办公自动化）	专科	3 年
6	园林技术专业（园林）	专科	3 年

艺术设计、视觉传达艺术设计两个专业可以兼报，计算机科学与技术、计算机应用技术两个专业可以兼报。

考试科目：

（1）艺术设计专业：语文、英语、数学、色彩静物、素描及速写。

（2）视觉传达艺术设计专业（装潢广告设计）：语文、英语、数学、色彩静物、素描及速写。

（3）计算机科学与技术专业：语文、英语、数学、物理、计算机基础。

（4）计算机应用技术专业（办公自动化）：语文、英语、数学、物理、计算机基础。

（5）园林技术专业（园林）：语文、英语、数学、理化。

联系方式：

地址：北京市永定门外蒲黄榆二巷甲 1 号

北京联合大学特殊教育学院招生办公室

邮编：100075

传真：（010）67622798

电话：010－67670438，67612188

网站：http://www.bjuusec.org[17]

E－mail：tjzsb@buu.com.cn

【中州大学聋人艺术设计学院】

中州大学创建于1980年，是经国家教育部批准的一所公立全日制综合性普通高等学校。学校设有工程技术学院、信息工程学院、旅游与经济贸易学院、文化与传播学院、艺术学院、外国语学院、基础科学学院、聋人艺术设计学院、继续教育学院共9个教学机构35个专业。

序	招生专业	层次	学制
1	装潢艺术设计	专科	3年
2	古建筑绘画	专科	3年
3	动漫设计	专科	3年
4	摄影摄像	专科	3年

中州大学聋人艺术设计学院成立于2002年，学院有苹果图形设计实验室、平面印刷实验室、陶瓷艺术实验室、摄影实验室。

考试科目：

素描、色彩、语文、数学、综合（政治、英语）、面试（智力、手语、口语）。

联系方式：

北校区地址：河南省郑州市大学城英才街6号

邮编：450044

电话：0371－68766095，68721140

传真：0371－68727376

咨询QQ：592544945，328497579

网址：http://www.zhzhu.edu.cn[18]

【西安美术学院特殊教育艺术学院（工艺美术专业）】

地址：陕西省西安市含光南路100号

邮编：710065

电话：029－88222342，88247882

传真：029－88221716

网址：http://www.xafa.edu.cn

【辽宁师范大学教育学院特殊教育专业】

地址：辽宁省大连市黄河路850号

邮编：116022

电话：0411－84258354

网址：http://www.lnnu.edu.cn/dandu/jyxy/index.htm

【上海应用技术学院艺术系（美术设计专业）】

地址：上海市漕宝路120号

邮编：200235

电话：021－64941403

网址：http://www.sit.edu.cn

【重庆师范大学特殊教育学院特殊教育专业（计算机应用）】

地址：重庆市沙坪坝区天陈路12号

邮编：400047

电话：023－65362737

传真：023－65363468

网址：http://spe－edu.cqnu.edu.cn

【南京特殊教育职业技术学院美术教育专业】

地址：南京市中央门外吉祥庵神农路1号

邮编：210038

电话：025－86477238，86477238（兼传真）

电子邮箱：njty999@ sina. com

网址:http://www. njty. edu. cn

【广州大学市政技术学院（艺术设计专业、计算机应用专业）】（面向广东省内招生）

地址：广州市花都区花山镇育才路3号

邮编：510880

电话：020－86944602，86949980（传真）

电子邮箱：gdszjsxy@ 126. com

网址:http://www. gzdxszxy. cn

【其他】

除此之外，还有一些普通高等院校零散接受聋人学生，也有一些民办高等院校、成人高等院校接受聋人学生，如果您打算报考这些院校，请自己和这些院校招生部门联系。

至于已经取得学士学位的聋人报考硕士甚至博士研究生，由于目前我国还没有单独招收聋人研究生的单位，这些聋人应该自己向有关院校研究生招生部门联系。当然，你必须具备和健听考生一样的实力才有可能考上并被录取。

攻读硕士学位研究生的两种方式：

一是每年11月初网上报名，第二年1月下旬参加全国硕士学位研究生入学考试，3月可收到录取通知，经复试后，9月转人事

关系进入学校脱产学习，毕业生可参加招聘重新选择工作单位。全国统考有政治和外语两门，另外有报考院校命题的三门专业考试。政治包括：马克思主义理论、中国革命史、中国社会主义建设、邓小平理论、时事政治；外语考试标准为大学六级。

二是每年7月下旬网上报名，当年10月下旬参加全国在职攻读硕士学位研究生联考，12月可得知录取结果，经复试后，9月入学在职或脱产学习。学习期间不转人事关系，毕业后回原单位工作。全国联考有外语和专业联考，外语考试标准为大学四级，专业联考为两门合考的统一试题，另加一门报考院校命题的专业考试。

博士学位研究生报考主要要求：

（1）两份相当于副教授或以上职务的专家推荐信。

（2）外语考试（相当于大学六级以上到八级）。

（3）两门专业课考试。

26

国家对普通高等学校录取残疾考生有什么规定？教育部对听力残疾考生参加普通高校和硕士研究生入学考试外语听力测试有什么规定？

【国家对普通高等学校录取残疾考生的有关规定】

2008年4月24日颁布的《中华人民共和国残疾人保障法》第二十五条：“普通高级中等学校、中等职业学校和高等学校，必须招收符合国家规定的录取要求的残疾考生入学，不得因其残疾而拒绝招收；拒绝招收的，当事人或者其亲属、监护人可以要求有关部门处理，有关部门应当责令该学校招收。”[19]

1994年制定的《残疾人教育条例》第二十九条：“普通高级中等学校、高等院校、成人教育机构必须招收符合国家规定的录取标准的残疾考生入学，不得因其残疾而拒绝招收。”[20]

1998年颁布的《中华人民共和国高等教育法》第九条也规定：“高等院校必须招收符合国家规定的录取标准的残疾学生入学，不得因其残疾拒绝招收。”[21]

【教育部对听力残疾考生参加普通高校和硕士研究生入学考试外语听力测试的规定】

2002年5月17日，教育部高校学生司向各省、自治区、直辖市高校招生办公室发出《关于听力残疾考生参加普通高校和硕士研究生入学考试免外语听力测试的通知》[教学司（2002）30号]：近年来，全国普通高等学校和硕士研究生统一招生考试外语科目中都增加了听力测试，经商中国残疾人联合会并征求有关卫生部门的意见，现将听力残疾考生免外语听力测试的标准及考试成绩折算办法等有关事项通知如下：

①500Hz、1000Hz、2000Hz、4000Hz的纯音听力检测结果为每耳的平均听力损失都等于或大于40分贝（dBHL）的考生，凭地市级以上医院（含地市级）或高考指定医院出具的听力检测证明（报告），可以免试外语听力测试。

②免外语听力测试考生的外语分数（成绩）按下列公式换算：报考普通高校本专科或硕士研究生考生的分数（成绩）=考生的笔试项目分数（成绩）×1.25。

③听力残疾的考生报考普通高校的身体检查仍按照《普通高等学校招生体检标准》执行；报考硕士研究生的身体检查参照《普通高等学校招生体检标准》执行。[22]

27 聋人出国留学的条件和国外著名聋人大学介绍

发达国家的聋人教育水平较高，聋人和健听人融合程度也较高，因此有一些聋人希望到国外留学。留学国外不仅能够学到发达国家的先进文化和科学技术，而且也有利于利用国外教育资源帮助自己成才，同时对于不同国家之间的聋人开拓视野、互相学习、共同进步也有积极的意义。留学国外需要具备相应的条件。总的来说，美国聋人高等教育出现最早，水平较高。现以美国为主介绍外国大学的留学要求。

学历要求

留学国外必须具备一定的学历，如果攻读博士学位必须具备硕士学位学历，攻读硕士学位必须具备学士学位学历，留学高中必须具备初中学历。如果是国内大学专科毕业或没有学士学历，去国外只能重新学习本科学士课程，但可向留学院校申请免修有关课程。一般来说，留学国外花费高昂，本着节省资金缩短学习时间的考虑，留学国外最好具备学士或学士以上的学历。

英语水平

留学美国英语水平一般要求是：攻读学士学位托福（TOFEL）成绩500分以上，攻读硕士学位托福成绩550分以上或要求GRE成绩，攻读博士学位要求GRE成绩。托福和GRE成绩越高越容易取得奖学金。没有托福成绩一般不会被大学接收，大使馆也不会发给签证，即使能出国也因语言问题面临很多困难。美国普林斯顿托福考试中心给聋人外国学生提供免试听力的托福考试，参加托福考试的聋人可与申请入学的大学联系。欲留学的聋人也可采取去美国参加英语培训，经考试（其中包含我国初中数学代数、几何、三角内容）过关后正式入大学的办法，但是花费高昂，入大学前不能获取学生签证身份。

听力检测表

美国大学对聋人学生要求提供本人近期听力检测表。有意留学美国的聋人可去三级医院做一次听力检测，如果有条件的话，最好让医院提供英文听力检测表和诊断证明书。

学费和经济保证

聋人留学美国，学费和生活费主要依靠自己家庭解决。英语培训生学费每年3万美元左右，本科生学费每年3万美元以上，研究生每年3.5万美元左右，这些数字还以每年3%～5%的比率上涨。第三世界国家包括中国可以申请到数千美元的奖学金（英语培训生不能申请），研究生容易申请到更多的奖学金。

经济保证是留学生经济来源的保障。如果准备留学的聋人家庭经济力量雄厚，仅仅需要去银行办理存款证明。国外亲友提供经济帮助，就需要这些国外亲友出具经济担保证明。

英文成绩单和学历副本

具备留学国外合格的学历，要求准备英文成绩单和学历副本。这些材料需要去已经取得这些学历的原学校办理。

推荐信

留学国外一般还要求出具 3 封左右推荐信，推荐信最好由自己的大学老师以英文书写。汉语书写的推荐信，应随附英文翻译件。你可以在网上搜索出国留学推荐信的格式和内容，打印下来提供给老师作为参考，以便写得理想一些。

大学申请表

向美国的大学提出入学申请后，那里会给你寄来申请表格，你应该用英文填写。为了填写准确、完满、充分，你最好先将表格复印一份作为草稿，修改完善之后再在正式表格上抄写整齐。美国的大学还提供网上入学申请以及网上下载申请表格，你可在相应大学网站寻找到。如是下载的表格，你需将表格打印出来填写好后，按照大学提供的地址回寄给所申请的学校。如果表格上要求附寄有关材料，你应该一同寄去。

办理护照

在你所在地所辖的市级公安局领取办理护照登记表，拍摄护照规定尺寸和式样的个人免冠照片，按照办理护照规定要求和程序办理好相应的手续和材料，然后持填写好的办理护照登记表、户口本、身份证等材料在原领取办理护照登记表的市级公安局缴费和提交办理护照材料。材料提交后按公安局告知的时间前往省公安厅出入境管理处领取护照。

大使馆签证

得到美国大学录取通知书后，最后一道关键的手续是获得美国大使馆的留学生签证。你须持护照、身份证和美国大学入学通知书前往当地中信银行缴纳美国大使馆签证费并领取 DS－156 签证表格。美国大使馆也提供网上申请签证，你可打开美国大使馆网站在相应网页后依次填写完成。签证问题比较复杂，有关聋人最好事先向有经验的人士或机构请教，然后再携带全部留学材料和个人材料前往美国大使馆或领事馆办理签证。办理签证一般需要个人身份证明、出生证明、结婚证明、学历证明、经济保证证明、美国大学入学通知书、英语考试成绩单、房地产证等等。

美国驻华大使馆网址：

http://chinese.usembassy－china.org.cn

【加劳德特大学（Gallaudet University）】

加劳德特大学成立于 1864 年，是世界上成立最早、学科最多、层次最高、规模最大的著名聋人大学，位于美国首都华盛顿。它被誉为国际聋人教育的西点军校，是全世界聋人所向往的教育圣地，有手语文学中心、加劳德特研究所、劳伦特·克勒克国家聋教育中心、环球教育中心、国家聋人信息中心、预科学院、英语培训学院、聋童听说训练中心、肯德尔聋童示范小学和聋人模范中学。

学士学科主要有：美国手语与聋人学习、手语翻译、双语、听说与语言科学、生物、商业、化学与物理、数学与计算机、聋教育、外语与文学和文化、哲学与宗教、体育与娱乐、历史、心理学、美术、社会学、社会工作、戏剧艺术等二十多个专业。

硕士学科主要有：管理、听力学、咨询服务、聋教育、心理学、手语翻译、双语、社会工作、病理学等。

加劳德特大学

图片来源：www. gallaudet. edu

博士学科主要有：教育行政管理、临床心理学、聋教育、听力学、特殊教育管理等。加劳德特大学也接收健听学生。

1988 年 3 月，加劳德特大学爆发了令世界瞩目的“聋人现在当校长（DEAF PRESIDENT NOW）”的人权运动，聋人欧文·金·乔丹

（Irving King Jordan）博士当选为第八任校长，成为世界上第一个聋人大学校长。2007 年 1 月聋人罗伯特 · R. 达维拉（Robert R. Davila）任加劳德特大学第九任校长。

联系地址：

Gallaudet University
Office of Admissions
800 Florida Avenue, NE
Washington, DC 20002 – 3695
USA
E – mail：admissions. Office@ gallaudet. edu
http://www. gallaudet. edu[23]

【罗切斯特理工学院国立聋人工学院（Rochester Institute of Technology National Technical Institute for the Deaf）】

罗切斯特理工学院是建立于 1829 年的美国一所著名私立理工大学，位于美国纽约州罗切斯特理市。美国柯达（Koak）、美孚（Mobil）、国际商用机器公司（IBM）、施乐（Xerox）等国际著名公司的总部就坐落在罗切斯特。罗切斯特理工学院有科技应用学院、商学院、电子信息科学学院、工程学院、形象艺术科学学院、文学院、理学院和国立聋人工学院等 7 所学院，在校学生 13，000 多名。其中国立聋人工学院为 1965 年由美国国会立项的国家拨款建立的世界上最大的聋人理工科学院，主要有商业贸易、会计统计、建筑技术、制造技术、应用美术、印刷技术、摄影摄像、眼镜装配、聋人教育等 20 多个专业，经过三年学习可获得副学士文凭，另设有聋中等教育硕士学位。如果要在本学院取得学士、硕士或博士学位，可转入其他 6 所学院给聋人开放的 80 多个专业继续学习。2003 年聋人 T. 艾伦 ·

赫尔威兹（T. Alan Hurwits）博士任罗切斯特理工学院副院长兼国立聋人工学院院长。

联系地址：

Rochester Institute of Technology

National Technical Institute for the Deaf

Admissions Department

52 Lomb Memorial Drive

Rochester, NY 14623 - 5604

USA

http：//www. ntid. rit. edu[24]

罗切斯特理工学院国立聋人工学院

图片来源：www. ntid. rit. edu/prospective/tuitionfees. php

美国绝大多数大学和专业都接收聋人就读，聋人如果报考其他大学，请自己和有关学校联系具体事宜。

【俄罗斯鲍曼莫斯科理工大学（Bauman Moscow Technical University）】

俄罗斯鲍曼莫斯科理工大学成立于1830年，是著名的工程学院。学校拥有许多著名的科学院，在空间工程、热力工程、生物物理学、空气动力学、无线电物理学、电子无线电学、光

学、激光技术、动力学、机械设计方面做出了重大贡献。莫斯科理工大学于1934年开始培训聋人学生，在20世纪90年代初，为更好地为聋人服务，拓展聋人教育，学校管理部门决定成立聋人中心。目前，大约有250名学生在聋人中心进行各种培训。

莫斯科理工大学网址：http：//www. bmstu. ru

【日本筑波技术大学（Tsukuba University of Technology）】

日本筑波技术大学创建于1987年，是日本第一所以视觉和听觉障碍者为招收对象的国立三年制高等教育学府，该校的教育目的是：进行有关职业技术方面的教育及研究活动，培养具有广泛知识教养和专业技能的职业人才，并通过促进视觉和听觉障碍者的社会自立来实现福利社会的不断进步和发展。该校作为日本第一所障碍者大学，尤其重视应用最新的技术来开发符合各种障碍特征的教材、教学方法。

筑波技术大学网址：http：//www. tsukuba－tech. ac. jp

【韩国拿撒勒大学（Korea Nazarene University）】

“拿撒勒（Nazarene）”英文本意是“基督徒”的意思。韩国拿撒勒大学是全世界57所拿撒勒大学或学院之一。该大学设有神学系、康复系、社会福利系、国际系、管理系、警察行政专业、儿童专业、设计系、幼儿特殊教育专业、信息媒体系、特殊治疗专业、信息技术系、音乐系、公共课程师资系。适合聋人学习的学士学位专业有手语翻译、特殊教育、园艺设计、玩具设计等。适合聋人学习的硕士学位专业有国际手语翻译、特殊教育等。

拿撒勒大学网址：

http：//www. kornu. ac. kr/chinese/index. htm

【聋人生活篇】

——THE LIFE OF DEAF PERSONS

对于听力和言语障碍的聋人,"无障碍"应该是信息和交流的畅通无阻,"硬件"和"软件"都需要,但似乎对于"软件"的支持——社会人文环境的支持要求更多些。

28 聋人需要什么样的“无障碍”？

对于盲人和肢残人，“无障碍”主要是公共设施便于盲人和肢残人行走和使用，也就是对于“硬件”设施要求可能多一些。对于听力和言语障碍的聋人，“无障碍”是信息和交流的畅通无阻，“硬件”和“软件”都需要，但似乎对于“软件”的支持——社会人文环境的支持要求更多些。

（1）手语是一种优美的动态性、视觉性、形象性和表演性语言，它的表达方式与口语和书面语不同，但同样有着丰富动人的表达内容和思想内涵。聋人希望自己在任何时间和任何地方使用自己的语言——手语时，都能得到周围健听人的理解和尊重——“他们只不过因为听力和言语障碍，需要用手语这一方式交谈”，而不存在异样的或奇怪的或轻视的目光。

（2）生活中人们总会遇到急事，很多急事如：火灾、急病、遇匪、遇盗、车祸、问事等等，健听人可以求助于119、110、112、122、114等免费电话报警、报急。可是聋人遇到这些情况肯定是干瞪眼、干着急没办法，他们甚至因为无法及时报警报急求助，给个人或家庭或集体带来惨重的损失。2009年1月11日公安部要求各地开通12110手机短信息报警服务，除此之外聋人也殷切地希望有关通讯部门能够开通112、120、122、114

等手机短信息服务。城市、社会、公众、国家有紧急事项，有关部门应该通过手机信息及时通知聋人。

（3）为了方便乘坐公共交通工具，聋人希望公共汽车、电车、中巴、地铁等能够安装电子显示站名的装置。聋人乘坐公共汽车、电车、中巴、地铁等，因不知站名而坐过头的事情经常发生，可以想象聋人此时是怎样地无奈与焦急。现在大城市部分公共汽车、电车、中巴、地铁等已经有了这种装置，但是只装在汽车前部，有时甚至字号很小。聋人希望公交车下车门有醒目的这种装置。

（4）人人都有三病五疾，聋人去医院看病，希望医生能够仔细耐心地以书写方式问询病因、感受，交代清楚诊断、治疗方式、注意事项等等，聋人更加希望医院早日能有手语熟练的人员专门为聋人提供服务。医院挂号处、检查处、收费处、药剂师、护士、住院部等等都要多为聋人着想，为聋人多提供帮助。

（5）中国人口众多，买火车票难已是人人皆知，聋人就更是难上加难了。聋人听力和言语能力不好，靠写纸条给火车售票处售票员交代车次、票种、时间和数量。有时聋人对火车了解不准确或售票处火车票售罄，售票员往往挥手了之，此时排在后面的购票者因急于买票，便捷足先登，把没有买到票的聋人挤到一旁。这样一来，聋人有时要排几次队才能买到火车票。聋人希望火车站售票处能够改善一下服务或设立专门窗口，售票员要以书写方式耐心给聋人讲清楚，帮助他们选好火车票。长途汽车站和港口、码头售票处也应如此。

（6）我国的城市在飞速发展和扩大，街巷阡陌纵横，一个住宅小区几十栋甚至上百栋楼房，一栋楼房十几层二十几层，聋人往往费尽脚力但莫辨南北东西与上下左右。聋人建议城市街道、巷弄、小区名称，楼房编号，单元顺序乃至示意图都要齐全和便于识别。

（7）走进医院、银行、商店、邮局、车站、码头、宾馆、机关、单位等等场所，聋人希望服务和价格标识明显清楚，商品或服务费用明码标价，零售商品最好使用自动计算电子秤。这些场所的人员，如遇聋人询问，应该耐心仔细地为聋人书写解释。

（8）手机短信息已经逐步成为聋人通讯的主要手段，但各地通信公司都把每次发送短信息的字数限制在 80 个字以内，而现在大多数手机能够每次发送 500 字甚至更多的字。既然聋人通讯以短信息为主，希望各地通信公司能够考虑到聋人通讯的实际需要，对聋人手机短信息通讯增加发送的字数。

（9）打开电视机或走进电影院，聋人希望有字幕的电视节目和电影越多越好。电视中的相声和小品节目，常常把健听人逗得捧腹大笑，此时聋人却不知所云，丈二和尚摸不着头脑，不是遗憾不已，就是了无意趣甚至失落异常。建议电视相声和小品节目打出字幕让聋人分享快乐。如果相声和小品节目语速太快字幕跟不上，即使简化一下聋人也会万分高兴、拍手称谢。

（10）聋人学校、聋人俱乐部、聋人学校宿舍等聋人比较集中的场所应该安装闪光门灯以方便“敲门”和“开门”。这些地方也应该设置阅报栏，以方便聋人及时了解国内外时事，学习最新知识。

（11）我国实行教师资格证制度后，由于资格证考试中有普通话一项，使众多的聋人无法取得教师资格证。这样一来，一方面把众多优秀的聋人拒之于外，另一方面又使本来十分需要聋人教师的聋教育机构因此更加缺乏聋人教师。建议对待聋人教师资格证考试免试普通话或以其他适合聋人教师的科目（如

手语）代替普通话考试。

（12）聋人听力和言语能力不好，学习外语十分困难，至少目前聋人的外语水平普遍很低。聋人希望高考、研究生考试、职称考试、大学和研究生毕业外语考试等等能够对聋人降低要求，不要再因为外语及其听力考试把聋人优秀人才挡在门外。

（13）希望大学多为聋人开设适宜的专业，使他们对未来的职业有更多的选择。很多工作如手语教师、邮件分拣员、超市理货员、眼镜装配员、蛋糕制作员、打字员、药剂师、钳工、会计等等非常适宜聋人去做，但是做这种工作的聋人却少之又少，社会能不能为聋人就业着想，在这些工作种类上向聋人做一些倾斜？

（14）聋人学校非常需要高素质的聋人教师和聋人管理人员，高等师范院校应该把培养各科和各类聋人师资作为一项重要任务，以保证聋人学校的需要。

（15）聋人个人生活更加需要手语翻译的协助，但目前聋人找工作、上医院、打官司、旅游、购物、开家长会、处理意外或突发事件等等需要手语翻译帮助时却无人可找。因此，聋人希望高等学校大量培养手语翻译，手语翻译职业尽早社会化、职业化、认证化。有了手语翻译的帮助，聋人遇到困难和问题就容易解决得多。有了手语翻译，聋人还可以考虑聘用手语翻译帮助自己和健听人一起上中小学、大学甚至研究生呢！

（16）没有配备聋人干部的残疾人联合会应该至少配备一名精通手语的健听工作人员或相关领导，便于听取聋人群众访谈、深入聋人生活、了解聋人的实际情况、指导聋人协会的工作、组织聋人活动等等。

（17）博物馆、图书馆、美术馆、科技馆、展览馆、文化馆等等公共文化场所不仅应该为聋人提供手语解说服务，而且应该尽可能提供书面资料和介绍。有聋人参加的会议、讲座、群众活动，应该尽快普及手语翻译和同步速录投影。

（18）残疾人联合会、聋人学校、聋人就业集中的单位等应该早日配备聋人干部、普及聋人教师甚至配备聋人领导。这些聋人干部、聋人教师和聋人领导起着联系聋人群众和学生，听取和反映聋人群众和学生的意见，协调残联、学校、单位领导解决聋人群众和学生困难的重要作用。各地人大、政协、共青团、工会、妇联应该有聋人代表和委员，反映聋人群体的需求和呼声，帮助聋人群众解决问题和困难。

聋人需要其他“无障碍”的地方肯定还有很多很多，而且随着社会的发展，聋人对“无障碍”又会出现新的需要。希望社会、机关、单位、组织、个人乃至聋人自己能够关心聋人各方面“无障碍”的需要，大家一同努力，共同构建一个真正完美的、真正“无障碍”的、聋健共享文明和发达的现代社会。

29

聋健交往中各应注意什么?

聋人和健听人交往应该注意的问题

①聋人要以礼貌待人，态度诚恳，不亢不卑，不紧不慢，首先在为人和心态上让健听人感到你是一个积极、乐观、健康、向上的人，让健听人乐于和你交往。平时对健听人的生活多留心一些，遇到不理解聋人和聋人手语甚至对聋人不尊重的情况要宽容对待。聋人应该尽可能利用所有的机会向健听人介绍聋人手语、聋人习惯，展示聋人的风采、弘扬聋人文化、促进聋健融合，让越来越多的健听人了解聋人、熟悉聋人、帮助聋人。

②和健听人做比较深入的谈话就要借助于笔谈，聋人最好主动把笔和纸递过去，以便健听人书写交谈内容，这样显得你态度诚恳。对于大多数不会手语的健听人来说，笔和纸是和聋人交谈的唯一手段，笔和纸就等于是聋人的耳朵和嘴巴，所以聋人最好养成出门随身携带钢笔和便笺的习惯。多和健听人笔谈对聋人的书面表达能力有很大帮助，如果碰到看不懂的字句或者内容，只要时间从容，就应该主动询问，这样会更多地了解主流社会和健听人的语言习惯。

③书面表达能力越强，笔谈交流质量就越高。如果你的文

化水平较差的话，和健听人书面交流时你不仅难以表达自己的想法，也会难以理解对方书写的内容，还会给健听人留下不好的印象，更会影响到你自己生活的方方面面，所以聋人要学好文化，要加强文字表达能力、扩展对主流社会的认识。

④打算和陌生健听人交谈或请求陌生健听人帮助时，最好预先写一句："我是聋人，请……"态度一定要真诚、大方。一般情况下不要像对待聋人那样贸然拍健听人的肩膀，除非你和他很熟悉才可以这样做。因为健听人以语音为第一警觉，对于陌生人拍自己的肩膀常常会感到不习惯或吃惊，甚至因此对你产生误解，认为你莽撞、不礼貌、别有意图、寻事生非。和不熟悉的健听人谈话，在表情和举止上要接近他们的习惯，不要过于聋人化，如果你发音和言语十分糟糕，还要注意避免发出健听人不习惯听的声音。

⑤聋人常常以甩小拇指的手势表示否定。但是健听人很少以"坏"和"不好"评说他人和事物，而是以中性语言或微度语言表达否定。在健听人中，贸然直接说"坏"和"不好"是极其不礼貌的，对甩小拇指表示"坏"的手势更是反感。因此，聋人在公共场合如商店、集会、单位等处，不宜以甩小拇指表示"坏"的手势加以否定，而应该以"不够"、"差一点"、"不合适"等表示，以防止健听人误解。

⑥聋人如果需要请求陌生的健听人帮助，就应该大方、礼貌、微笑地打招呼，用笔在纸上写清需要帮助的事情。记住在纸上书写的内容一定要客气礼貌，如："先生，请……"一般情况下都会得到热情帮助。万一遇到不理解聋人的健听人，也不必放在心上，更不必因此退缩不敢再求问健听人，你可以换一个健听人试试。

⑦聋人因为听不到声音，做事和行动往往难以控制轻重，

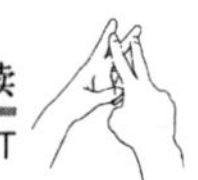

以致常常发出很大的声音。有时这些声音能使健听人大吃一惊，影响到他们的工作、学习和生活，给他们带来不愉快。因此，聋人在日常生活中，要注意学会做事拿物轻手轻脚、门窗橱柜轻开轻关、起身环视一下周围，避免碰撞，在楼道转角、建筑物拐弯处要放缓脚步以防碰撞他人，等等。这样不仅能避免发出过大的声音而影响他人，也能给健听人留下懂礼貌、有修养的好印象，使大家乐于和你交往。在教室、图书室、会场、医院、电影院、剧院等等场合更要注意这些。

健听人和聋人交往应该注意的问题

①健听人要尊重聋人，尊重聋人手语，要把手语当作一种语言和交流方式对待，就像遇到语言不一样的少数民族或者外国人一样，要尽心尽力地去帮助他们。在模仿学习手语时态度要诚恳、庄重、自然，不要故作噱头，不能当作游戏，否则会让聋人感到你不够诚恳。如果要和某个聋人交往，你可以举臂招手或轻拍他的肩膀招呼他。

②和聋人交谈应该从比较简单的问题开始，从对方感兴趣的事情开始。笔谈的句子和内容要通俗易懂，有时健听人使用的诙谐、幽默、双关语、俚语、成语、歇后语等，由于手语很少使用，聋人可能会不太理解。有些聋人书写的句子不太通顺、难以理解，这与聋人的生活范围较窄、受教育程度较低以及手语语言习惯有关，健听人应该包容，耐心对待。情况允许的话，你也可适当帮助聋人熟悉一下健听人的语言和内容，讲解一下健听人的修辞含义，纠正聋人在书面语上的不足和语法问题。

③和聋人交谈时无论是用手语还是用笔谈，健听人应该同时说话，尤其是简单用语更要尽可能以口语表达，这样可以帮

助聋人看口型去理解交谈内容。和聋人说话时口型最好依面部表情咬准字眼稍稍加强，语速应稍慢而流畅，对方不懂时就要耐心地慢慢重复。请不要由于顾忌聋人听不到你的言谈而极度夸张口型以及多次反复词句而搞得结结巴巴，这样反而让聋人更加不易理解。要知道很多聋人看口型的能力是很强的，他们经过了这种交流的锻炼。

④聋人讲话直截而率真，有时使用的词句使人感到唐突、刺激或怪异，此时他们不一定心存恶意，这可能与他们从小在聋人环境中长大以及手语使用习惯、聋人本身的特性和手语常用词句表达有关，健听人应当以宽容的态度去面对，不必过分计较。聋人有时会发出健听人感到不愉悦的声音，夸大的口型、面部表情和体态姿势也常常使健听人感到奇怪，但应尊重他们这些习惯。

⑤需要和聋人笔谈的时候，如果你能够积极寻找并且主动递上纸和笔，会使聋人感到温暖，彼此之间的距离就会拉近。和聋人笔谈时最好让聋人坐在你的左侧，纸张可以略略向聋人倾斜，字迹不要太草或者太小，这样可以使聋人很快地看到你书写的内容，既可以提高笔谈效率，也省得双方反复递纸。

⑥遇到聋人需要健听人帮助的时候，不管健听人是否认识这位聋人，健听人都应该尽自己所能帮助他们。如果是聋人问路、问公交汽车、问某一地点，你如果在为他们解释的同时，再画一下线路图或亲自带一下路那就再好不过了。如果聋人需要你帮助他们打语音电话，你更应理解他们并帮助他们，因为聋人在一般情况下是不需要别人帮助打语音电话的，如果请求你，一定是有比较紧要的事情，而且对你充满了信任感。

⑦送别聋人访客时，要关照客人怎样返回，怎样乘坐公交车。如果对方不熟悉附近环境，你应该仔细作出指导。如果是在晚上，你应该把他们送到公交车站，免得发生麻烦事。

30 聋人理财应该注意的事项

理财方法

计划开支：要养成计划开支的好习惯，量入为出（指以收入的多少计划支出的多少）。不能盲目攀比他人消费，不能花钱没有节制，不能捉襟见肘（意思是抓到衣襟就露出胳膊。比喻没有一点余地），不能寅吃卯粮（意思是今年就把为明年储存的粮食吃完。比喻提前花完储蓄和用完积存）。最好的方法是把自己的收入分为三份——一份用于生活支出，一份用于储蓄，另一份作为发展资金（即用于创业、投资等能够增加收入的支出）。至于每份的多少，可以根据自己的情况决定。用于生活的这份支出也要细化为：家庭日常维持支出（如水、电、天然气、物业管理等）、家庭生活支出（如粮食、蔬菜、洗盥用品等）、交通支出、通讯支出、娱乐支出、衣物和个人用品支出等若干份，分开使用。同时还要每月检查各份支出是否合理，合理项目不足要调整补足，不合理的支出要压缩减少。

储蓄：“宜未雨而绸缪，勿临渴而掘井。”（意思是应该在没有下雨之前就要补好漏雨的房子，不能等到口渴了才去挖井找水）必须把当月收入的一部分存入银行，以备今后使用。人一生总是有很多不可避免的重大支出，如结婚、买房、生养孩子、孩子交学费、治疗疾病、医疗保险、养老保险、赡养老人等等，这些重大支出就靠平时的积蓄。如果没有储蓄习惯，必然会影响今后生活。储蓄是每个人必须遵守的重要生活法则，为达到某一生活目标如结婚、买房、孩子教育、参加医疗与养老保险、投资、事业追求等，积极进行储蓄更值得大力提倡。

尽量避免借贷：生活中应当尽量甚至完全不向他人借钱，尽量甚至完全不向银行贷款，而要锻炼自力更生和奋发图强的能力，这是一个人的人格和精神所在。“借钱容易还钱难”，贷银行的款要返还高额利息，会使你债台高筑。借亲友的钱会影响他人的生活，如果不能及时归还更会伤害人情关系。要知道每个人的钱都是辛勤劳动和勤俭积累的结果，都来之不易。遇到急事和大事，迫不得已偶然向亲友借钱、向银行贷款是可以的，但要以自己的收入状况和还钱能力确定借贷多少，把贷款尽量缩减到最少的次数和最小的数量，不能超出自己的还钱能力，成为影响生活的沉重负担。借他人的钱要及时甚至提前归还，千万不可动不动就向他人伸手。

适当进行投资：为了合理利用储蓄和增加收入，根据个人的精力、体力、空闲时间和经济能力，可以适当选择国债、外汇买卖、基金、保险等进行投资。除此之外也可以选择股票买卖、集邮买卖、纪念币买卖、古董收藏买卖、名人字画收藏买卖等等进行投资，但这些项目需要一定的专业知识、投资技巧和精力投入，不可盲目跟从。当然还有合伙经商、办厂、开店等等风险大但收益也大的方式，这些投资需要全身投入和全力参与，甚至需要一定的专业知识。

与金钱和银行打交道的一些注意事项

①银行信用卡、存款折、存款单不要委托他人代为办理。银行信用卡、存款折、存款单和身份证、户口本、护照不要委托他人保管。

②新办理的银行信用卡要尽快重新设置密码，防止银行设置的密码过于简单而易于识破。在此同时在银行信用卡背面及时签上自己的姓名，如果万一丢失，银行可以从签名的字迹证实是否是持卡人的信用卡，以防止拾获信用卡的人冒领卡内存款。

③银行信用卡、存款折、存款单的密码不能告诉他人。银行信用卡、存折、存单的密码不要用自己、家人的生日或电话、手机号码设定，以防止丢失或被盗后密码被破译而造成损失。

④银行信用卡、存款折、存款单和身份证、户口本、护照要分开放置。银行存取款单据也应妥善保存，不要随意扔掉，以防信息泄漏，给坏人留下可乘之机。

⑤使用银行信用卡最好在银行柜台上取钱，这样尽管麻烦但比较安全。

⑥使用自动存、取款机最好事先在脑子里回忆好密码，以保证顺利操作和缩短使用时间，不给坏人留下可乘之机。

⑦在户外使用自动取款机（ATM）时，要留心周围是否有不可靠的人，放心后再上机。操作自动取款机时要注意用身体或手掌挡住键盘，以免被他人窥见密码。操作自动取款机后打印的单据不要乱扔，以防信息泄漏。取完款一定记住取回信用卡。

⑧在夜晚、黎明时，在环境特别冷清、偏僻、杂乱的地方，

如果没有十分必要，尽可能不要使用自动取款机，这些时间和地点往往不太安全。

⑨在商店、医院、宾馆等处（POS）使用银行信用卡消费时，也要留心周围环境，注意不要让他人窥见密码。

⑩在银行取存现金也要注意周围情况，特别是走出银行大门前要留心门内门外是否有可疑的人。走出银行大门后要留心是否有人尾随。

⑪取存大笔现金最好有亲友陪护，尤其是女性聋人更要这样。也可以向银行提出让银行上门服务或者让银行保安人员护送。

⑫在家里整理现金、信用卡、银行存折等时，要关闭好门窗，拉上窗帘，避免房外有人窥视。家里不要存放大笔现金，以免因失窃、遗忘、丢失、鼠噬、水蚀、发霉等造成损失。

⑬外出时不要随身携带过多的现金而应该代之以银行信用卡，出门前要把现金、银行信用卡放好。坐车、买零星物品的钱要与大额现金和银行信用卡分开放置，尽量避免在外暴露大额现金和银行信用卡。在商店、医院、宾馆等处消费大额现金时也要注意周围情况。

⑭家庭投资如购买国库券、股票、基金、保险以及进行外汇买卖等等，夫妻双方要共同商议，最好再和长辈、亲戚商议一下，经过反复论证，慎重思考家庭收入、生活状况、风险大小、短期利益、长期利益等等因素后再作决定。头脑发热盲目决定会给家庭生活带来影响和损失。

⑮不要相信任何人凭空吹嘘的神医、神药、私人医院、老军医、老偏方、文物、古董、外国存款证明、外币、高息集资、一本万利生意等等，不要私自兑换外币，以免上当受骗损失财产。

⑯聋人使用的手机收到任何获奖、办证、发票、邮购、廉价销售、高薪诚聘、银行核对账户或密码的通知、银行卡发生消费提示、自动发送娱乐短信息、特殊服务等等都不要理睬，防止坏人利用手机诈骗你的财钱、银行存款、手机话费等等。

⑰聋人在互联网上看到银行服务、邮购服务、收费下载、网上电影等等，要小心谨慎，多向人问问再决定是否使用，防止被人诈骗存款、话费等。

31

聋人出行应该注意什么?

聋人在旅行途中遇到的问题和困难会因听力语言障碍而比健听人多一些，所以出行之前要仔细计划，对出行路线、经过地点、交通方式、长途汽车站方位、公交路线、住宿地点、就餐方式等等多做设想，充分预料途中可能出现的问题，尽量做好应对的准备。最好能有可以求助的朋友必要时前来帮助，同时多准备几种可能发生的应急预案以防特殊情况的发生。出门在外，最好随身携带便笺和钢笔，办事和问询都会常常用到。

如果目的地是城市，到达后最好先买一张当地的地图，不论打算去哪里，都应该事先在地图上查找目的地的位置，这样你不管采用什么样的交通工具，都可以知道出行方向是否正确，同时也可以了解这个城市的大体框架，给行动带来便利。

随身带上残疾证，在校学生同时带上学生证，教师带上工作证或教师资格证，70 岁以上的聋人带上老年证，必要时出示，可以享受交通、参观等等优惠。

行装

准备好必须携带的物品：必须携带的物品包括身份证、工

作证、残疾证、学生证、老年证、寿星证、护照（及这些证件的复印件），车票，通讯设备、地图（对聋人来说更加重要），衣物、洗漱用品、常用药品（必要时带上处方、病历），当地亲友的地址、电话、手机号码等。临行前检查一遍，不要遗漏。

证件、金钱、贵重物品不离身：身份证、护照、银行信用卡、现金、相机等贵重物品要时刻不离身体。在国际旅行时常常见到的挂在脖子上可以放进衣服里的小袋子非常适用于聋人使用，这个小袋子可以存放身份证、护照、银行信用卡、一定数量的现金等，又安全又方便。出门前先准备一些零用钱，以避免在公共场合取用钱时暴露大量现金。

时刻保证行李安全：

·行李最好随手锁在椅子、行李架上，或者聚拢放在身前，或者夹在双脚之间。千万不要放在身后，以免小偷拎走。

·在火车、长途汽车、出租汽车、机场、宾馆、餐馆等场合要特别注意防止坏人乘机拎包。

·火车上不要把随身小挎包或装有钱夹的外衣挂在窗口附近的衣钩上，防止车厢内外小偷盗窃或抢夺。

手机短信息报警方法：2009 年 1 月 11 日，公安部确定 12110 作为全国公安机关统一的公益性短信报警号码，以方便听力语言残障人士报警求助。短信息报警文字内容要扼要准确，说清时间、地点、事由和自己的姓名、单位等。您要牢记 12110 号码并存入手机，遇到危急情况可发短信报警或求助。

12110 手机短信息报警方法

“我是聋人，姓名×××，男（女），单位××××××，无法语音报警，当地×××因×××情况危急，请求出警救助。”

交通

乘坐火车：

·最好买一本《旅客列车时刻表》，以方便自己选择乘坐的火车车次和时间，把握到站时间，计划返程时间。

·购买火车票事先写好车次、时间、目的地、种类、数量并且提前预定，如果可能的话最好同时购买联程车票或返程车票。

·乘火车遇到问题可去车站问询处、服务处、值班主任窗口问询。

·对售票员要有礼貌，写在条子上的语句要客气，最好事先多选择几种车次以防有的车次无票。

·购买火车票情况特别紧急或困难时，可前往售票处值班主任窗口求助。

·如果你在中途特别是小站下车，最好提前告诉乘务员，让他通知你下车，以免出错。

·火车上你如有紧急情况，可以求助于乘务员、乘警，甚至列车长。列车长办公席一般在餐车后第二节硬座车厢。乘警随时在列车内巡视，他们常在餐车处理问题和短暂休息，一般可在餐车内找到乘警。

·乘坐软卧的聋人注意不要随意为陌生人打开包厢门，最好请同一包厢的乘客问清来人身份再开门。出入包厢要随手关紧门，以防止歹徒闯入包厢。

·携带大量现金或特别贵重的物品乘坐火车，你可以求助于列车长或乘警协助放在列车保险箱中，快到目的地时再请列车长或乘警为你取出。

·如果在始发站需要改变乘车时间或车次，应该提前在始发火车站签字处改签车票。如果要在中途下火车，应该在下车后立即在火车站签字处改签车票。需要注意的是，改签车票必须在车票有效时间之内。

乘坐长途汽车：

·乘坐长途汽车一般在长途汽车站买票上车。

·如果在中途乘坐长途汽车，一定要问清乘车地点与时间，以免误车。

·在长途汽车上要注意自己的行李、挎包、手机等物品。

·乘坐长途汽车时，还要注意提前选择发生意外时的逃生路线和方式。

·如果要在中途下车，就请告诉随车乘务员或司机，同时多加提醒他们，以免过站未停。

乘坐轮船：

·乘坐轮船一般在渡口候船室买票上船。

·上船前你最好寻找和阅读一下渡口候船室里张贴的乘船注意事项并铭记于心，或者将重点内容抄在本子上。

·在轮船上你要注意放好自己的行李、挎包等物品，防止被坏人偷盗。

·不要去机轮室等危险的地方，在甲板边缘要小心。

·在轮船上你要留心一下船长室、出口路线、救生设施的位置、应急方式等以防备紧急时应用。

·如果在中途码头下船，你要告诉随船乘务员或船长，同时多加提醒他们，以免坐过地点。

乘坐公交汽车、电车、地铁：

·乘坐公交汽车、电车前最好将目的地站名写在纸条上，以备在车上问询售票员或司机。

·乘坐公交汽车、电车前最好在站牌下数一数到达目的地经过多少站，再记一下目的地站名前几站的站名。上车后心里默数经过了几站，这样快到站时你会心里有数。同时留心公交汽车、电车外站牌上的地名。

·如果公交汽车、电车上有售票员，要告知售票员你要到达的站名，让他通知你下车，多多提醒他们，以免坐过站。

·如果是投币公交汽车、电车，就将你要到达的站名告诉司机，让司机通知你下车，多加提醒司机，以免坐过站。

·如果公交汽车、电车上有报站电子屏幕，你最好站在电子屏幕下并且时时留心。

·地铁车厢没有乘务员，所以你一定要搞准地铁行驶方向、前往站名、需要经过多少站，留心经过的站名，同时心里默数经过了几站。如果有报站电子屏幕，你站在电子屏幕下时时留心就行。

乘坐出租车： 乘坐出租汽车的好处是可以快捷地送你到达目的地，免去了问路、寻找、坐错车、坐过站等一系列问题的发生。乘坐出租车一是要防止挨宰，二是要注意安全。

·打车前先向当地人打听或者在地图上估计里程和花费。

·如果有自动计价器的话，一定要让出租车司机打表。

·如果司机频繁转弯，你要严厉询问原因。

·如果司机不可靠或心怀不轨，要毫不留情立即下车换乘一辆。

·上车时要记住出租车的车牌号码、车的品牌特征、司机的特征、投诉电话。

·如果出租车经过或者到达十分荒凉的地方，你要多加小心。

·女性单独乘坐出租车要特别小心。如果时间太晚并且目

的地太远太偏僻，尽量不坐出租车。

·下车时先检查一下座位是否有东西遗落，然后再拿下自己的全部行李。

·要保留好出租车的票据，万一丢失了贵重物品或行李，或许可能通过出租汽车管理处追回丢失的东西。

乘坐飞机：

·购买飞机票（持个人身份证在城市飞机票代理销售处购买，飞机场也有售票处）。

·提前三小时到达机场。

·在托运行李处托运行李。一般乘客只能随身携带一件行李，机场给每个乘客可以免费托运一件行李，超出一件要收费托运。

·在安全检查处进行安全检查。

·进入候机楼按照登机牌上打印的登机号码寻找相应入口处候机。此时最好告诉候机楼服务人员自己是聋人，请他们关照，因为有时登机口会临时变动，同时自己要注意登机处显示屏上的通知。

·登机时间到了后持登机牌依次登机。

·进入机场和到达目的地离开机场时要注意行李安全，防止遗失或者被盗。

·托运的行李上系一个醒目的彩带，以防止混淆甚至错拿。

·不要携带违禁物品。

·在飞机上要系好安全带，留心乘务员、电视屏、随机读物对乘机安全的解释。

·按照乘务员、电视屏、随机读物对乘机安全的解释，留心氧气罩、救生衣的位置和使用方法，同时留心逃生方法、路线。

·在到达机场的行李提取转盘前一定要留心，防止他人拿错或者坏人拿走自己的行李。

乘坐交通工具的注意事项：

·多多注意运输部门的公告、通知、制度，以免因为不了解这些情况给自己带来麻烦和差错。

·不得携带易爆、易燃、易腐、剧毒和违禁物品，如酒精、汽油、管制刀具等。

·在车船上不要把头、手和身体伸出窗外。

·行李不要超重、超大、超长。

·车船未停稳时不要急于上下。

·照看好随带的行李，看护好随带的小孩。

·使用过的车、船、飞机等票据要保存好。这是你万一受到损失维护权益和争取赔偿的重要证据。

食宿

住宿：住宿要求因人而异，档次和价格可根据自己的需要决定，基本要求是安全、干净、便利。一般来说，住宿不要选择在偏僻杂乱的环境中，要选择交通比较便利的地方，这样可以避免周折。如果旅店附带食堂或饭馆，可以省去你寻找吃饭地方的麻烦。除此之外，就是对住宿的旅馆房间要事先仔细检查一下再决定：

·门窗及门锁和门窗插销是否牢固，要防止外人侵入。

·床铺是否平整，被褥是否干净、干燥。

·自来水龙头有没有水。

·有没有蚊虫。

·饮用热水是否充足、干净。

· 冬季室温不特别冷。

· 夏季室温不特别热，有洗澡的地方。

· 卫生间干净好用。

· 记下旅店公示的派出所地点和电话以便应急时使用。

· 如果一个房间有一个以上的陌生人同时住，一定要看护好自己的行李，防止有不轨的人偷走你的东西。记住离开旅店前一定要多检查几次房间各个角落，以免忘了东西而后悔不及。

饮食：饮食是维持身体的基本保证，主要要求是营养、卫生、可口。外出旅行容易脱水，要多喝水，最好喝瓶装水，不能喝地摊水、自来水，以保证卫生。吃饭方面则要注意：

· 留心饭馆的营业执照、厨师健康证，发现证件不全就另选餐馆。

· 瞄一瞄餐桌和厨房情况，如果太肮脏、苍蝇太多就另选餐馆。

· 如果餐具不干净，就意味着餐馆食品加工卫生条件较差，应另选餐馆。

· 选择的菜蔬最好是经过炒透蒸透煮透的，快速烹炒的菜蔬危险系数会大一些，在地摊吃东西要更加小心。

· 海鲜要高温烹制，否则容易带来霍乱、肝炎、痢疾等疾病。

· 动物内脏如肝、肚、肠、肺等一定要加工熟透，否则容易带来病菌。

· 一些特殊的蔬菜如口蘑、豌豆、玉米芯、山野菜等看起来很特殊、很别致、很稀罕的菜蔬，餐馆几乎不可能及时或专门购买这些数量很少、很难应时又要保证新鲜的食品，往往是从罐头中拿出制作的，并没有什么营养，甚至有害。

·要选择新鲜、原生食物和菜蔬，不要选择加工过度的食物和菜蔬。

·谨防有的餐馆使用垃圾茶、地沟油、福尔马林浸泡的海鲜等。

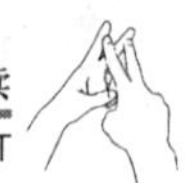

32

聋人看病就医应该注意什么?

人人要有医疗保险

一些聋人特别是年轻聋人对医疗保险常常满不在乎，认为自己年轻体壮，不会得病，即使有病也不过是鸡毛蒜皮的小病。还有一些聋人认为自己收入少、家庭负担重，拿不出购买医疗保险的钱。另有一些聋人抱着得过且过、混一天是一天的态度，管他以后有没有病。以上这些想法都是极其错误的，因为人一生是不可能不得病的，年龄大了以后更是难以避免疾病缠身。所以每个人都要有保险意识，要给自己办理医疗保险。特别是在没有医疗保险的集体单位和私营单位工作的聋人、从事个体营业或临时性工作的聋人，更要为自己购买医疗保险。在目前市场经济环境中生活，医疗单位都是市场运作，医疗费用节节攀高，常见病就要花几百元，有时得一次大病、动一次手术就需要上万元甚至十几万元，会给自己背上沉重的经济负担，更会把家庭拖入贫困的泥潭。每个人都要有长远打算，年轻时要为年老时打算，无病时要为有病时考虑，小病时要为大病时准备，所以必须办理医疗保险。

购买和阅读医疗书籍

每个人家中都应该有一些医疗书籍。平时无事时可以随便翻翻，了解身体生理、疾病状况和预防、医疗和护理知识。有病时也可以按章查看，了解到底是什么原因、什么地方、什么问题以及轻重缓急、如何对待，对自己身体、病况的认识更加清楚，在去医院看病时向医生陈述病况也会更加准确，既有利于医生诊治，也对自己如何调理心中有数。不仅如此，懂得一些生理和医疗知识，还能够对身边的亲友特别是丈夫、妻子、孩子、父母等人的身体健康和护理提供帮助，遇见紧急情况进行救护，对家庭幸福真是好处多多。

把症状及时写下来带给医生

事先书写好症状既方便医生了解病情，又节省了现场书写时间，还可避免遗漏和差错。病症内容应该包括：目前症状、不适或疼痛部位和状况，体温记录、饮食状况、排泄状况，以往病史、家族病史、是否过敏体质，诊疗情况以及检查结果等等。如果聋人的书写能力有限，可以请求文笔好的亲友帮助书写。去医院时一定记住带上以往病历和检查单据。当然，如果得了急病或重病无法事先做到这些，就要依靠亲友或了解你的人帮助你了。

咨询导医处，选择正确的就医科室

目前我国大部分医院没有手语翻译导医服务，所以建议最

好由健听亲友陪同聋人前往医院。如果聋人的文化水平较差，书写能力不足的话更应这样。如果一时难以找到健听亲友，至少要找个文化水平和手语较好的聋人朋友。如果独自前往医院，应该用自己书写的病情症状在导医处询问选择科室或专家医生，然后挂号。到达就医科室后，最好向医生事先声明自己是聋人，请医生助理帮助，免得叫号时听不到而延误就诊；也可以请附近的健听患者帮助。在等候就医和检查时，可以看看科室附近悬挂的专栏，及时学习一点医学和病理知识，也会使你对自己的病况更加心中有数。

向医生仔细叙述自己的症状

如果聋人独自前往医院，除了带上自己写好的病症外，最好再带上便笺和笔，以便就诊时和医生交流。交流时应按照医生的询问仔细回忆自己的症状，既不要夸大也不要隐瞒。准确充分的交流是医生正确诊断和对症下药的重要前提，这一步一定要做好。如果医生让你前往有关科室进行相关检查，你到达检查科室后也要事先告诉医生自己是聋人，请他告诉你检查时的注意事项，以便主动配合，提前准备。就诊后的病历和检查单要保存好，下次看病时带上供医生参考。

买到药后要问清服用方法，按医嘱用药

拿到处方后，应看清病历和处方上开具的药品是否一致以及服用方法。如果有疑问，应返回就医处向医生问清楚。医生的笔迹难以辨认的话，应该请求医生为你详细解释和说明。必要时还应该仔细记录这些说明和方法，千万不要因一时着急，

回家后才发现不懂药品的服用方法，胡乱猜测服用，给自己的身体带来不利影响。服用药品后如果出现不适或不良反应，或者症状没有改善甚至加重，你应该及时前往医院复诊或者选择医疗条件更好、级别更高、水平更佳的医院。一般说来，从开始吃药到有所好转至少要两到三天时间。如果需要自己去药店购买药品，你要更加仔细一些，最好事先咨询医生或亲友，不要盲目买药服药，不要轻信药店、药厂代理、药品广告的宣传。在药店买药时还要注意药品的批号、优劣、生产日期和有效日期等，药品应该放在阴凉干燥避光处。生物制剂药品要放在电冰箱冷藏柜（不要放在冷冻柜）中，防止变质。

住院治疗，重在调理

住院治疗的聋人不要惊慌失措、不要郁闷忧愁，要开朗豁达、积极乐观地对待疾病，因为积极的心态对治疗疾病、恢复健康有着重要的作用。要按照医嘱进行调理，起居得当、饮食适宜，吃一些有营养、易消化的食物。为了防止遗忘，可以把医生叮嘱的针对疾病的注意事项和调理方法抄在纸上贴在床头，以提醒自己和家人做到。卧床调养的病人不要胡思乱想，对医生的一些处理不要猜忌担忧，要多想愉快积极的事情。即便遇到十分严重的疾病，也要积极乐观，顽强地和病痛作斗争。能够起床的病人，可以适当看看报刊、书籍、电视，如果医生允许的话，可以在空气清新、环境优美的地方慢慢走走，看看花草，晒晒太阳，下棋打牌，和亲友随便聊聊轻松愉快的事情，争取早日康复。

33

聋人怎样寻找合适的工作？

工作是一个人的安身立命之本，是维系生活、家庭、婚姻、后代、养老等等的根本所在。怎样寻找一个满意的工作，是即将走出学校大门的聋人的头等重要大事，千万不能掉以轻心。中国人口众多，寻找一个好工作相当不容易，聋人听力语言障碍就更加剧了找工作的难度，可能要为此付出极大辛劳。寻找工作不宜单打一，也不宜陷入高期望的幻想之中，而要脚踏实地，勤勤恳恳，不辞辛苦，向最好处努力。要想尽一切可以想到的办法，发动一切可以发动的力量，尝试一切可能尝试的机会，直到成功。

准备好相关的资格证书

目前很多职业如会计、教师、律师、技术工人等等都实行资格认证制度，如果希望进入某一职业岗位，就必须提前拥有相关的资格证书。你可在毕业前一两年参加有关考试拿下资格证书，为今后寻找满意的工作做好前提准备。有关资格证考试内容、要求和时间，可在相关网站、考试组织部门查询。

了解校内外就业状况

在毕业前一年，你就应该着手找工作。主要包括：留心留意当年国家、原籍省、工作意向地、学校所在地就业形势和政策；留心留意近几年毕业生就业动向；平时多留心留意所在学校往届毕业生就业总状况；留心留意自己所学专业往届毕业生和外校同专业毕业生就业状况；调查分析就业较好的省份、城市和系统的就业状况；估计自己所能发动的力量和人际关系。也就是要知己知彼，为选择实习和就业方向、区域和单位做好准备。

制作个人简历

个人简历贵在格式清晰了然、内容全面有力，而不在于华丽与否。个人简历一般由个人基本情况、专业和特长、各种证书复印件（包括学历学位证书、外语等级证书、计算机等级证书、专业资格证书、专业技术人员证书、技术工人证书、获奖证书等等）组成。你可以参考他人的做法，也可使用网上的现成格式，在这个基础上自己设计制作，也可以让打字复印服务部帮助制作。必要的话，还可以附上你的生活、作品、参加重大社会活动的照片。

网上广泛搜索浏览

互联网给人们提供了极大的方便，可以在互联网上寻找到大量的招聘信息。然后，可以根据这些信息进行遴选，找出有

价值的信息，用电子邮件或邮政信函或电话（请亲友师长帮助你打电话）或其他方式投石问路，然后再重点联系直至成功。很多部门和领域如公务员、教师、医生等已经开始网上统一招聘，这也是未来招聘的大趋势，所以你要注意网上报名，及早获得应招资格，以便进入下一步程序，如统一考试、面试等。一般情况下，国家事业机构报名网站是当地人事考试网和政府网。

发动亲友广开渠道

“众人捧柴火焰高”。找工作要广开门路，发动所有可以发动的亲戚、朋友、师长为你打听为你探路为你出力，这样比聋人单枪匹马自己奔波效果好得多，何况你还有听力不好信息不灵的障碍呢！发动亲戚、朋友、师长帮助就需要你平时善待他们，此时不辞辛苦上门求助，诚恳听取他们的建议。有时亲戚、朋友、师长的一席话也可能对你有所帮助。

留心报刊招聘信息

有时报刊也会出现有价值的招聘信息或者出现有价值的招聘线索，同时你还可以通过报刊了解当时的就业政策和就业动向。从报刊寻找信息可以利用图书馆、阅览室等等。有时毕业前学校图书馆爆棚，你可以去城市公共图书馆、亲友单位图书资料馆搜寻。

参加所在学校或外校招聘会

学校组织的招聘会是比较可靠的。要注意留心这类消息，提前准备个人材料，尽量早些到达招聘会场。如果可能的话，你可以请求健听亲友陪同前往，以避免因沟通不便而错失机会。如果希望去原籍省市或某意向省市工作，你应该委托当地亲友留意当地招聘会的时间和地点。如果不能亲自前往，可将个人材料交给当地亲友帮助你应招。如果当地招聘情况和工作意向较为理想，你应该尽力抽出时间亲自访问招聘单位和上级人事部门，争取应聘成功。

参加社会招聘会

找工作就是要“普遍撒网，重点收兵”。因此，参加社会组织的招聘会也不失为寻找工作的好办法，你可以去碰碰运气。说不定会“踏破铁鞋无觅处，得来全不费工夫”。

重视实习单位

你要选择一个尽可能好的实习单位。实习的时候，你应当善待周围的领导和同事，善于和团队合作，既虚心勤勉，又积极发挥个人才能，给实习单位和领导留下尽可能好的印象。这样一来实习单位有可能看中你把你留下，二来你在实习单位较好的口碑可能给你带来其他机会，第三实习单位较好的鉴定对你寻找工作也是一个有利的背景条件。实习单位和你学习的专业接近，你和这些领导、同事有相当一段时间的近距离接触，

他们的关心、谈话、议论都可能对你寻找工作很有帮助。

寻求残疾人联合会的帮助

作为听力语言残疾的聋人，寻求残疾人联合会的帮助或许也可给你一些机会。你可以前往残疾人联合会教育就业部门，向有关领导诉说你的情况，取得他们的了解，或许他们能够给你提供一些信息和机会。每年助残日，请你注意当地残联组织的残疾人就业招聘会。

不辞辛苦主动联系

对有价值的信息，要不辞辛苦地多加联系。最好同时有三五个重点意向，不宜单打一。对基本确定的招聘单位更要加紧联系直到成功。很多人就因为没有抓紧联系或一时放松而致功亏一篑，千万不可疏忽大意。

做好招聘考试准备

公务员、教师、医生等工作岗位都要经过招聘考试，经过选拔才能进入相关单位。这些考试有的是全国或全省全市统一考试，有的是部门或单位自己组织考试。应该提前做好相应的考试准备，争取考出好成绩，才有希望进入你期望进入的单位。只要你被纳入招聘范围，有关部门就会安排你参加考试。考试要求和内容可在相关网站、报刊、人事管理部门查询，然后购买有关资料和书籍学习备考。

重视面试

面试是赢得用人单位好感的关键一步，要尽可能发挥自己的长处，给对方留下良好的印象。面试时要衣着得体、举止优雅、礼貌和蔼、虚心好学、灵活机敏等等。回答对方提问不要着急，不要拘谨，不要竹筒倒豆子一倾到底，也不要天南海北没完没了，要从容、沉着、扼要，对方问什么回答什么，适度发挥。要取得较好的面试效果，最好事先做好材料方面和对答方面的准备，然后洗个澡、换身衣、休息好，早些时间到达面试地点。如果需要的话，你可以请一位会手语的健听人陪同你参加面试。

不辞辛苦主动访问

对重点招聘单位最好主动访问以取得切实可靠的结果。访问招聘单位或者上级主管部门要赶早不赶晚，态度诚恳，不辞辛苦。如果需要的话，也可请求健听亲友陪同前往。记住：一定要到各种手续全部办理完毕、盖上公章、发出函件后才能放心。

34
聋人怎样寻找合适的终身伴侣?

俗话说:“男怕入错行,女怕嫁错郎。”婚姻大事维系一生的幸福,因此要谨慎又谨慎。聋人千万别相信一见钟情、不要急功近利、不要因一时头脑发热而给自己带来一生的遗憾;也不可以只顾相貌和金钱忽视了对方的人品和素养;还不可以只听一方之言,要用心观察对方的品行。聋人人数少、居住分散、社交范围小,爱情更是可遇不可求,所以要讲究方法,创造条件,努力扩大选择范围。

加强个人修养

在举止、言行、礼貌、衣着等各个方面文雅得体,会给人一种有修养的感觉,会留给他人难以磨灭的好印象。这是赢得异性好感和倾慕、争取他人热心为你介绍对象的基本前提。

为人诚恳热情,乐于帮助他人

这样不仅可以与周围亲友、同事建立起良好的关系,而且也能赢得他人对你的好感,树立你在众人中的良好口碑,赢得更多的人关心你的终身大事，积极为你物色和介绍合适的异性朋友，也会让异性感到你是一个热心善良、乐于助人、品德高尚、受大家欢迎的人。

努力学习，认真工作

在学业、在岗位、在职业上要兢兢业业，努力好学，并尽力做出成绩，让人知道你是个风华正茂、勤奋上进、进步较快、大有前途的好青年。这也是获得异性青睐的重要因素。

发展文体特长，一显身手

这样一来，会让大家感到你身手不凡、爱好广泛、兴趣多样、生活丰富、身心健康，会赢得大家对你的好感，异性青年会在暗中心仪你、倾慕你。

在学习和工作中，积极和异性建立友好关系

与异性互相帮助、互相爱护，在彼此欣赏的前提下，逐步往婚姻的方向发展。如果自己的工作岗位比较固定而且交际范围较小，业余培训、攻读学历、社会活动、访问朋友、结伴旅游等等方式不失为扩大交际、结识异性的好办法，可以扩大选择终生伴侣的范围。

和异性老同学、老朋友保持友好关系

因为异性老同学、好朋友在一起学习或共事时间比较长，

各方面都互相了解，从中选择的异性朋友就比较可靠，关系牢固，感情深厚。即使这些老同学、好朋友不在自己的选择范围之内，也可以通过他们结识新的异性朋友。

请亲戚朋友、师长帮助物色

这些亲友有不同的工作单位、社会交往，可为你介绍他们所熟悉的合适人选。你还可以登门拜访过去的师长，请求他们帮助你物色和介绍异性朋友。这些师长德高望重，工作对象是与自己同龄的青年，能赢得年轻人的信赖，容易为你物色到合适的异性伴侣。

利用互联网结识异地异性

如果彼此十分满意的话，要先设法见面互相了解，再逐步发展感情。需要特别注意的是要小心网上骗子，防止上当。即使是十分可靠的网友，由于彼此身处异地难以互相了解，也要多方考察，特别是要通过对方单位、当地亲友帮助你认真严格地侧面调查对方的真实情况，不要轻信一面之词，不能轻易同意对方的求婚，更不能轻易委身于对方。

妥善处理聋健之间的恋情

从回归主流和社会融合的角度出发，我们希望看到越来越多的聋人和健听人恋爱结合。但是由于各种原因，聋人和健听人的思想、文化、生活习惯有着较大的差异，因此聋健恋人之间需要更加深入地交流，以求得双方的真正理解和全面信任，只有建立起坚实的感情基础才可以谈婚论嫁。当然，如果发现彼此差异较大难以融洽，也不要勉强，这是一个非常微妙并且需要双方自己把握的事情。

妥善处理跨国恋情

一些聋人结识了外国异性朋友，准备谈婚论嫁，但由于距离遥远、语言不同，生活习惯、国家体制、社会风情等差异较大，一定要更加慎重对待。应该在全面深入了解对方的品行、家庭、工作、经济、生活环境等状况后，再作决定。

在交往中加深了解、建立感情

结识对象之后，就要经常交往，互相关爱，互相帮助，善待对方的父母和家人，以赢得他们对你的好感和赞赏。同时进一步深入了解，全面考察，增进感情，逐步确定关系。最后，当爱情的果实成熟之后，就要计划婚事，共建一个美好幸福的家庭。

35

聋人夫妻之间应该注意什么?

世界上没有绝对完美的婚姻，因为世界上没有十全十美的人。美满的婚姻有赖于夫妻共同营造，所以结婚后的夫妻不要幻想完美而要争取美满。“夫妻之间，恩重如山；患难与共，荣辱相连。”因此，“互敬、互爱、互谅、互帮”这八个字应该成为每一对夫妻牢记在心并且时时做到的座右铭。

（1）夫妻之间任何一方受到损害都等于同时又在损害另一方，因此夫妻之间首要的是互相忠诚、信任，互相理解、尊重，互相关心、帮助，互相体贴、爱护。爱对方胜过爱自己，一切以家庭利益出发，不做损害家庭的事，不做伤害对方的事。坚决杜绝婚外恋和婚外性行为，防止因此带来的不可弥补的矛盾和裂痕。可以购买一些书籍或者光盘学习夫妻性生活，丈夫尤其要多尊重妻子的感受和需要，以达到共同满足。

（2）天下没有两片完全相同的树叶，夫妻之间、男女之间的背景、心理、素养、性格、情感、需求、目的等等因素是有差异的，世间也绝没有完全一致或十全十美的伴侣。要正视夫妻之间、男女之间的差异，互相包容。要宽以待人，不求对方理想完美，但要严于律己，自己尽心尽力、尽职尽责。家务事分担去做，自己宁可多做一些，不要互相推诿引发摩擦。

（3）丈夫要避免指责对方、忽视对方，而要关心、体贴、爱护、宽容对方；妻子要避免责备、抱怨、支配对方，而要理解、赞赏对方。遇见家庭矛盾，要首先克制自己，决不能争吵、赌气、乱发脾气，因为争吵只能使矛盾升级。双方发生了矛盾，要心平气和地商量，以交谈、商讨、折中、互让的办法去解决。做丈夫的不可耍大丈夫脾气，更不可对妻子拳脚相加；做妻子的不可占有欲过强，更不可与丈夫吵闹争斗。双方都不能把夫妻之间的矛盾告诉自己的父母引来父母插手，那样不但解决不了问题，而且会使矛盾升级为双方家庭之间的矛盾。

（4）一般地说，男性重在事业，更喜欢与事物打交道，不满足现状，好胜争强，坚定勇敢，做事有时卤莽激烈，体现着开创性；女性则重在身心，重在家庭，感情丰富，谨慎细致，柔弱顺从，情绪容易波动，体现着维护性。夫妇双方都要善于理解异性心理，尊重、爱护、顺应、包容性别因素带来的各种差异，千万不能针尖对麦芒。

（5）夫妻要独立自主面对家务，尽量不依靠他人。聋人夫妻听力不好，信息渠道狭窄，看问题可能不够全面，所以有时也需要多请教并且认真听取双方父母和亲友的意见，三思而后行。要处理好双方父母、孩子、家庭经济这三大问题，夫妻意见要尽量达到一致再付诸行动。要有勤俭节约和积极储蓄的意识，家庭开支要有计划。凡家中重大事件如婚事、生育、购房、购买重大物品等都要平等、平和地商量，共同计划，切不可盲目、独断、专横，以防止意见不和而使矛盾加剧甚至家庭困难加大。说话做事要多多为对方着想，站在对方的立场和处境想想，这样才有利于妥当地处理家庭问题。

（6）因为一日三餐是生活所必需的，所以夫妻两人应该好好学习和研究烹饪技巧，力求吃得愉快、香甜、经济、健康。

饮食要注意合理搭配、有益于健康，多吃新鲜原生食物，少吃加工制作食品。高超的烹饪技巧对家庭、工作、后代都是有力的支持，也是家庭关系的润滑剂。一般说来，一个家庭最愉快的时候往往是围坐在一起吃着一桌好饭、谈笑风生的时候。

(7) 怀孕和生育孩子是聋人夫妇的头等大事，要特别当心。因为聋人夫妇已经有了身体残疾，所以要精心养护，保证生育一个健康的孩子。首先，男女双方怀孕前后要注意身体健康，购买一些孕产知识书籍认真学习。一定要在有了充分的心理和生理准备之后再怀孕。千万不能因没有准备，给双方带来无法弥补的缺憾。女性要避免怀孕时年龄过大、体重过轻或过重，孕前和孕中要避免感染生病和使用药物、吸烟、饮酒、吸毒等等。在怀孕期间和产后，男方要更加体贴、关心和照顾女方，多做一些家务，这样既能减轻妻子的负担，又能增进夫妻感情，有利于胎教，有利于孩子的成长。

36

聋父母应该怎样抚育自己的孩子？

（1）聋人夫妻养育孩子要多听取医院或妇幼保健医生的建议、父母和长辈的嘱咐，还要购买一些养育孩子的书籍、杂志反复阅读，才能做到心中有数。最好把文章中的要点、重点整理出来贴在墙上，时时提醒自己做好。孩子出生后要尽量用母乳喂养，以利孩子健康成长和增进母子感情。聋夫妻听力语言能力不好，对孩子的症状反应比较迟钝，所以要特别留心，发现孩子异样要立即请教父母或周围的健听人，防止延误时机。

（2）因为聋人夫妇有听力语言障碍，所以带幼儿要特别谨慎小心。水、电、煤气、火炉、热水、热饭、塑料袋、家用电器、高处易落的重物、锐利和棱角器物、细小易吞的器物、易摇动翻落的器物、家具和门窗合页、楼梯、台阶、阳台栏杆、门窗、游戏器械、体育设施、车辆交通、沟渠、河湖等等都要注意，避免伤及孩子。不仅自己要注意，而且还要时时提醒家人、保姆注意。

（3）语言是刺激思维发展的重大因素，由于聋人夫妻听力和言语有障碍，对孩子学习言语十分不利，所以从婴儿时期开始，要及时给孩子提供有利于学习言语的环境。比如请自己的父母帮助带孩子，多让孩子接触健听亲戚、朋友、邻居，及时送孩子进托儿所、幼儿园，以补充言语刺激。

（4）要少给孩子买零食，更不要不加选择地给孩子买不利于健康的食品，要尽量让孩子吃好主餐，多吃天然原生食物。要时刻将孩子控制在自己的视野范围内，注意避免孩子走失。给孩子购买玩具要尽可能挑选安全、益智的品种，不要图一时便宜给孩子带来安全隐患。雇用保姆一定要仔细考察人品和素质，防止低素质的保姆给孩子造成危险和伤害，同时特别留心防止保姆偷走孩子。

（5）聋夫妇要教自己的孩子掌握手语，因为父母与孩子之间首当其冲的是交流问题。交流问题不解决，就难以尽到为人父母的责任，也会使孩子感到孤独，进而影响到孩子的身心健康。对于社会上不理解，甚至轻视聋人和手语的情形，要耐心解释和说明，不要让孩子有自卑心理。这就要求聋父母自己首先要抛弃心理压力，坚强、自信、乐观、积极、向上，让孩子感到父母尽管耳聋，但仍然值得尊敬。

（6）“播下一个行动，收获一种习惯；播下一种习惯，收获一种性格；播下一种性格，收获一种命运。”为人父母要以身作则，一点一滴培养孩子的好习惯，起居、作息、生活、学习、礼貌、社交、社会规范、道德素养等等方面都要对孩子严格要求，都要有规有矩，有方有圆，有张有弛。孔子说：“勿以善小而不为，勿以恶小而为之。”意思是不要因为是一个小小的好事就不去做，也不要因为是一个小小的坏事就去做。孩子做得不对的地方要及时指出和批评，决不姑息迁就，同时还要给孩子讲清道理，帮助孩子认识和改正错误。

（7）要注重培养和发掘孩子的能力，会做或者能够做的事要让孩子自己去做，不要包办代替。要鼓励孩子进行有益的尝试，即使孩子做错做坏也不要生气发火。因为探索、尝试是孩子的天性，也是锻炼孩子成长的途径，孩子的成长需要的是能力而不是父母包办代替后的暂时正确。在长期包办代替的环境中成长的孩子，会养成被动、依赖、懒惰等等坏习惯和坏毛病，不利于日后独立。

(8) 任何事情都要从有利于孩子健康成长的原则出发，不能溺爱放纵，不能打骂苛责，不能有求必应，不能朝令夕改，不能感情用事，不能置之不理。总的来说，品格修养和为人处世要正直诚恳，生活和学习要有条有序，家庭关系和生活氛围要温馨活跃，理想要高远，意志要坚强，治学要严谨，工作要认真，生活要简朴，视野要开阔，头脑要灵活，思想要丰富。

(9) 对学龄前幼儿要重视益智游戏和培养良好的生活习惯，千万不能揠苗助长，以孩子学会了复杂的内容为荣，这样搞不好反而害了孩子。因为教育心理学告诉我们，学习不仅是一个掌握学习内容的过程，更是一个培养学习习惯和学习专注力的过程。过早学会一些东西的孩子，入学后因为课堂内容已经懂得，就可能自以为是，往往不注意听老师讲解，当课程进入没有学过的内容时孩子仍然如故，其恶果不言而喻。

(10) 夫妻要戒除吸烟、酗酒、赌博、打麻将、熬夜等等不良习惯，健康生活、起居有常、蓬勃向上。闲暇时间要少看电视，不要沉溺于网络，要多带孩子参与室外游戏、体育，多读书、参观、远足，让孩子从生活中学习、在生活中发展。

(11) 聋人夫妇毕竟在很多地方有所不便，所以要教会孩子帮助父母，教会孩子适应这个特殊家庭及其生活需要，帮助弥补父母耳聋口哑给家庭带来的不便，比如帮家里打电话、购物、问事、处理各种问题。要教会孩子懂得交通安全，门户安全、水电天然气安全，要学会自我保护，学会对应紧急情况如火灾、水灾、地震、不法侵害、不法伤害等等。这些能力对孩子日后生活也是十分有用的。

（12）经常与孩子所在学校和老师联系沟通，决不能因为自己的听力语言不好而对孩子在校表现不加过问。要主动及时地了解孩子在学校的表现，千万不要因自己耳聋口哑沟通不便信息滞后而不能及时纠正孩子的错误，以至酿成大患或失去教育和管制良机。平时要经常和孩子交流沟通，了解孩子的思想、心理、生活、学习等方面的需要。要对孩子了如指掌、心里有数。要关心孩子的各种需求，合理的应该满足，不合理的应该及时向孩子说明。

（13）夫妻之间要恩爱尊重，要创造一个融洽和谐的家庭环境和氛围，任何时候都不能把夫妻矛盾和家庭不和暴露在孩子面前，更不能把自己的情绪发泄到孩子身上。平时要多与孩子一同阅读书籍、锻炼身体、欣赏演出、观看比赛、游览参观、拜访亲友、发展爱好、参加社会活动，不仅做孩子的好父母，更要做孩子的好朋友。在这样的环境中，父母耳聋给孩子带来的负面影响就会因深厚的亲情而变得很小了。

（14）有的聋人夫妻生下先天耳聋的孩子，或者是孩子出生后不幸又造成耳聋，这时决不能万念俱灰，仍然要积极、乐观地尽自己最大的力量，把孩子培养成才。如果遇到双方父母和亲戚持悲观、失望的态度，聋人夫妇要耐心地以正确的观念开导他们，帮助他们摆正心态，还要争取获得他们的帮助。

37

聋人应该怎样注意日常生活安全?

来客敲门的声音、身后汽车开来的声音、水烧开的声音、水管和水龙头漏水的声音、抽油烟机和空调开动的声音、家用电器发出的异常的声音、随身东西遗落的声音等等，聋人由于听不见，往往导致尴尬、困难，甚至发生危险，所以聋人在很多方面要特别注意，多加留心。如果你是一位性急或粗心的聋人，建议你在容易发生危险的地方贴一些警示纸条或者标志。

注意门户安全

①门户要结实防撬，随时关紧，同时要安装猫眼或可视对讲器以便留心来客，未弄清陌生人身份前不要贸然开门，防止入室抢劫或入室偷盗。

②门户钥匙要保管好，防止丢失后给坏人造成可乘之机，备用钥匙既要放好又要紧急时便于取用。

③不要让小学以前的孩子掌握家门钥匙，对初中以上掌握家门钥匙的孩子，要教他如何保管钥匙和保证门户安全。

④门户安装闪光灯用于来客提醒。

⑤窗户要能够防盗。

⑥有有线电话的家庭，上班后或长时间外出，最好拔下电话连线，以免盗贼探得室内长时间无人接听电话知道家中无人而大胆下手。

⑦由于聋人听不见，家里养只狗能够增加安全系数。因为狗的反应能帮助你估计发生了什么事情，而盗贼听见狗的叫声会做贼心虚不敢进门。

⑧每次外出和睡觉前必须检查门窗是否关牢。

需要保存好的家庭重要物品

①证件如身份证、护照、文凭、专业技术资格证、技术等级证、出生证、结婚证等。

②银行存单、存折、信用卡、单据等。

③家庭档案如病历、购物单据等。

④现金，贵重首饰，贵重收藏品。

⑤钥匙（既要放好防盗防丢，又要紧急时便于取用）。

⑥家里有特别重要的东西可以购买保险箱专门放置，还可以去大银行租用保管箱放置贵重物品和重要证件。

⑦每次外出前必须检查这些重要东西是否放好。

烧开水要特别注意安全

烧开水时聋人因为听不到水开的声音而致忽略或忘记，非常容易导致开水浇灭火炉造成天然气泄露或烧干水壶，甚至发生煤气中毒、燃爆和火灾事故，这是聋人生活潜在的危险之一。烧开水时当然要留心再留心，注意再注意。

①多告诉几位家里人正在烧水，让大家共同注意。但是绝

不能因为告诉了别人而自己放松警惕。

②人不离开火炉，或者尽可能在做饭的同时烧水。

③打开厨房或者抽油烟机的照明灯提示正在烧水。

④每天定时烧水，烧水的人尽量避免被其他事情干扰而转移注意力。

⑤使用桶装纯净水和能够自动断电的电热装置，可以避免烧水的危险问题。

安全用电

①电线和开关质量要可靠。

②不购买、不使用劣质电线和开关。

③用电量要在电线和开关承载范围之内，如果超出承载量，应及时更换更大容量的电线和开关。

④不购买、不使用劣质家用电器。

⑤不使用超大功率电器，特别是电炉子。

⑥使用电热电器要特别当心，如电热毯、电热炉、电热水器、电暖气、电熨斗等，最好购买能够自动断电的电热电器。

⑦不能用湿手碰电源和电器接头。

⑧聋人还容易忘记关闭抽油烟机和空调，最好在抽油烟机和空调的边缘或抽风口贴上彩带或警示条，用它们的飘动是否停止提醒自己。

⑨没有学过物理的聋人最好认真学习一下电学知识并学会其中的操作内容。

⑩每次离开家前必须检查用电设施，关闭一切电器。

安全使用天然气和液化石油气

①经常检查天然气或液化气管道、开关、接口处等，如果有泄露要立即检修。

②烧开水时要时刻当心，防止忽略或遗忘致使开水溢出浇灭炉火，避免天然气或液化气泄露。

③使用液化气罐的用户要在检验处定期检查，超过使用期限的液化气罐要及时淘汰。

④天然气或液化气胶管最好一两年更新一次，因为粘满油污的胶管容易老化造成泄露。

⑤使用天然气或液化气取暖或洗浴的用户要特别当心设施质量和使用期限，以免泄露。

⑥使用天然气或液化气取暖或洗浴的用户一定要有排气专道并有通风出口，以防止煤气中毒。

⑦每次离开家前必须检查天然气或液化气设备是否关紧。

随时关紧水龙头

使用自来水一不小心就会水漫金山，既浪费水资源，又破坏家庭设施。如果是上班后流水渗水就更不可收拾。如果渗入楼下或左邻右舍，等待你的将是赔偿人家的损失。

①洗菜、洗碗、洗脸、洗手、刷牙、洗澡等结束后要立即关紧水龙头。

②遇到停水必须及时关紧水龙头，以防止突然来水。

③自来水管道和龙头，暖气管道及其龙头、气阀出现问题要及时修理。

④抽水马桶出现问题要及时修理。

⑤每次离开家前必须检查所有水龙头是否关紧。

随身物品防止丢失

聋人因为听力不好，又因为使用手语交流双手忙不过来，所以身上的东西掉了常常捡不回来。聋人常丢的东西有钢笔、手表、手机、钥匙、手套等。解决这一问题的最好办法是细心加细心，谨慎又谨慎。

①常用于笔谈的钢笔最好使用价格便宜的而不要使用贵重的。

②手表也最好使用便宜的，这样即使丢失也损失不重。

③手机最好有双重防丢失、防盗的方法，放手机的衣兜最好有拉链，放好后拉紧拉链。

④手套要及时放好，或者在手套上缝个挂钩，脱下后及时将两只手套钩在一起。

⑤钥匙要稳固保险地挂在身上，不要随手乱放。

注意交通安全

①遵守交通规则，服从交通指挥，宁停三分不抢一秒。

②走人行道，万不得已也要靠路边行走。

③不要随意横穿马路，过马路要注意信号灯并走斑马线、地下通道或者过街天桥。

④步行和骑自行车不能闯红灯。

⑤骑自行车要小心，不要一边骑车一边打手语。

⑥骑自行车过十字路口、横穿公路要特别留心。

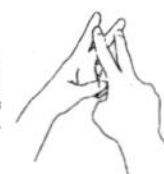

⑦骑自行车不要速度太快，不要猛拐、撒把、带人。

⑧路面有冰雪时不要骑自行车。

手机防盗防抢

①手机挂链最好挑选有小环的那种，拨打短信息时将小环套在手指上，同时持紧手机。

②尽量避免在偏僻、杂乱的场合使用手机。

③在马路边、公交车门口尽量避免使用手机。

④女性聋人在外使用手机要多留心。

⑤放置手机的衣兜或挎包要防盗防丢。

⑥不要使用过于高档、漂亮的手机。

注意挎包安全

①挎包最好不要单肩直挎而要斜挎并且放在身前。

②挎包内不要放贵重物品、证件、大量现金等。

③不要使用过于高档、漂亮的挎包，挎包背带不要太长以免被坏人剪断抢走。

④凌晨和晚上外出尽量不带挎包，外出行走时要抓紧挎包并多加留心。

⑤尽量在人行道上行走，尽量避免在自行车道或机动车道旁行走，以防止歹徒利用摩托车从身后强抢挎包。

⑥背式包内不能放贵重物品、证件、大量现金，如有贵重物品，要将背包放到胸前。

⑦挎包和背包拉链环上如果能加一把小巧玲珑、方便开启的钥匙环随时挂住就更好了。

其他安全事项

①横穿公路时、上下楼梯时、骑自行车时不要用手语交谈或拨打手机，以防危险事故发生。

②外出最好避开偏僻的地方，早晨7：00前和晚上9：00后尽量避免外出，如果需要外出最好结伴而行。

③自行车、电动车、摩托车要存放在存车处并锁好。

④使用燃煤炉的聋人要小心煤气中毒。

⑤使用压力锅要注意安全，出气阀、保险阀不要堵塞，不能干烧，超过使用期限的压力锅要及时淘汰。

⑥吸烟要远离织物，一定要记住掐灭吸完的烟头。不要躺在床上吸烟，以防止烟灰引燃被褥，同时还要防止因极度困倦入睡忘记掐灭烟头而引燃被褥。

⑦教育孩子千万不要玩火。

⑧放烟花爆竹要远离易燃物品，要特别注意避免炸伤眼睛。

⑨保姆的人品和身份一定要可靠，提防保姆偷走家中现金、贵重物品和婴儿。

如何报警

面对紧急灾害、危险、交通事故、入室盗窃、犯罪伤害、人身安全问题等等，要学会向公安机关报警。

①牢记119火警、110匪警、120急救、122交通事故、144查号台等电话号码，学会报警。在家里没有健听人的情况下，在没有开通手机短信息报警的地方，要学会利用手机向附近亲友发求救短信息。

②已经开通手机短信息报警系统的地区，报警号码为12110，遇见紧急情况应当立刻向公安机关报警。报警时扼要地讲明：报警人姓名、发案地点、发案时间、主要案情、求助内容等等。

③报警时要以保护好自身安全为前提，头脑要灵活机警，防止进一步的伤害。

紧急情况的应对

对一些常见灾害，不要不以为然，平时如果没有准备，紧急时就无法应对，就容易出现不可挽回的伤亡和损失。这些灾害主要有：火灾、水灾、地震等等。预防紧急情况主要在平时准备好应对策略：

①准备好应急预案，学习和演练各种灾害和紧急情况的逃生方法和路线。

②学习一些急救知识和方法，家里准备一些急救药品。

③学会切断电源、水源和天然气。

④学会使用灭火器。

⑤学会利用水源、被褥、毛巾等物品在灾害中保护自己免受伤害。

⑥学会利用出入口和窗户逃生。

⑦平时要准备好应急物品比如：绳索、毛巾、手电筒、房门钥匙等等，以便在紧急时派上用场。

⑧平时要预先约定家庭离散后的集结地点，最好是离家最近的亲友家中。

⑨平时要和邻里搞好关系，留下邻居电话号码，必要时就能获得邻里的帮助。

准备家庭应急包

在这里，非常建议聋人读者为自己和家庭准备应急包，在紧急时刻可以发挥很大作用和避免一定损失。应急包的内容可以根据自己的情况确定。

①救生绳 10～20 米、哨子。

②手机（备用电池、充电器）。

③口罩、毛巾、胶面手套、鞋子、塑料布。

④雨衣、雨伞、手电筒（电池）、打火机。

⑤卫生纸、卫生巾、消毒湿巾。

⑥饮用水、食品、餐盒、筷子、勺子、杯子。

⑦财产（现金、银行信用卡、存折、票据）。

⑧证件（户口本、身份证、文凭、护照、结婚证、医保的证卡、通讯录等）。

⑨珍贵文件资料。

⑩贵重物品（金银首饰、移动硬盘、手提电脑、照相机、摄像机等）。

⑪药品（止泻药、抗感染药、个人特殊药品、药棉、纱布、胶布、小瓶酒精或碘伏等）。

38

聋人应该怎样维护自己的正当权益？什么是法律援助？

聋人维护自己的正当权益的方法

残疾人依法享有社会平等权、人身权、教育文化生活权、财产权、婚姻家庭权、劳动权、物质帮助权、行政司法救济权。聋人属于弱势群体，在各个方面的正当权益也容易受到侵害。聋人在自己的正当权益受到侵害后，如果能够商谈解决最好，如果商谈解决不了就应该想办法维护自己的权益了。聋人在维护自己的正当权益时要注意：自己在哪一方面受到侵害，就应该找哪一方面的主管部门解决，而不要情急乱投医。前往有关部门前，事先把权益受损的过程和具体情况写下来，同时准备好相关材料和证据。

在向有关部门申诉时一定要注意：情绪镇定；态度诚恳；言辞文明；事实清楚有力；谈吐条理清晰。

当事聋人千万不能情绪急躁、态度失控，这样既让人看到你缺乏修养，又容易激化矛盾，也影响你的申诉。如果你感到必要的话，可以请健听亲友或者手语翻译前往帮助。如果对有关部门的处理结果不满意，你可以向上一级主管部门申诉或者采用其他方式解决。

受教育权：

·幼儿教育、义务教育、高中教育、职业高中教育、中等专业教育、初中会考和高中招生等方面的权益受到侵害，应该寻找当地教育局申诉。

·一些职业高中教育、中等专业教育不属于教育部门主办或主管，应当向相应的学校主管部门申诉。

·高考招生、研究生招生等方面的权益受到侵害，应该寻找当地省、市招生办公室和报考学校招生办公室申诉。

·高等教育、研究生教育等方面的权益受到侵害，应该寻找当地省、市教育厅高等教育局、省学位办公室或教育部高等教育司申诉。

劳动就业权：

·在国家机构、国家事业部门工作的聋人公务员、聋人专业技术人员的权益受到侵害，应该寻找主管部门或主管人事部门申诉。

·国家企业、集体企业中的聋人工人和聋人技术人员的权益受到侵害，应该寻找劳动与社会保障局劳动部门申诉。

·临时雇用的人员、个体人员、入城务工人员等聋人的权益受到侵害，应该寻找劳动与社会保障局劳动争议仲裁委员会、主管工商局申诉。

·社会保障权益如低保、抚恤、养老保险、医疗保险、工伤保险、女工生育保险等受到侵害，应该向劳动与社会保障局社会保障部门申诉。

消费者和经营者权：

·在消费过程中自己的权益受到损害，应该去找当地消费

者协会申诉。

· 在经营活动中自己的权益受到损害，应该寻找当地工商行政管理部门申诉。

· 关于税费等权益争议，应该寻找当地税务管理部门申诉。

残疾人维权：当权益受到侵害向有关部门申诉遇到障碍时，可以请求当地残疾人联合会维权部帮助你。如果帮助效果不够明显或令你不够满意，可以请求上一级残疾人联合会维权部帮助。

信访：各级人民政府、党组织、人民代表大会、人民法院、公安部门、残疾人联合会等机构一般都设有人民信访部门，专门接待人民来访申诉问题。这些部门接待了人民信访之后，会移交有关部门处理。聋人生活有困难、聋人权益被侵犯，可以去信访部门申诉，去信和面谈均可。鉴于聋人听力语言有障碍，最好事先将情况写明，文化程度较差的聋人可以请人代写或请人陪同前往。

法律诉讼：遇见侵权最好以申诉和协商的方式先找上述有关部门解决，如果仍然解决不了的话，可以寻求法律途径解决。法律诉讼要考虑到诉讼代价、诉讼意义和可能的诉讼结果等等，不要动不动就寻求法律解决问题。

法律援助

法律援助，是国家对某些经济困难或特殊案件的当事人给予减免费用、提供帮助的一项法律制度。它是我国贯彻“公民在法律面前一律平等”的宪法原则，保障公民享受平等公正的法律保护、完善社会保障制度、健全人权保障机制的一项新的重要法律制度。《中华人民共和国刑事诉讼法》、《中华人民共和国律师法》等都对法律援助制度作了明确规定，为这一制度的建立和实施奠定了法律基础。我国法律援助制度建立于1994年。

法律援助的条件：公民获得法律援助，要符合两个条件：一是有充分理由证明为了保护自己的合法权益需要提供法律帮助；二是确实因为经济困难，无能力支付需要法律帮助的费用，或者只能支付一部分费用。后一个条件，要根据当地政府所规定的最低生活保障线加以衡量。只要符合这两个条件，都可以到当地法律援助机构申请并获得法律援助。另外，在刑事诉讼中，对于盲、聋、哑、未成年人以及有可能被判处死刑的被告人，在他们没有委托辩护人的时候，也应根据人民法院的指定给他们提供援助，这种情况就不需要审查经济状况了。

法律援助的形式：

· 法律咨询，代拟法律文书。

· 刑事辩护和刑事代理。

· 民事、行政诉讼代理。

· 非诉讼法律事务代理。

· 公证证明。

· 其他形式的法律服务。

法律援助的提供者：法律援助机构（即法律援助中心）的专业人员、律师、公证员和基层法律服务工作者是法律援助的提供者，此外还包括有条件的社会团体内的法律工作者和法学院校师生等法律援助志愿者。

法律援助的方法：法律援助的申请人为未成年人或无行为能力人的，应由其监护人代为申请。代申请人应提交有代理权资格的证明。法律援助机构根据这些材料作出是否批准法律援助的决定。需要说明的是，诉讼案件的法律援助，由有审判管

辖权的法院所在地法律援助机构受理；非诉讼案件的法律援助，由当事人户籍所在地或工作所在地的法律援助机构受理；人民法院指定辩护的刑事法律援助案件，由该人民法院所在地的法律援助机构统一接受并组织实施。[25]提出申请时要出具四个方面的材料：

· 身份证、户籍证或暂住证。
· 申请人以及家庭成员的经济状况证明。
· 申请法律援助案件的基本情况的证明材料。
· 法律援助机构认为需要提交的其他材料。

法律援助范围

1. 无能力为自己辩护的未成年人、残疾人、老年人犯罪案件和追索侵权赔偿的案件；

2. 请求给付赡养费、抚育费、扶养费的；

3. 因公受损害请求赔偿（责任事故除外）；

4. 请求给付劳动保险金、抚恤金的；

5. 赡养协议、抚养协议公证，有关领取抚恤金、救济金的公证；

6. 公民民主权利受到侵犯（如选举权、被选举权被非法剥夺）的案件；

7. 有可能被判处死刑、被告人没有委托辩护人的案件；

8. 其他确需提供法律援助的事项。

39 聋人需要打官司应该怎么办?

人的生活总不会是一帆风顺的，如果经济受到损失、权益受到损害、人身受到伤害、婚姻难以维持、被别人起诉等等，就免不了需要和法院打交道。聋人打官司的方法和程序与健听人是一样的，但由于听力和语言的障碍，聋人需要对这些方法和程序做一些特别的准备。

咨询律师

决定起诉或者收到起诉后准备应诉之前，最好及早先去律师事务所进行咨询，听取律师对诉讼的建议。打官司是一种非常消耗时间、精力和金钱的事情，而且不管胜诉败诉，都会把双方推到敌对关系上。所以，你应该在倾听家人、亲友和律师的建议的基础上，反复权衡，全面考虑，然后再决定。

①是否有调解、协议等其他平和的解决方式。

②是否能够以法律的方式解决好。

③诉讼可能付出的经济代价（主要有律师费、诉讼费、败诉后的赔偿费等等）。

④时间、精力是否能够承担（有时取证、诉讼可能需要很

长时间，花费大量精力或者反复多次诉讼）。

⑤胜诉的可能性和利益大小（如果胜诉可能性较小或胜诉后获得的利益较小就不必诉讼了）。

⑥法院可能的判决带来的结果和影响等等。

⑦你千万不能一时头脑发热，不计成本、不想后果，一心寻求法律途径解决问题。

聘请律师

决定起诉或者应诉后，再根据诉讼的难度等情况决定是否请律师协助。

由于律师是法律专业出身，熟悉法律知识，有律师权限许可范围内的调查和取证权，富有协助诉讼经验，在诉讼环节的各个方面可以做得更加完善、充分和深入，这样你就尽可能大限度地主张自己的权利、保护自己的利益，增加了你胜诉的可能性。当然，请律师是要付出相应的费用的，具体花费你可以向律师事务所询问。如果你符合法律援助规定的条件和范围，便可以残疾人的身份请求法律援助，这样可以免除你的律师帮助费用和法院诉讼费用。如果诉讼内容不是十分复杂，你有能力有把握自己起诉或者应诉，也可以不请律师帮助并且可以节省这笔花费。

聘请律师应该根据自己的诉讼难度、利益大小决定律师的水平和知名度。一般说来，律师知名度越高聘请的费用也越高，诉讼的成本就越大。原则上一般的诉讼聘请一般的律师，大型和重要诉讼再聘请名望高、水平高的律师。请律师的好处是：

①可以帮助你书写起诉状或应诉状，最大限度地加强你的起诉状或者应诉状的说服力。

②在律师权限许可的范围内帮助你调查和取证。

③帮助你收集、选择和整理诉讼证据并加以条理化。

④做你的法院庭审代理人，帮助你主张权益。

深入广泛阅读有关法律书籍

“知己知彼，百战百胜。”意思是了解自己也了解对方，永远可以战胜对方。对法律越熟悉就越有利于打好官司。

在打官司前好好阅读法律书籍的好处一言难尽。一定要看的法律书籍是《民事诉讼法》，此外就是与你诉讼有关的法律书籍。如婚姻纠纷官司要读《婚姻法》，维护著作权益官司要读《著作权法》等等，不一而同。阅读有关法律书籍时，应该及时将有用的内容和条款记下来，必要时应该购买相应的法律单行本和与其关联的法律应用书籍以备使用。至于具体阅读和购买何种法律书籍，你可以请教律师或文化水平较高的亲友。熟悉法律的益处有：

①使你了解诉讼程序和要点。

②使你对法律支持的诉讼内容更加了解。

③使你准备的起诉状或应诉状更具有法律说服力。

④使你对法院庭审更加具有信心。

⑤使你能够甄别律师或他人书写的起诉状或应诉状的质量。

⑥使你能够结合法律支持的条款，在庭审申诉时更加有力，等等。

准备好尽可能充分的有力证据

法院判案是“以事实为依据，以法律为准绳”。证据是否充

分和有力，将直接影响到判决结果。尤其是民事案件，往往都由当事人自己准备和递交证据，法院一般不亲自调查取证，因此打官司准备充分有力的证据就显得十分重要。有时即使你有理但你提供不出支持诉讼的证据，你也会败诉。“事实胜于雄辩”，证据是打官司最最关键的环节，即使法院庭审时你一言不发，但如果证据充分有力，你也可以胜诉。一般来说物证优于人证，直接证据优于间接证据，亲友之外的证人优于亲友。证据有：书证、物证、视听资料、证人证言、鉴定结论等等。准备证据要充分有力，要与诉讼环环相扣，但注意取证不能违法，否则一波未平又添一浪，会带来官司之外的官司或者麻烦。

和律师充分沟通

如果你决定聘请律师帮助你打官司，就要和律师充分沟通。应该把已有的材料、证据等等带上，再详细和律师交谈诉讼内容、事情经过、主张要求等等，以便律师帮助你书写起诉状或应诉状、调查和取证等等。如果律师要求你将有关证据材料留下，你应该让律师打一个收条清单给你，以防遗失。如果你的文化水平不够高，应寻找熟悉你的情况并且文化水平较高的亲友来帮助你和律师沟通。有时和律师沟通一次还不够，可能需要多次沟通和协商。如果有新的想法和新的证据，你就应及时记录和保存下来，及早交给律师进行补充处理。和律师沟通诉讼内容之外，还应向律师了解法院庭审的程序和庭审时应该注意的事项，并且按照律师的要求和建议及早准备。

写好起诉状或应诉状

写好起诉状或应诉状也是诉讼的关键一环。一场诉讼，从起诉状或应诉状开始，以法院判决告终。起诉状或应诉状是你主张诉讼要求、陈述事实和理由，向法院提出诉讼的基本文件。如果你聘请律师，起诉状或应诉状就可以交给律师帮你书写，律师书写起诉状或应诉状比较专业，但律师有可能不完全了解你的情况和诉讼要求，因此你应该仔细审阅律师书写的起诉状或应诉状，及时进行修改补充。如果你文化水平很高，可以事先写出起诉状或应诉状然后让律师给你补充，使起诉状或应诉状更加完善。如果你不打算聘请律师，就得自己或者请求文化水平较高的亲友书写起诉状或应诉状。作为原告，时间一般比较从容。但如果收到诉讼成为被告时，法院一般只给 15 天的准备时间，你就一定得抓紧时间应诉。

聘请手语翻译

聋人打官司没有手语翻译的协助难以参加法院的庭审，如果你的文化水平较低，就必须有手语翻译帮助。没有手语翻译你就无法对应，可见手语翻译何等重要。如果你文化水平较高，也可以让代理人以书写的方式和你在庭审中沟通。可请求聋人学校、残疾人联合会、聋人协会等单位或机构帮助你聘请手语翻译。如果你的亲友既懂手语而且文化水平也很高，那么你可以请他帮助沟通。手语翻译在庭审中可以告诉你：

①法官的问话。

②代理人的申诉。

③法官向另一当事人的问话。

④另一当事人的申诉。

⑤另一当事人向你的质问。

⑥代理人回答另一当事人向你的质问，等等。

确定庭审代理人

聋人没有代理人是难以参加法院庭审的。法律规定允许当事人有两个代理人代理庭审申诉。如果你聘请了律师，法律专业出身的律师则是你最好的代理人。考虑到聋人参加庭审需要手语翻译的帮助，确定代理人的最佳模式是律师和手语翻译两人（聘请了律师），或者一位亲友和手语翻译两人（未聘请律师）做代理人。如果你的亲友既懂手语而且文化水平又很高，那么你的这位亲友是你的最佳代理人，你只需要这一位代理人就可以参加庭审。

开庭前和代理人及手语翻译一起充分演习

“不打无准备之仗”，“凡事预则立不预则败”。两句话的意思是要事先充分准备才能办好事情。由于聋人的诉讼庭审需要代理人、手语翻译共同进行，为了在法院庭审时三方较好地配合，应该在开庭前和代理人及手语翻译一起充分演习。最好是事先起草一份庭审可能出现的问话，按照法院庭审程序进行模拟演习。如果模拟演习中间出现问题，应该及时更正和修补。由于聋人参加庭审需要手语翻译或者代理人书写沟通，中间肯定存在一个时间差距，很容易慌张或焦急，以至打乱自己的阵脚，在法庭上难以充分地主张自己的要求。可能的话，庭审演习应该反复练习，直到成竹在胸、信心百倍为止。此后，最好在律师的指导下将模拟演习的内容整理出来，作为出庭时申诉和辩解的参考材料。

法庭上保持沉着

参加庭审前要带上所需要的材料，包括个人身份证件，如身份证、户口本、护照等；起诉状或应诉状；证据；对起诉状或应诉状的解释；对证据的解释；模拟演习书面整理材料；其他等等，如婚姻诉讼要带上结婚证、离婚证。

走上法庭后，你一定要保持镇定，在法庭上不能急躁，更不能叫嚷和争吵，以免扰乱法庭。你应该依照庭审程序和法官问话，沉着、冷静、准确、细心、扼要地申诉、质问和辩解。当对方申诉、质问和辩解时，不要打断，让对方讲完后再回应。如果你一时没有明白手语翻译的翻译内容，应该举手，要求翻译重复一次，直到完全明白为止。双方交换证据以及庭审完毕在庭审记录上签名时，你一定要细心，如果有错误、虚假、疏漏，应该及时向法官提出改正。

40 退休后的聋人应该怎样安排生活?

人生总是要衰老的，聋人也不例外。由于聋人居住分散，交际圈子较小，有的地区聋人文化娱乐活动还不够丰富，再加上听力语言障碍，因此老年聋人的孤独感会更加强烈一些。聋人退休后晚年生活主要还是应该自己妥善安排、仔细计划，就像年轻时规划和计划人生目标一样。可以参考的方法如下：

饮食得当

退休后的聋人时间比较多，可以好好研究一下烹饪美食，要把饮食安排得更加合理健康、更加有益于身体需要。总归起来主要是：少食多餐、少盐多醋、少油多汤、少荤多素、少肉多菜、少糖多果、少酒多茶。尽量吃原生新鲜食品，少吃加工食品，可以利用食物特性调理某些疾病。吃饭要细嚼慢咽，饮食不要过饱，更不要暴饮暴食。

保养身体

作息规律，睡眠适宜，劳逸结合，起居有常，多喝开水，大便畅通，杜绝烟酒，心情畅达，少怒多笑，少静多动，少闲多做。身体如有不适不要拖延，要立即去医院诊疗。另外还要定期检查身体，把疾病杜绝和根治在早期。

经常锻炼

“生命在于运动”，“久坐伤骨，久卧伤神”。你可以根据自己的身体情况和个人喜好，选择太极拳、步行、慢跑、球类、游泳等体育活动。从事这些体育活动要强度适宜，贵在坚持。每周可以去一两次公园，隔几个月还可以远足、爬山、踏青等。

积极参加社会活动

积极参加社会老年人活动、社区老年人活动、聋人协会活动、残疾人联合会活动，做一些公益善事，这些活动将使你被社会认同，排遣寂寞、增添活力、振奋精神、活跃大脑。

人际往来

单独居住的老年聋人夫妇，最好多和子女聚聚，如果体力可行的话，可以帮助子女做做家务，带带孙辈，感受一家三代的天伦之乐。闲时和亲戚、朋友多加联系，互相来往，讲讲新闻、谈谈闲话、说说掌故，甚至共同开发一些爱好、参加一些活动。

开发爱好

可在养花、养鸟、养鱼、钓鱼、烹饪、制作、收藏、集邮、摄影、书法、写作、棋牌、绘画、电脑、戏剧、影视、阅读、游览、学习等等休闲爱好中选择自己喜欢的做下去，既能陶冶性情又有利于健康和养生，既能增长知识、结识朋友，又能排遣清闲和寂寞。如果你体力和精力允许的话，还可以考虑饲养宠物。

其他

丧偶的老年聋人不要过于沉湎于对伴侣的思念和悲痛之中，要尽量驱除孤独感，把注意力转移到其他事物上来，积极融入活生生的社会生活，宽怀地对待不幸，乐观地面对未来，争取健康长寿。没有子女或者子女在远地的高寿或单身老年聋人，可以考虑前往当地社区养老院生活，使自己有人照顾、排除寂寞，安享晚年。

【聋人文化篇】

——DEAF CULTURE

聋人文化是世界文化中的奇珍异宝，聋人文化是支撑聋人信念的柱石，聋人文化是聋人教育的重要内容。解读聋人文化、开发聋人才能，是摆在一个文明社会前的重要课题。

41 什么是聋人文化?

聋人由于听力语言障碍，与健听人相对隔离，体现着与主流社会相差较大的生活特征。这个特征宛如一个长期封闭的种族或民族那样，有着独特的交流、观察方法、思维模式、生活方式、文艺和科技创造等等，这就是人们所说的“聋人文化”。聋人文化是一直随着聋人而生存的，是聋人社会生活的长期积淀，是聋人群体智慧的积累，广泛地体现在聋人教育、聋人历史、聋人事业和聋人生活中。聋人文化是世界文化中的奇珍异宝，聋人文化是支撑聋人信念的柱石，聋人文化是聋人教育的重要内容。解读聋人文化、开发聋人才能，是摆在一个文明社会前的重要课题。聋人文化体现在如下几个方面：

聋人有自己的独特语言——聋人手语

聋人不仅像少数民族那样有自己的语言，而且聋人的语言是以形象模拟的手势表达的，这种以手势动作为主，同时结合面部表情和体态语言的动态性、视觉性、形象性、表演性、立体性是其他任何民族所没有的。美国聋教育学者约翰·W. 雷曼和迈克·布利斯在《耳聋学生的回归主流教育》一文中写道：

“（美国）手语像线一样把聋人织进聋人文化的经纬之中。”[26]每一种语言都是其文化的核心组成部分，应用于聋人互相交流的聋人手语必然是聋人文化的核心，聋人群体也因此被称为“手语族”。手势是人类文字史以前一种重要的交流方式，在文字出现后才越来越居于次要的地位，但是手势却被聋人保留、使用和发扬光大，成为人类语言和交流的一道独特的风景，是聋人对人类语言的一大贡献。不仅聋人手语的表达方式与健听人口语和书面语不同，而且聋人手语还有着自己独特的语法习惯。聋人手语中只说实词不说虚词、不加修辞、简洁明了，句子中的词汇以主次和重要性决定顺序，语言的精彩与否在于手势的创造和手势模拟形象的引人入胜程度等等。聋人对健听人习惯的手势是不太欢迎的。国际上对聋人文化研究较深入的国家和学者以及聋人群体本身认为，手语是聋人的第一语言，因为聋人以手语交流为主；口语和书面语是聋人的第二语言，主要在与健听人的交流中使用。同时，手势语对健听人主流社会也发挥着重要作用，不同国家或不同民族或不同语言的人在一起交流困难，常常需要手势的辅助。在一些领域，如：特种部队指挥、体育比赛裁判、交通指挥、吊装指挥、酒令、旗语、视觉传达设计乃至影视艺术中都有着手语手势的使用和利用。此外，佛教造像及修行中也有一些固定的手势叫手印，作为传达佛教礼仪、佛教思想和佛教信仰的一种方法。手语是人类语言的重要组成部分，是一种独立的语言。在一些国家，聋人手语和手势是聋人引以自豪的独特文化标志，被广泛地应用到聋人学校、聋人活动、聋人会议、聋人出版物、聋人网站以及纪念品、首饰及衣着等生活用品上。

聋人有特定的生活范围——聋人社会

聋人也多多少少与主流社会发生着各种各样的关系，但绝大多数聋人像少数民族或种族那样生活在自己的“民族圈”——聋人社会内。聋人绝大多数与聋人通婚，聋人喜爱和聋人交往。尽管社会乃至残疾人事业都倡导残疾人回归主流社会，但是聋人回归主流社会的进度似乎极其缓慢甚至依然我行我素、“不知有汉、无论魏晋”，不走出自己的聋人“桃花源”。《参考消息》曾经报道了美国聋人甚至组建了一个“聋人小镇，在那里生活的聋人都用手语交流”。这个问题也被研究者所注意到，甚至一些国际上的研究者认为，应该保持聋人拒绝回归主流社会的权利，拥有聋人社会和主流社会两个世界的双重身份。因为在不发生交流的情况下，聋人在健听人中间是孤立的，而不像健听人那样即使不和他人发生交流，仍然可以听到环境声音中的他人交谈，与周围社会互相融合。而且，聋人与主流社会的融合，需要依靠手语翻译的帮助，而手语翻译的密度和质量是和社会的重视程度紧密关联的。客观地说，这里虽然有聋人共同使用手语的原因，还有健听人强势社会挤压下聋人退缩的原因。因为在一个健听人占据社会政治、经济、文化、教育等绝对优势的情况下，聋人之间自我认可才能得到认同和归属感。

如果你走入聋人社会，你就会发现聋人碰到陌生人，马上就会用手语问：“他是聋人？健听人？”手语是聋人身份认同的主要媒介，“聋”对聋人来说等于是“自己人”的意思，正所谓：“同声相应，同气相求。”“物以类聚，人以群分。”如果对方是聋人就会很热情，如果是健听人又没有特别的事就很少主

动攀谈。这就像一个人身在国外处在异邦语言环境中，一旦突然听到祖国乡音，自然会产生亲切感，更可能主动上前和他交流。甚至有的聋人面对陌生人，尽管没有使用手语，但也能从对方的表情和举止上很快区分出他是健听人还是聋人，还可区分出他是从小耳聋还是中途耳聋、还是带有健听人习惯的"半截子聋人"。在聋人的心目中，聋人是自己人，半截子聋人是边缘人，健听人是外界人，是有区别地对待的。初次接触聋人的健听人大概都会认为聋人这样有些不懂礼貌、不通情理甚至顽固不化，但是如果能和聋人长期生活在一起，以聋人的立场去看问题，就完全可以理解了。因为聋人毕竟主要生活在聋人世界中，使用的是聋人手语。应该说是交流工具——即语言的差异造成了生活方式和生活范围的差异。其实即使是在高度发展的现代社会，仍然有一些民族和种族保留着自己的生活方式，反而成为现代文明中独特的景致。一个文明社会也应该尊重任何个人和任何群体的生活方式和生活习惯。聋人也完全有理由、有必要保留自己的生活方式和独特文化。

聋人有独特的观察世界的方式——视觉

健听人是调动听觉、视觉等多种感官，综合起来观察、思考和分析世界的，但是聋人由于失去了听力，只能以视觉去观察和分析世界，只能以视觉经验为重心，即所谓："用双眼去听，用双手去说。"尽管单一的视觉感官观察世界肯定是片面和不完整的，但是聋人只能如此，别无他法。聋人这样以视觉观察世界的方式定然也会形成自己的世界观、价值观、人生观。比如：聋人以手语这一视觉语言进行交流；聋人在日常生活中，眼睛游移不停，那是在用眼睛搜寻信息或周围动静；聋人的举止言谈直截了当、不加掩饰，使视觉更加清晰了然；聋人视觉敏锐，善于察言观色、“见机行事”；聋人看得多说得少，善于模仿、善于抓住形象特点；聋人喜爱视觉媒介如照片、画报、录像、动画、美术、VCD、电影、比赛、展览、演出等；聋人艺术作品富于聋人特色，有一种郁积爆发的张力；聋人喜欢和聋人扎堆，聋人喜爱和聋人来往；聋人看世界主要看的是人们的行动表现，聋人看人是否聪明也主要看手势的精彩程度等等。聋人由于听力障碍使得他们处在一个相对封闭的环境中，耳聋使得他们对世界的认识是深刻和长远同时也是独特的。这就有如“门中瞧人”、“坐井观天”、“茶壶里的饺子有口倒不出”，正是这样，聋人对世界有着他们自己的看法。聋人心愫积压、洞察独特、想象奇异，不利的是他们无法充分完整地与外界沟通和交融，有利的是“聋者以目代耳，哑者以手代口”，所以，他们纯以双眼观察到的世界定然与众有所不同。

聋人有别样的生活内容和生活方式——聋人生活

因为聋人有听觉障碍，健听人常用的呼唤、警笛、闹钟、门铃等对聋人是不起作用的，如果要引起聋人注意，往往需要用灯光、闪光、震动、拍肩膀等独特的方式。聋人参加健听人的会议或社会活动，则需要依靠手语翻译和同步速录投影的帮助。聋人还有聋人常用的随身物品，如：助听器（或电子耳蜗）、便笺和钢笔（用于笔谈）、手机、Pager（欧美国家聋人使用的形状像 PB 机，专门发送接收文字信息的电子产品）等等。如果你进入聋人家庭，会发现很多聋人特色器物，如：闪光门灯、闪光闹钟、震动闹钟、震动手表、传真机、TTY（欧美国家聋人使用的有打字功能的电话机）等等。如果你进入聋

人学校，你会发现上下课打铃是红灯或闪光灯，聋人的舞蹈体操等需要健听人手势指挥或击鼓踏地板让聋人掌握节奏和速度，课外时间聋人三五成群、手舞足蹈的手语交流多姿多态，等等。聋人的生活世界是宁静的，可是聋人因为听不见声音，掉了东西往往捡不回来。会说话的聋人和人交谈时往往不能控制好自己声音的大小，有时语音过大而有时音量又太小。聋人在工作、学习、运动、做家务、开关门等时往往手很重，常常发出较大甚至很大的撞击声，有时这些撞击声甚至能使健听人大吃一惊。聋人喜欢和聋人在一起学习、工作和生活，聋人常常有自己的生活圈，如：聋人学校、聋人俱乐部、公园聋人角、聋人派对、聋人旅游等等。聋人对聋人往往比较信任，聋人的交际圈往往比较稳固，有时聋人去外地，常常不需要住宾馆，而是住在当地聋人朋友家里，这真可以说是聋人特色的“无障碍”。聋人有自己的组织，如聋人协会、聋人体育协会和聋人某些项目的联谊会。聋人有自己的节日——国际聋人节(周)，有自己的体育赛事——聋人奥林匹克运动会。聋人对自己的历史和文化创造往往格外重视和珍惜，更喜欢聋人特有的书籍、演出、电视、电影等等。

聋人有璀璨的文化、科技和艺术创造

聋人用手语交流，聋人喜爱生活在聋人社会中，聋人自然会有聋人特色的文化、科技和艺术创造。聋人世界中有聋人画家、聋人作家、聋人书法家、聋人表演家、聋人电脑专家、聋人教育家、聋人企业家、聋人科学家、聋人发明家……日常生活中常常可以看到很多聋人的创造，比如西安市聋人铁锋擅长模仿卓别林，惟妙惟肖、活灵活现。山东省特殊教育中等专业学校聋人学生的木雕、编织和蜡染作品分别三次在中国美术馆展出，特别是木雕作品轰动了社会，这是聋人独特的观察和艺术表现的成功。国内外一些聋人题材的电影显示出深刻的聋人社会内容和聋人文化思想。2002 年 7 月在美国首都华盛顿特区举办的“第二届‘聋人行’世界聋人学术和艺术博览会”(DEAF WAY II)，以丰富的学术和艺术项目展示了世界聋人文化的精彩华章，昭示着世界聋人的杰出智慧，显示着世界聋人的巨大能量，堪称世界聋人艺术的盛典。“聋人行”艺术内容主要有表演艺术、文学艺术和视觉艺术三大项，每一项艺术都十分富于聋人特色，都可以与世界优秀艺术作品齐肩。中央电视台“2005 年春节联欢晚会”上，聋人舞蹈家们表演的舞蹈节目《千手观音》震撼了全国观众，这项演出也曾走遍世界，所行之处全都引起了轰动效应，这是聋人文化璀璨夺目的展现。2008 年 9 月 6 日北京残奥会开幕式上，聋人演员们演出了《星星，你好!》、《永不停跳的舞步》，牵动了全世界亿万人的心。17 日在残奥会闭幕式上，10 岁聋女孩汪伊美用她的双手舞动出动人的手语：“圣火啊，看到了吗，你在我心中燃烧；圣火啊，听见了吗，我在为你歌唱。”伴随着她的手语歌，残奥会圣火缓缓地熄灭，又一次把优美的聋人艺术和手语形象留给了全世界的人们。

聋人有与杰出健听人齐肩的伟人与名人

聋人中有闻名世界的伟人，聋人也在创造着辉煌的历史。如：聋人教育家劳伦特·克勒克（Laurent Clerc，1786～1869）(法国)、发明家托马斯·阿尔瓦·爱迪生（Thomas Alva Edison，1847～1931）（美国)、宇航科学家康斯坦丁·埃杜阿尔多维奇·

齐奥尔科夫斯基（Konstantin Eduardovitch Tsiolkovsky，1857 ~ 1935）（俄罗斯）、诺贝尔生理学和医学奖获得者查尔斯·朱尔斯·亨利·尼科尔（Charles Jules Henri Nicolle，1866 ~ 1936）（法国）、盲聋哑三重残疾的伟人海伦·凯勒（Helen Keller，1880 ~ 1968）（美国）、诺贝尔化学奖获得者约翰·沃卡普·康福思（John Warcup Cornforth，1917 ~ ）（英国）等等。随着世界文明的发展，随着现代科学技术的进步，聋人打破与外界融合的坚冰，在各个方面更多地与健听人齐肩。1987 年，21 岁的美国聋人女演员玛丽·玛特琳（Marlee Matlin）在电影《次神的孩子（Children of a Lesser God）》中扮演女主角萨拉而获第 59 届“奥斯卡”最佳女主角奖。1988 年，美国聋人欧文·金·乔丹（Irving King Jordan）博士出任加劳德特聋人大学校长。2000 年澳大利亚悉尼第 27 届奥林匹克运动会上，南非聋人泰伦斯·帕金（Terence Parkin）获得男子 200 米蛙泳银牌。2003 年美国聋人 T. 艾伦·赫尔威兹博士（T. Alan Hurwits）任罗切斯特理工学院副院长兼国立聋人工学院院长。2008 年美国聋人兰斯·奥尔雷德（Lance Allred）成为 NBA 骑士队球员。在我国，中国残疾人艺术团舞蹈演员、震动国内外的聋人舞蹈《千手观音》领舞邰丽华，2005 年当选为中国残疾人联合会特殊艺术协会副主席、中国残疾人艺术团团长，2008 年当选为中国人民政治协商会议委员；成都画院画家、中国美术家协会会员、国家一级美术师高晓笛，2005 年当选为中国残疾人美术家联谊会副会长，2008 年当选为中国人民政治协商会议委员。山东体育学院体育社会科学系聋人教师张珺，2008 年在第 8 届亚太聋人体育联合会会议上当选为执行委员。

让聋人文化更灿烂

世界文化变得越来越多元化，聋人文化正是这个多元文化中的一个分支。在我国13多亿人口中，有2004万聋人。据世界聋人联合会统计数字表明，全世界有7000多万聋人。聋人文化的特点要求人们在聋人教育、聋人事业和聋人工作中，要尊重聋人的心理特征、遵循聋人的生活特点，弘扬聋人文化中独特的、有益的内容，不以健听人的思想、生活和文化强行代替聋人的思想、生活和文化，让聋人文化成为世界文化之林的灿烂奇葩。

42

手语是优美的视觉语言

手是人类劳动和进化的产物，也是人身体上结构最精巧、形态最多变、运动最灵活、功能最完善、用途最广泛的部位。手的功能和用途无限广泛和丰富——料理生活、制造物品、穿针引线、烹菜调食、绘画弹琴、写字雕刻、驾车纵船、救死扶伤、运动竞技、研究科学等等，真是数不胜数、用不穷用。中国佛教塑像“千手观音”，就把人类手的功用表达得淋漓尽致、寓意无穷——代表着佛的大慈大悲普渡众生，也体现着人的无边无际生生不息的威力。2005 年 2 月 9 日中央电视台“春节电视联欢晚会”的舞蹈节目《千手观音》，聋人演员们把手的优美灵巧、多姿多变推到新的高度，令人叹为观止、感动万分，被观众和舆论评价为晚会最精彩的节目。

“劳动创造了美”，也可以说是人类双手的劳动创造了美。反过来，因劳动带来的进化也使手成为人身体上最优美最灵巧的部分。手是大自然最精美的造物，手是人类文明与前途的基础。人若双手全无，就会变成无能为力的躯壳，更谈不上人类形体的美感。

美术家认为，手是人的第二颜面，人除了面孔和五官之外，就数双手的表情最丰富。“画人难画手，画树难画柳”。手的活动和变化直接与人的思想感情、内心活动、动作意向有关，表达着人的精神世界和生活阅历，是美术家研究开发的重要对象。美术家还注意到，人可以有意改变表情以掩饰思想和感情，但很难改变思想和感情带来的手形的变化，一个口是心非的人常常在双手上露馅。一双手就如一副面孔，是一部读不完看不尽的人生之书。手相学是世界各地长盛不衰的玄学。古希腊美神雕塑维纳斯从米洛斯岛出土后，引来全世界无数人的倾慕，同时也引来无数人对美神失去双臂的感叹，更引来无数人对美神失去双臂做出的种种假设。但是无论如何，都不能达到与维纳斯美伦美奂的形象天衣无缝的匹配。对美神维纳斯残缺的双臂和双手的想象就是对人类无限丰富、无限生动的双臂和双手的最好诠释。

巴克尔（Henry Thomas Buckle，1821～1862，英国哲学家）在他的《文明史引论》一书中曾经援引爱尔维修（Claude Adrien Helvétius，1715～1771，法国哲学家）在1758年所著的《思想》一文中的论述，认为人类和动物之所以不同，是因为它们之间在外部形体上有差异，这是人类漫长进化的结果，是不可辩驳的事实。爱尔维修认为，如果人类手腕上不是具有灵活手指的手，而是类似马蹄，人类就也许至今仍然是动物中一个愚笨的成员，在地球的表面流浪，完全不懂得艺术，并且毫无防御能力。人类比动物优越的原因之一就是拥有了具有复杂结构的手。[27]

手语是一种动态性语言

它以手势作为语言符号，离不开双手、手指、两臂以及身体动作，给人一种观看无声电影一样的感觉，与口语只须口舌

发声有很大区别。当然口语表达过程也常常掺杂着相应的动作，但这些动作仅是口语表达的感情辅助，并不表达特定的语言内容，也不构成任何语言符号，不能作为语言表达的范畴。手语则完全是用动作表达的，没有动作就无法实现交流。

手语是一种视觉性语言

它是给受话者看的而不是听的。口语可以在完全没有光线或隔着障碍物的条件下实现交流，而手语就绝对不行。尽管人类书面语言也是通过视觉传递文字信息的，但就人与人面对面交流而言，人用嘴巴只能讲出字音，这个字音并不是字的形态结构的直接表述；书面文字亦是一种特定的抽象符号，也不是所述事物的具体形态。手语恰恰相反，以手势的摹拟表达特定的概念和内容，受话者用视觉接受其所传递的信息，了然直观。

手语是一种形象性语言

尽管手语的表达或多或少地掺杂着人的抽象思维，但它的语言特色是以双手摹拟表现事物的形状、性质和状态为主的，其与健听人使用的属于第二信号系统的口头语和书面语的抽象性有着显著不同。手语是人类语言的另一体系，是抽象性的口头语和书面语的形象性的反补，它发展和丰富了人类语言。正像当代口头语和书面语是人类抽象性语言发展的高级阶段一样，应该说当代手语也是人类形象性语言发展的高级阶段。

手语是一种表演性语言

精通手语的人都知道，如果手语单单以手势交流，它的表达肯定会受到限制而变得枯燥乏味。手语的运用总是无形地调动着人的其他辅助表达手段，如通过做口型，手语表达的内容就更易于明白；如加大表情，手语就更加生动；如再加上体态语言和对事物的摹拟，手语就更加引人、更加形象。因此手语的表达必须与口型、表情、体态语言和对事物的摹拟结合起来，具备口头语和书面语不具备或较少具备的摹拟性和表演性。[28]

手语是一种立体性语言

手语以肢体和身体演示为主，手语表达具有一定的位置、方向、运动和空间。手语交流者全身就像一台语言机器，用手语交流时，观看者不仅能够得到抽象的语言信息，而且能够同时看到肢体、身体、口型表情的演示过程和运动过程带来的活动的、立体的形象信息。手语对事物的表达在视觉上更加直接、更加形象、更加生动、更加优美、更加丰富。

一般举例：

· “老师”这个词的手语手势是：右手做持备课本和教学资料状紧贴右胸前，面带微笑并微微低头含颌注视着年幼的学生。这是作为一个教师最常见的亲切、和蔼、循循善诱、诲人不倦的形象。

· “忍受”这个词的手语手势是：右手掌和手指伸平呈刀状放在心口。这与俗语中“忍字高，忍字高，心字头上一把刀”不谋而合。

·“难过”这个词的手语手势是：右手握拳在胸前做圆形运动状。这和汉语成语“心如刀绞”的表达完全一致，甚至让人感到比汉语词“难过”的表达力还要强。

亲见举例：每个健听人的语言风格不同，聋人在手语交流中也有富于创造性的个人发挥，笔者就曾看到过这样的例子：

·形容某人看中了某个异性，就用两手拇指和食指捏成小小的鸡心状，放在一只眼睛瞳仁前向前运动，喻示“情人眼里出西施”。连瞳仁都变成了心形，书面语或口头语起码需要十多个字才能表达出来，聋人用一个简单的手势就发挥得淋漓尽致。

·“爱”的手势是左手四指握成拳朝前，大拇指背朝上平放在拳上，右手掌四指从前往后轻轻抚摸左手大拇指。但聋人表达情侣的爱则将这个左手手势反过来朝里朝上，大拇指在外呈垂直状仿佛一人站立，右手在大拇指外上下抚摸——一个情侣紧紧拥抱抚摸、爱意无限的形象就跃然而出。

·“波涛汹涌”的手势一般是作波浪形的双手加大波动。但是一位讲述安徒生《海的女儿》的聋人则以双手五指尖相向放在面部作海平面状，手势根据海浪的样子时高时低，做大小波浪状。有时在脖子根、有时在鼻子尖、有时在双眼前，甚至有时没过头顶。这真是天才语言家的绝顶创造！不仅把波涛演示得形象生动，而且也把人——“美人鱼”在汹涌大海的波涛中的情状表现得淋漓尽致，使观者感到身临其境。

手语是思想的传递与延伸

加劳德特大学纪念教学大楼（Hall Memorial Building）天井有一幅美国聋教育先驱劳伦特·克勒克（Laurent Clerc）老师的巨幅素描画像，这幅画像不是用笔绘制的，而是用手指蘸墨水层层叠叠印画出的，体现了聋人口不能言却用手指印画对克勒克老师表示出的怀念。画框下边克勒克老师的姓名 Laurent Clerc 是用 12 个木雕字母手势组成的，这 12 个字母手势所表达的内涵远远超出了任何文字。

法国著名作家蒙田（Michel Eyquem de Montaigne，1533～1592）就赞叹说："看呀！看看双手怎样允诺，怎样变戏法，怎样申诉，怎样胁迫，怎样祈祷、恳求、拒绝、召唤、质问、欣赏、供认、奉承、训示、命令、嘲弄，以及做出它各式各样变化无穷的意思表示，使灵活巧妙的舌头相形见绌。"[29] 意大利文艺复兴时期杰出画家达·芬奇（Leonardo da Vinci，1452～1519）说："手，是'工程学的杰作和艺术品'，是'鬼斧神工'。"[30] 他的名画《蒙娜丽莎》最引人注目的"神秘的微笑"之后的第二焦点就是蒙娜丽莎那饱满、温润的"美妙的双手"。据研究认为，蒙娜丽莎的左手食指和中指微翘，这是她内心被触动而左手欲动的显示；她的右手则轻压着左手，又表现着内心克制左手欲动的愿望。这一动一抑，表达了蒙娜丽莎的敏感丰富的心理和感情，通过手的姿态传达了蒙娜丽莎极其丰富的内心世界。法国著名雕刻大师罗丹（Auguste Rodin，1840～1917）晚年创作了一系列手的作品，如：《上帝的手》、《魔鬼的手》、《罗丹的手》、《伸出坟墓的手》、《情人的手》，《奥秘》、《握》、《擎》等等。罗丹的名弟子布德尔（Antoine Bourdelle，1861～1929）则有《绝望的手》。这些手的作品的内涵都是千言万语所无法表达的，被誉为"会说话的手"。人类双手就是人的另一张面孔和另一副口舌。

手语有着无比丰富的内涵

人类口头语言和书面语言的进化，使手语这一视觉语言长

时期被忽略了。可能是由于聋人口头语和书面语的表达能力不足、聋人群体势单力薄，也可能是由于口头语言和书面语言的兴旺使手语这一视觉语言处于受压制的地位。这个情形犹如强势国家和弱势国家、强势民族和弱势民族那样的关系一样。但是，公正地说，正是聋人对手语的需要和应用，使手语这一优美的视觉语言继续被保存着和发扬着。手语是人类表达思想的另一种方式，是双手表达的语言。手语有着无比丰富的内涵，手语是热烈的流动着的语言，手语是激情的舞蹈着的语言。2000 年中央电视台播出了董焱编导的手语舞《感恩的心》，被全国各地学校、社区和单位争相模仿，后来很快吸引了很多美容院、药店、商店和宾馆的注意，纷纷把练习这一手语舞作为优化员工礼仪姿态的新方式，因此 DVD 光碟十分畅销，一时间洛阳纸贵。2002 年 7 月 8 日在美国首都华盛顿特区举办的“第二届‘聋人行’世界聋人学术和艺术博览会”（DEAF WAY II）晚间开幕式上由伯纳德·布雷格（Bernard Bragg）用手语演出的一首赞颂聋人手语的诗歌《眼睛的语言》这样赞扬着手语：

Language For The Eye	眼睛的语言
by Dorothy Miles	［英国］多萝西·迈尔斯（聋）
Hold a tree in the palm of your hand,	握一棵树在你手掌的田野，
Or topple it with a crash.	在一次撞击中倒地。
Sail a boat on finger waves,	放一只船在你手指的波浪，
Or sink it with a splash.	在一次溅落中沉底。
From your fingertips see a frog leap	在飞舞的蝴蝶中
At a passing butterfly.	青蛙在你的指尖上蹦极。
The world becomes the picture	这眼睛的语言
in this language for the eye.	使世界如在画里。

Follow the sun from rise to set,	追随着太阳从日出到日西，
Or bounce it like a ball.	让太阳像球一样弹来弹去。
Catch a fish in a fishing net,	撒下渔网捕捉一条活鱼，
Or swallow it, bones and all.	连同骨刺吞咽到肚里。
Make people scurry, or airplanes fly.	让人们疾奔，让飞机飞起。
And people meet and part.	让人们往往来来相会相离。
The world becomes the action in this,	这心灵的语言，
language of the heart.	使世界变成行旅。[31]

（陈少毅　译）

该诗作者多萝西·迈尔斯（Dorothy Miles，1931～1993），英国人，女，聋人手语诗人。她热衷于以聋人文化和手语为题材创作诗歌。她的很多诗作是用手语即兴创作的，成为聋健沟通的架桥人。她去世后，英国成立了以她的名字命名的多萝西·迈尔斯文化中心（Dorothy Miles Culture Centre）。

43 你知道这些中国杰出聋人吗?

龚宝荣（1910～1975），先天耳聋，1930年抱着“为同病造福”的愿望，在母亲的支持下，卖掉家里的8亩地，1931年在杭州市创办起杭州私立聋哑学校（后改名杭州市私立吴山聋哑学校）并任校长，这是第一所中国聋人创办的聋人学校。他参考英语26个字母手势，首创了40个注音符号手切图，编写的《手切课本》于1935年经教育部核准公开发行，很多聋人学校一直使用到解放初。1937年抗日战争爆发后，学校师生辗转流亡余杭、临安、兰溪、永昌、龙游、淳安继续办学，一直坚持到抗战胜利。

于孝纯（1909～1988），18岁时因患伤寒致聋。1932年在辽宁省大连市创办起金州聋哑学校，1945年停办。1950年任私立沈阳市聋哑学校校长，1959年协助创办沈阳市大东区聋哑学校和大东区聋哑幼儿园并任校长。

孙祖惠（1906～1975），1935年在杭州创办启智聋哑学校，抗日战争爆发后学校被迫停办。1941年在上海创办中华聋哑学校，后又到南京创办首都聋哑学校，1946年停办。1949年初又在杭州创办起华东聋哑工艺学校。

何玉麟（1906～2002），浙江镇海人，1937年被推举为中华聋哑协会理事长。1937年上海“八一三”事变后，在国破家亡、其他聋哑学校纷纷关门遣散学生的时候挺身而出，组织中华聋协在上海的聋人，在法国租界的中华聋人协会所在地开办“中华聋哑协会战时附设聋哑学校”，并逐步在市内增设了两所分校。解放后任上海市第四聋哑学校校长。

明德英（1911～1995），女，山东省沂蒙山区沂南县马牧池乡横河村人，是一位看坟人的聋哑妻子。1942 年底，日本侵略者对沂蒙山区进行了拉网合围大扫荡，年仅 13 岁的八路军战士庄新民负伤后，被明德英发现。在庄新民昏迷不醒时，明德英用乳汁将其救活。这个故事感动了千千万万人，成为亿万穷苦大众拥护中国共产党和爱护人民子弟兵的典范事例，这位聋哑妇女就是后来舞台和银幕上“红嫂”的原型。

洪雪立（1901～1971），1929 年在菲律宾加入共产党，先后在印尼和福建从事党的革命工作和抗日斗争。1953 年起任教育部盲聋哑教育处专员，1956 年 2 月任中国聋人福利会副主任委员，第一、第二届中国盲人聋哑人协会副主席。1958 年 7 月 29 日任中国聋人手语改革委员会主任委员，参与制定新中国聋教育课程计划，对新中国聋教育口语教学、制定汉语拼音手指字母、聋教育改革发展和理论实践等方面做出了贡献。

李石涵（1919～1994），16 岁时因脑膜炎致聋，1945 年先后任华北联合大学图书馆副馆长、馆长和东北大学（后更名为东北师范大学）图书馆副馆长、馆长。1950 年任中国驻瑞士大使馆秘书、研究室代主任，1955 年任北京师范大学图书馆副馆长，1979 年任中国盲人聋哑人协会副主席，1988～1993 年任中国残疾人联合会副主席。

祖振纲（1925～），1942 年在父亲的帮助下创办了中华聋哑协会重庆聋哑文化补习班（1946 年更名为重庆私立聋哑学校）。1946 年赴美国留学，先在纽约市聋人学校学习，后入加劳

德特学院并于1955年获社会学学士学位，是中国第一位出国留学的聋人。毕业后他响应周恩来总理的号召回国，任上海聋哑青年技术学校教师。

戴目（1926～），江苏常州人。1944年在江苏省武进县民众教育馆创办聋哑教育班，1945年进入苏皖解放区从事新闻工作，解放后任上海市教育局视导员，1955年任上海市第一聋哑学校校长，1956年参与创办上海市聋哑青年技术学校并任副校长、校长。1988～2003年任中国聋人协会主席，1993～2003年任中国残疾人联合会副主席。参与《中国手语》及其续集编纂工作，和宋鹏程合编《梦圆忆当年》（1999年，上海教育出版社）、《中国手语浅谈》（2000年，上海教育出版社），和闻大敏合编《百年沧桑话聋人》（2003年，上海教育出版社）。

范铮（1929～1992），1947年考入河北工学院机械系，1949年20岁时因高烧致聋，后在天津大学图书馆工作。他通过刻苦自学掌握了俄、德、日、法、英5种语言，在文献情报资料领域做出了突出成就，任天津大学图书馆研究员、天津大学文献教研室教授兼主任。

闻大敏（1931～），12岁时因伤寒高烧致全聋。1949年任北京市第一聋人学校教师，1956年开始在中国聋人福利会、中国盲人聋哑人协会、中国聋人协会任职，参与制定了我国《汉语手指字母方案》以及《聋人通用手语》和《中国手语》及其续集编纂工作。1980年主持创办了《中国聋人》杂志（1984年更名为《盲聋之音》，1989年又更名为《中国残疾人》），任编辑部副主任，《中国残疾人》杂志副审编。编写《教你学手语》（1995年，河北人民出版社），和戴目合编《百年沧桑话聋人》（2003年，上海教育出版社）。

曹恒（1932～），江苏省兴化人。1952年20岁时因注射链霉素致聋，1966 年武汉测绘学院工程测量系函授毕业。历任南京市勘测设计院技术情报室主任、高级工程师、副总工程师、总工程师、中国测绘学会第三届理事，著有《算法语言及其在测量计算中的应用》（1978 年，测绘出版社），将电子计算技术应用于我国测绘领域，在全国测绘行业广泛应用。先后 6 次被评为“南京市劳动模范”、5 次被评为“江苏省劳动模范”。1978 年出席全国科学大会，被授予“全国科技先进工作者”荣誉称号。1986 年 4 月获得“全国五一劳动奖章”。1991 年 5 月被中国残疾人联合会授予“全国自强模范”荣誉称号。

刘兆仁　河南省新乡市人，河南豫盛珠宝首饰有限公司总经理，曾任河南省聋人协会主席。13 岁时因病失聪，20 世纪 80 年代创办起“新乡市聋人工艺美术社”，经营文房四宝、镜框加工、装裱字画，后发展成拥有 100 多名职工的大型珠宝首饰有限公司。

徐则明（1954 ~），安徽省六安市人，先天性聋哑，现为安徽省六安市公安局金安分局治安大队民警。因协助公安局反扒取得显赫战绩，1980 年被破格录用为人民警察，成为全国公安战线有史以来第一位聋人警察。近 30 年来，抓获各类扒手有案可查的就有上千人，成为传奇聋人。被评为全国盲聋哑人先进工作者、全国自强模范。曾参演中国第一部公益电影《无声的河》。

缪克强（1961 ~）浙江省苍南县人，1987 年 8 月，和妻子王小桃筹集资金创办起龙港聋哑学校，它是改革开放后全国第一个由聋哑人自筹资金创办的私立聋校。创办初期，学校以缪克强家民房为校舍，首届招收 53 名学生，后五易其址。1998 年 9 月 14 日，龙港聋哑学校开始向社会招收弱智学生 26 名，又成为温州市第一家培养弱智儿童的私立学校。

梅芙生（1937～），江苏省常熟人，北京市第三聋人学校中学教师。1991年被中央人民政府授予“全国模范教师”荣誉称号，1994年被北京市教育委员会评为特级中学教师。

李少言 鞍山运输机械总厂工人。他40年如一日，以厂为家，敬业爱岗，回收废旧物资不计其数，年年节约资金都在万元以上，并且在技术革新方面为企业创造出可观的经济效益。1997年获“全国十大杰出工人”荣誉、“全国五一劳动奖章”。

高晓峰（1962～），黑龙江省富坤粮食加工有限公司董事长，2008年当选为中国聋人协会副主席。他所经营的黑龙江省富坤粮食加工有限公司是省工商局、省政府批准的具有外贸出口权的粮食加工企业，也是首批获得全国质量安全认证的民营股份制公司，获得国家质量技术监督局“标准、信誉单位”。公司是融面粉、大米、米粉三合一体的中型骨干企业，产品供应中原、江南，并出口俄罗斯。

额尔敦·陶吐格（1946～），蒙古族，3岁时因患小儿麻痹致聋，自幼跟祖父和父亲学习中医正骨术，内蒙古自治区吉尔嘎朗镇医院中医正骨主治医师。1998～2003年任第九届中国人民政治协商会议委员、中国聋人协会副主席。

何盛华（1950～2007），8岁时因脑膜炎致聋，自学获得大学学历，九江市聋人协会主席。2000年倾尽个人积蓄创办了九江博爱聋人学校并任校长，他采用聋人教育新理念管理和教育聋人学生，赢得了国内外广泛赞誉和支援。

唐英，南昌大学信息工程技术研究所测试部部长。1993年获南昌大学图书情报专业学士学位，1997年获南昌大学计算机专业硕士学位，2001年入上海交通大学计算机专业攻读博士学位，“聋星网”创建人之一。1997年被中国残疾人联合会授予

"全国自强模范"称号，2003 年当选为中国聋人协会主席。

于兵（1964～），朝鲜族，1990 年毕业于长春大学特殊教育学院中国画专业。现为吉林艺术学院国家二级美术师、中国美术家协会会员。2003 年当选为中国人民政治协商会议第十届委员、中国聋人协会副主席，2008 年当选为中国人民政治协商会议第十一届委员。

刘再军（1959～），北京市三露厂副总经理。他所在企业吸收了大量聋人就业，曾获得北京市民政局个人先进工作者、北京市劳动模范、北京市自强模范等荣誉称号。2003 年当选为中国聋人协会副主席，2008 年当选为中国残疾人联合会副主席、中国聋人协会主席。

张莉（1969～），女，1990 年毕业于长春大学特殊教育学院工艺美术专业。现为山东省特殊教育中等专业学校高级讲师，山东省聋人协会主席。2001 年 11 月被国家劳动和社会保障部授予"全国技术能手"荣誉称号，2003 年被山东省人民政府授予"山东省先进工作者"荣誉称号，2005 年被中华全国总工会授予"全国女职工建功立业标兵"荣誉称号。

邰丽华（1976～），女，1998 年毕业于湖北美术学院装潢设计专业。长期任中国残疾人艺术团舞蹈演员，足迹遍及全国和世界各地，震动国内外聋人舞蹈《千手观音》的领舞，2005 年获"全国五一劳动奖章"、中央电视台"2005 年感动中国人物"、当选为中国残疾人联合会特殊艺术协会副主席，2006 年获"中国青年五四奖章"，2008 年当选为中国人民政治协商会议第十一届委员。现为中国残疾人艺术团团长、艺术总监、国家一级演员。

高晓笛（1955～），女，成都画院画家，国家一级美术师，中国美术家协会会员，四川省聋人协会主席。2005 年当选为中

国残疾人美术家联谊会副会长，2008 年当选为中国人民政治协商会议第十一届委员。

洪泽（1970～），女，1992 年毕业于长春大学特殊教育学院工艺美术专业。曾任上海市达捷玻璃艺术品有限公司高级工艺美术师，现自办泽雷艺术品设计有限公司。1997 年被上海市政府授予“上海市十大杰出青年”称号，1998 年被中国残疾人联合会授予“全国自强模范”荣誉称号，2007 年获得“全国五一劳动奖章”。

李颖（1973～），女，1999 年获辽宁师范大学特殊教育专业教育学学士学位，2002 年获美国加劳德特大学聋教育学硕士学位，2005 年获美国拉玛大学教育学博士学位。现在美国马萨诸塞州和理学院（Holy Cross College）任教。

杨军辉（1969～），女，1994 年获首都师范大学教育学学士学位，之后在北京市第四聋人学校任高中语文教师。2001 年获美国罗切斯特理工学院聋人中等教育硕士学位，2006 年获体育美国加劳德特大学教育学博士学位。2007 年开始在英国中央兰开夏大学（University of Central Lancashire）教育与社会科学学院任教。

张珺（1980～），女，1999 年考入山东师范大学中文系，2003 年考入北京体育大学研究生院人文社会学专业，2006 年获体育硕士学位。现在山东体育学院体育社会科学系任教。2001 年 8 月在意大利罗马举办的第 19 届聋人奥运会上以 11.92 米的成绩打破聋人女子三级跳远记录并获得银牌、2002 年 11 月在台湾举办的第 6 届亚太地区聋人运动会上打破亚太地区聋人女子跳远纪录并获得金牌。2008 年 12 月在第八届亚太聋人体育联合会会议上被选为执行委员。

44

你知道这些外国杰出聋人吗？

劳伦特·克勒克（Laurent Clerc）（1786～1869），原为法国聋童学校聋人教师，是著名聋教育家阿贝·西卡德的学生。1817 年随美国聋教育先驱托马斯·霍普金斯·加劳德特（Thomas Hopkins Gallaudet）在美国康涅狄格州哈特福德帮助建立起美国第一所聋童学校——美利坚聋人学校（American School for the Deaf），开创了美国手语体系。1869 年在康涅狄格州哈特福德去世。为纪念克勒克老师的贡献，加劳德特大学设有劳伦特·克勒克奖章用以授予聋教育杰出贡献人士，加劳德特大学国家聋教育中心被命名为劳伦特·克勒克国家聋教育中心。

托马斯·阿尔瓦·爱迪生（Thomas Alva Edison）（1847～1931），美国人，举世闻名的伟大发明家、科学家。12 岁时他在火车上做试验引起车厢着火，盛怒的列车长打了他几耳光（另一说法是他力图登上一列货运车时，列车员抓住他的两只耳朵帮助他上车），导致了爱迪生终生成为聋人。他一生发明了

电灯、留声机、发报机、电影、蓄电池、电影放映机、复印机等等，一生共有约两千项创造发明，对 19 世纪人类生活的改变做出了巨大贡献，被誉为“发明大王”。他除了在留声机等方面的发明和贡献以外，在矿业、建筑业、化工等领域也有不少著名的创造和真知灼见。爱迪生也是一位伟大的企业家：1879 年，爱迪生创办了“爱迪生电力照明公司”；1880 年，白炽灯上市销售；1890 年，爱迪生已经将其各种业务组建成为爱迪生通用电气公司。1891 年，爱迪生的细灯丝、高真空白炽灯泡获得专利。1892 年，汤姆·休斯顿公司与爱迪生电力照明公司合并成立了通用电气公司，开始了通用电气在电气领域长达一个世纪的统治地位。

爱迪生发明的电灯

图片来源：http://www.sciencemuseum.org.uk/images/1014/10276216.aspx

康斯坦丁·埃杜阿尔多维奇·齐奥尔科夫斯基（俄文：Константин Эдуардович Циолковский，英文：Konstantin Eduardovitch Tsiolkovsky）（1857～1935），前俄罗斯和苏联人，著名航空学家、火箭动力学家、飞机理论创立者、宇航学创始人，被誉为“现代宇航科学之父”。9 岁时因患猩红热几乎完全丧失听力，靠自学一直学完大学物理和数学课程，在中学任教 40 年之久，在极其艰苦的环境中进行研究工作，一生中大部分时间都是在莫斯科南部卡卢加郊外的木屋中度过的。齐奥尔科夫斯基于 1903 年发表了《利用喷气工具研究宇宙空间》一文和以他的名字命名的公式，他推论出在不考虑空气动力和地球引力的理想情况下计算火箭在发动机工作期间获得速度增量的公

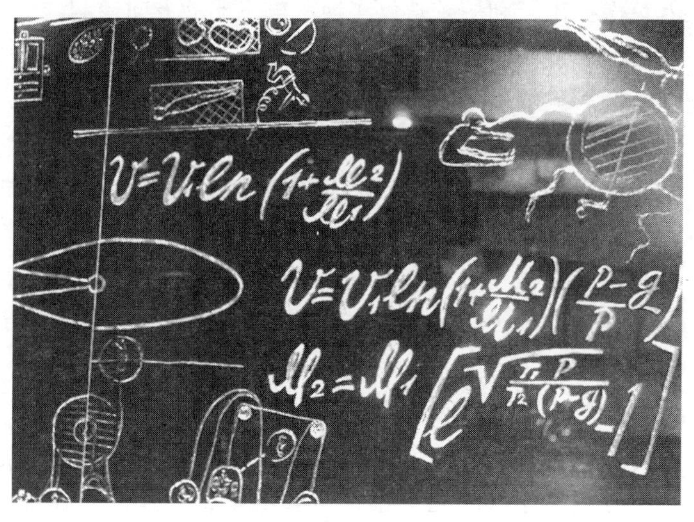

齐奥尔科夫斯基公式手迹

图片来源：http://amuseum.cdstm.cn/AMuseum/space/jkts－1.html#ad

式，即 V = ωLnMo/Mk，奠定了火箭和液体发动机的理论基础。齐奥尔科夫斯基是航天学理论的奠基人。他的著作构成了一个相当完整的航天学理论体系，其中许多研究成果在航天史上属于第一：

①首次明确提出液体火箭是实现星际航行的理想工具。

②首次较全面地研究了各种不同的液体推进剂，并提出液氢液氧是最佳的火箭推进剂。

③首次推出火箭在真空中运动的关系式，并计算出火箭的逃逸速度。

④首次提出了火箭质量比的概念，并阐述了质量比的重要性。

⑤首次画出了完整的宇宙飞船的草图。

⑥首次提出了液体火箭推进剂的泵输送方法。

⑦首次提出了火箭发动机燃烧室的再生冷却方法。

⑧首次提出了利用陀螺仪实现宇宙飞船的方向控制。

⑨首次研究了失重对生物和人的影响，并提出了减轻失重和超重不利影响的措施。

⑩首次开展了失重和超重对小动物影响的试验。

⑪首次提出了利用植物改善舱内环境和提供宇航员食物的措施。

⑫首次提出了多级火箭的设计思想。

⑬首次研究了火箭在大气层中运行时的空气动力加热问题。

⑭首次提出了空间站和太空生物圈设想。

⑮首次提出了利用太阳光压推进宇宙飞船的思路。

⑯首次提出了太空移民思想。

他一生发表了 580 篇科学论文和科学幻想作品。在他的理论和研究基础上，1957 年 10 月 4 日苏联成功地发射了世界上第一颗人造地球卫星，开启了人类航天时代。

查尔斯·朱尔斯·亨利·尼科尔（Charles Jules Henri Nicolle）（1866～1936），法国人，20岁时耳聋。1893年毕业于巴黎大学医学院。1892年进入里昂斯巴斯德研究院从事细菌研究工作，1902～1932年担任法属突尼斯巴斯德研究所所长，在该地开始研究斑疹伤寒的防治，并创办了突尼斯巴斯德研究所档案馆，使该所成为细菌学研究和生产防治传染病血清疫苗的著名中心。回到法国以后，他将通过体虱传播的流行性斑疹伤寒和通过鼠蚤传播的地方性斑疹伤寒区别开来。1928年获诺贝尔生理学和医学奖，表彰他在斑疹伤寒研究方面的贡献。此后他还发现了非洲利什曼原虫病（黑热病）也可以由病犬传播，还发现苍蝇可以传播沙眼。为纪念他的贡献，1932年法国巴黎大学医学院以他的姓名命名并同时授予他名誉教授称号。

海伦·凯勒（Helen Keller）（1880～1968），美国人，女，世界著名伟人，盲、聋、哑三重残疾者。出生19个月就失去视力和听力，后又变哑，8岁时在安妮·沙利文（Anne Sulliven）老师的教导和帮助下学习英文和盲文，10岁进入波士顿柏金斯盲人学校，20岁时进入哈佛大学拉德克利夫学院，1904年毕业。眼睛看不见的她探索出方型笔划书写法，后来写出《我的生活故事》、《走出黑暗》、《石墙之歌》、《我的老师安妮·沙利文·罗西》等十多部著作，文章《假如给我三天光明》成为传诵的名篇。建立了美国盲人基金会，帮助战争中被夺去眼睛的士兵。1946～1952年先后出访亚、非、拉、澳各大洲13个国家，帮助世界各国盲人。她的生活和工作1953年被拍摄成为记

录片《不可征服的人》。1959 年 5 月联合国发起“海伦 · 凯勒运动”，1960 年美国盲人基金会建立“海伦 · 凯勒国际奖金”，1964 年海伦 · 凯勒荣获美国总统颁发的“自由奖”。

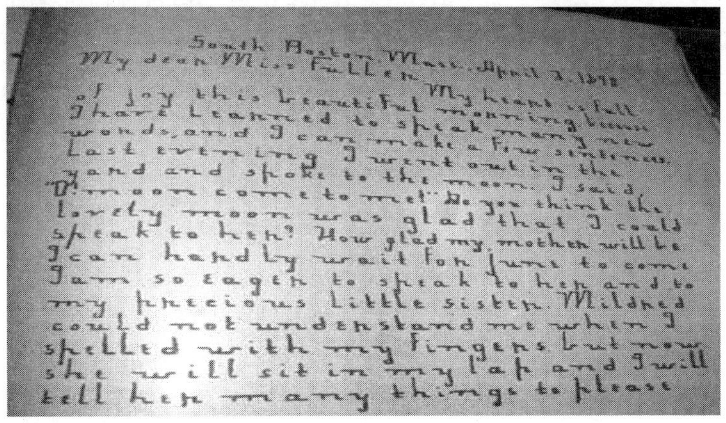

South Boston, Mass. April 3. [illegible]
My dear Miss Fuller
My heart is full of joy this beautiful morning because I have learned to speak many new words, and I can make a few sentences. Last evening I went out in the yard and spoke to the moon. I said, O! moon come to me! Do you think the lovely moon was glad that I could speak to her? How glad my mother will be. I can hardly wait for June to come. I am so eager to speak to her and to my precious little sister. Mildred could not understand me when I spelled with my fingers but now she will sit in my lap and I will tell her many things to please

海伦 · 凯勒手迹

图片来源：http://www.tsbvi.edu/Outreach/seehear/summer06/museum.htm

约翰 · 沃卡普 · 康福思（John Warcup Cornforth）（1917 ~ ），英国人，博士。生于澳大利亚的悉尼。13 岁时由于做实验引起爆炸震聋了两耳，主要以阅读进行学习，婚后完全丧失听力。他 16 岁考入悉尼大学，1937 年取得理学学士学位，1938 年取得理学硕士学位，后获得出国奖学金转赴英国求学，1941 年在牛津大学获哲学博士学位，并留校任教到 1946 年。后转入伦敦国立药物研究所直到 1962 年，1962 ~ 1968 年在壳牌石油公司的米尔斯德化学酶类学研究所任副主任。1971 年任苏塞克斯（University of Sussex）大学教授，1982 年退休。他因采用同位素示踪技术从事酶的催化反应的立体化学研究取得成果，在研究有机分子和酶催化反应的立体化学方面取得优异成果，同瑞士籍南斯拉夫化学家弗拉基米尔·普雷洛格（Vladimir Prelog，1906～1998）共同获得1975年诺贝尔化学奖。

玛丽·玛特琳（Marlee Matlin）（1965～），美国人，女。生于伊利诺伊州。她1987年21岁时在电影《次神的孩子（Children of a lesser god）》中扮演女主角萨拉获得59届"奥斯卡"最佳女主角奖。她是奥斯卡奖历史上最年轻的最佳女主角奖获得者，也是第一位荣膺此奖项的听障人士，同时成为四位初涉银幕就获得奥斯卡小金人的女演员之一。此后，她演出大量的聋人电影和电视片，同时热心参与社会公益事业，曾为聋人争取影视字幕奔走呼吁。著有《聋儿成长记（Deaf Children Crossing）》、《人无完人（Nobody' s Perfect）》、《一代名伶（Leading Ladies）》等。

欧文·金·乔丹（Irving King Jordan）（1943～），博士，美国人。21岁在海军服役时因骑摩托发生车祸失去听力，之后入加劳德特大学并获心理学学士学位，在田纳西大学（University of Tennessee）获心理学硕士学位和哲学博士学位。1973年开始在加劳德特大学任教，1986年任加劳德特大学文理学院院长。1988年当选为加劳德特大学（Gallaudet University）第八任校长，成为世界第一个聋人大学校长。同时兼任国际聋人体育联合会（International Sports Federation for the Deaf）主席。

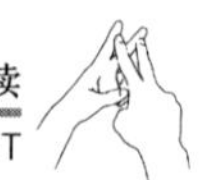

迈克尔·蔡托夫（Michael A. Chatoff），美国人，博士。1967年获女王学院（Queens College）学士学位。在布鲁克林法学院（Brooklyn Law School）学习时因双耳患听神经瘤失聪。1978年在纽约大学法学院（New York University School of Law）获法学硕士学位，后来获法律博士学位和律师证书，成为聋人权益的专业保护者。他起草过联邦司法系统用于聋人特殊交流的《法庭翻译法令》（Court Interpreters Act（P. L. 95－539）），起诉过纽约电话公司和纽约州公众服务部门。特别是他参与了著名的"艾米·罗雷案"，这一案例促成了美国《1975全体残疾儿童受教育法》（Education for All Disabled Children Act of 1975）的出台，因而他当选为"美国杰出人士"，是在美国最高法院（Supreme Court）出庭辩护的第一位聋人律师。

菲利普·威廉·布拉文（Philip William Bravin），美国人。1966年毕业于加劳德特大学，任美国国际商用机器公司（IBM）技术和营销主管，纽约市莱克星敦聋人学校（Lexington School and Center for the Deaf）董事长。1988～1994年成为加劳德特大学（Gallaudet University）第一个聋人董事长后，出任美国国家字幕研究所所长和主席，之后又任聋人通讯服务公司（Communication Service for the Deaf（CSD））技术研究和开发主任。

本杰明·J. 苏卡（Benjamin J. Soukup），博士，美国人。先后在奥古斯塔纳学院（Augustana College）、北科罗拉多大学

商学院（University of Northern Colorado, College of Business）和康奈尔大学（Cornell University）学习。1975 年开始创建聋人通讯服务公司（Communication Service for the Deaf（CSD）），并任执行总裁。CSD 是全美最大的由聋人领导的非营利商业机构，共有 3000 多名员工，在 33 个州设有办事处，与 SPRINT 电话公司合作建立了聋人通讯服务公司。本杰明·J. 苏卡博士曾任美国国家聋人协会主席，三十多年来积极倡导聋人人权，在海内外有广泛的影响，2000 年加劳德特大学授予他荣誉博士学位。

泰伦斯·帕金（Terence Parkin）（1980～），南非人，出生于津巴布维的布拉瓦约，先天耳聋，12 岁开始学习游泳，在格拉汉姆·希尔（Graham Hill）教练的有效指导下，成为非洲 200 米和 400 米蛙泳个人纪录保持者。泰伦斯·帕金听不到发令枪的声音，助听器对他反而有干扰又不能见水，因此他依靠希尔教练创造的照相机闪光灯发令进行训练。2000 年获得世界游泳锦标赛男子 200 米蛙泳铜牌，2000 年以 2 分 12 秒 50 的成绩获得奥林匹克运动会（澳大利亚悉尼）男子 200 米蛙泳银牌，是目前为止世界唯一在奥林匹克运动会上取得奖牌的聋人选手。

T. 艾伦·赫尔威兹（T. Alan Hurwits），博士，美国人。先后获得华盛顿大学（Washington University）电气工程理学学士学位、圣路易斯大学（St. Louis University）电气工程理学硕士学位和罗切斯特大学（University of Rochester）教育学博士学位。

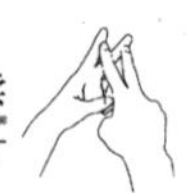

1965 年在麦克唐那·道格拉斯公司工作，之后进入罗切斯特理工学院任聋人工学院教育援助助理主任、教务长、副院长、国家聋人协会主席。2003 年任罗切斯特理工学院（Rochester Institute of Technology）副院长，兼国立聋人工学院（National Technical Institute for the Deaf）院长。

罗伯特·R. 达维拉（Robert R. Davila），博士，美国人。8 岁时耳聋，1953 年获得加劳德特大学学士学位，1963 年在亨特学院（Hunter College）获得硕士学位，1972 年在锡拉丘兹大学（Syracuse University）获得博士学位。曾在小学、中学、加劳德特大学教育系任教。曾任纽约市和华盛顿特区学督、具有 180 年历史的纽约聋人学校首任聋人校长、加劳德特大学教育系主任和预科部副院长、罗切斯特理工学院国立聋人工学院（National Technical Institute for the Deaf，Rochester Institute of Technology）院长、教育部特殊教育和康复服务办公室助理秘书、联邦政府残疾人教育和就业政策首席顾问助理秘书。2007 年 1 月 2 日任加劳德特大学第九任校长。

兰斯·奥尔雷德（Lance Allred）（1981～），美国人，先天耳聋，依靠助听器和读唇交流，身高 2. 11 米。奥尔雷德 14 岁开始打篮球，高中最后一年，他被评为犹他州的最佳高中球员。后来他在犹他大学、韦伯州立大学上学并代表学校队打篮球。在韦伯州立大学，他再次成了明星球员，夺得分区篮

板王第三名。后来，他没有被选入 NBA，不得不去欧洲讨生活。他首先到了土耳其，后来在法国、西班牙打球，之后又回到美国在 NBADL（NBA DEVELOPMENT LEAGUE，NBA 发展联盟）打球。奥尔雷德运动能力并不突出，甚至可以说是有些笨拙，但是他有出色的中距离投篮，而且篮板能力非常出色，在中锋这个位置上，他的传球能力也颇为出色。2008 年的 3 月 12 日，骑士队（Cleveland Cavaliers 克里夫兰骑士队）首发中锋受伤，第一替补被召入了 NBA，第二替补去了土耳其，另一个大个子本·华莱士也因为背部痉挛缺席了多次训练和比赛，而曾经入选 NBADL 全明星队的中锋奥尔雷德成了最合适人选。

45

请记住他们的名字(外国)

佩德·庞塞·德·利昂（Pedro Ponce de León）（1520～1584），西班牙人，原本是一位修士，在马德里圣萨尔瓦多（San Salvador）修道院建立了一所聋童学校，被称为世界上“第一位聋童教师”。他主要教育聋童学习口语，他的学生全是能雇得起私人家庭教师的贵族聋孩子。一些聋童在他的教育下，学会了西班牙文、数学甚至占星术。在教育聋童的过程中佩庞塞也利用手指和手势帮助聋童学习，这些手势可能是后来字母手指语的早期渊源。佩庞塞大胆对聋童进行教育，他的教育成果改变了15世纪前人们认为聋人头脑简单、聋人不可教育也不能被基督挽救的落后观念，开创了聋童教育的先河。

阿贝·查尔斯·米歇尔·德·莱佩（Abbé Charles Michel de L’Épée）（1712～1789），法国人，他50岁时遇见两位孪生聋童姐妹，在和她们的交往中对手势产生了浓厚的兴趣，开始从事聋童个别教育工作。1770年在巴黎创办了世界上第一所聋童学校。莱佩认为手势是聋人的母语，主张在教学中使用手语，在对聋人细致观察的基础上，他编辑整理出了一套法语手势符号，称为“系统手语”（Methodical Sign），成为手语教学法体系的创始人。著有《通过手势法对聋人进行教育》、《真正的聋教学法》等著作。莱佩出色的聋教育思想和成果对后来的聋教育产生了深刻的影响，被誉为“聋人教育之父”。

塞缪尔·海尼克（Samuel Heinicke）（1727～1790），德国人，1755年做私人教师时接受了第一个聋生，并受到荷兰医生阿曼（Amman）写的《说话的聋人》一书的影响。1769年再次以教育聋童为职业，1778年应家乡选民的要求，在莱比锡创办了德国第一所聋人学校（现名“塞缪尔·海尼克聋人学校”）。他认为口语是发展聋人抽象思维的必要基础，书面语应该在口语的基础上获得，手势和手语不是语言，必须以说话、读唇才能完整地交流思想。他坚持用口语教学，形成一套帮助聋人发音的教学方法。他全力推行口语教学，是口语教学体系的创始人。

托马斯·霍普金斯·加劳德特（Thomas Hopkins Gallaudet）（1787～1851），美国人，1805年获耶鲁大学文学学士学位，1810获文学硕士学位。起先他做推销员，后来进入安多弗神学院学习了二年，成为助理牧师。

1814年加劳德特在父母的住所附近见到一位9岁的聋哑女孩爱丽丝，由此产生了从事聋童教育的决心，随即乘船远渡重洋来到了英国伦敦学习聋童教育，不意遭到聋童学校主人布雷德伍德家族的拒绝。后来

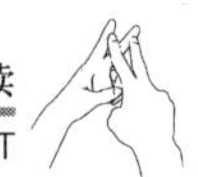

他在伦敦遇见了两位法国聋童学校的聋人教师，于是跟随他们前往法国学习聋童教育，并且进一步说服了聋人老师劳伦特·克勒克（Laurent Clerc）前往美国，1817 年 4 月 15 日在康涅狄格州哈特福德建立了美国第一所被称为美利坚聋人学校（American School for the Deaf）的聋童学校，任校长兼教师。1930 年加劳德特退休，但他依然四处为聋人教育呼吁、奔忙，他编写了许多聋童教育书籍、手语读本和聋童读物，编辑了聋人小报《美国聋哑人年报》。[32]

爱德华·迈因纳·加劳德特（Edward Miner Gallaudet）（1837～1917），美国人，托马斯·霍普金斯·加劳德特的儿子。在杰克逊总统理政时代的邮政总长阿莫斯·肯德尔（Amos Kendall）的帮助下，他们共同说服国会创建聋哑学院。1864 年 4 月 8 日，亚伯拉罕·林肯（Abraham Lincoln）总统签署法令成立了国立聋哑学院（National College for the Deaf and Dumb），任命爱德华·迈因纳·加劳德特为首任院长，使美国成为全世界唯一拥有聋人学院的国家。1910 年，担任了 46 年院长的爱德华·迈因纳·加劳德特退休，他因对聋人教育的杰出贡献获得了特里尼蒂学院和耶鲁大学授予的法学荣誉博士学位、乔治敦大学授予的哲学荣誉博士学位以及法国政府授予的十字勋章等荣誉。

1894 年，国立聋哑学院更名为加劳德特学院（Gallaudet College）。1986 年 8 月 4 日，罗纳德·里根总统签署了美国聋人教育法令，更名加劳德特学院为加劳德特大学（Gallaudet University）。经过一百多年的发展，该大学如今有文、理、商、艺等三十多个学士学科，管理、教育、心理、病理等十多个硕士学科，教育、哲学近十个博士学科；拥有手语文学中心、加劳德特研究所、劳伦特·克拉克国家聋教育中心、环球教育中心、国家聋人信息中心、预科学院、英语培训学院、肯德尔聋童示范小学和聋人模范中学、出版社和世界最丰富的聋人图书馆，成为学科最多、层次最高、规模最大、历史最早的世界著名的聋人大学。[33]

亚历山大·格拉汉姆·贝尔（Alexander Graham Bell）（1847～1922），美国人，著名发明家、科学家、企业家和聋教育家，著名"电话大王"。贝尔的母亲是位聋哑人，他出于继承父志，为了改善聋人交流的愿望，试图用电磁连续振动的曲线使聋哑人看出"话"来，这项研究虽然没有成功，但由此发明了世界上第一台电话机，被誉为"电话之父"，创建了贝尔电话公司和贝尔实验室。

贝尔还制造了助听器，改进了爱迪生发明的留声机，发明了金属探测器。从1875年到1922年间，他从美国政府那里就取得了三十项专利权。为了纪念贝尔的功绩，人们将电学和声学中计量功率或功率密度比值的一种单位命名为"贝尔"。

1871年4月5日，贝尔开始在波士顿聋哑学校供职，1872年在波士顿建立了一所聋教育教师培训学校。1873年，26岁的贝尔任波士顿大学语音学教授，1879年，贝尔退出贝尔电话公司，在苏格兰的格里诺克建立了一所聋人学校。贝尔对聋人手语改进贡献也很大，在聋教育中他提倡口语教学，并将可视语言推广到聋人教育领域，强调发音机理在发音过程中的重要作用，建立了"贝尔聋和重听者协会"，现为"亚历山大·格拉汉姆·贝尔协会"，向全世界的聋人提供如何最有效地对应耳聋的

最新资料。

威廉 C. 斯多基（William C. Stokoe）（1919～2000），美国人，1937 年进入威尔斯学院，1941 年获学士学位，1943 年获硕士学位，1946 年获威尔斯学院博士学位。

威廉 C. 斯多基 1955 年来到加劳德特大学英语系任系主任和教授，1960 年他在布法罗大学出版的期刊《语言学研究》（Studies in Linguistics）上发表了《手语的结构》（Sign Language Structure）论文，第一次对手语语法进行了描述性阐释，1965 年和两位聋人同事合作编撰出版了《基于语言学原则的美国手语词典》（A Dictionary of American Sign Language Studies），1971 年出版了《我们时代的手势》（Sign of Our Times）。1972 年创刊第一份手语研究杂志《手语研究》（Sign Language Studies），任该刊主编一直持续到 1996 年。

威廉 C. 斯多基从语言学、符号学、认知学、生理学和古生物学研究美国手语，创立了手语语言学。四十多年的不懈努力使他对美国手语的研究不断深入、巩固和完善，确立了美国手语在语言学界的合法地位，被广泛认可为适合聋人学习的语言，也是适合广大健听学生在美国高中和大学学习的第二语言（等同于外语）。威廉 C. 斯多基的手语语言学认为，美国手语是一种真正的、自然的语言，具有所应当具有的语言特征和语法体系。手语的手势并不是与英语单词对应的形式，更不是一种依赖于口语的模拟或辅助表达形式。手语是一种视觉语言，它与口语这种听觉语言的差异在于语言形式构建的不同。不仅如此，甚至认为人类视觉语言早于听觉语言出现，手势是人类语言的起源，语言的词汇和句子来自于手势的具体化。

在威廉 C. 斯多基的手语语言学的影响下，人们逐渐摈弃了对“聋”的病理性定义，为聋人赢得了尊严，为聋人找回了自我和希望。威廉 C. 斯多基因此成为公认的“美国手语之父”，他掀起的手语语言学运动影响超越了美国国界而遍及世界。丹麦、瑞典和泰国等国在法律上肯定手语的地位和价值，推广聋人双语（手语和书面语）教育，手语翻译职业化，这些国家的聋人已经赢得重要的受教育和享受人类文明的权利。[34]

卢·范特（Lou Fant）（1931～2001），美国人，是一对聋哑夫妇的健全儿子。1953年获贝勒大学文学学士学位，1955年获哥伦比亚大学教师学院理学硕士学位，1967年获马里兰大学哲学博士学位。他一生做过手语教师、手语翻译、手语顾问、手语教练以及手语演员，先后在纽约市莱克星敦聋人学校、加劳德特大学、加利福尼亚州立大学诺斯里奇分校和西雅图中央社区学院任教。

1967年他与人创办起美国第一家聋人剧团——国立聋人剧院，1978年亲自参与演出和指导了在PBS播出的儿童电视剧《彩虹之端》(Rainbow's End)，此外还有《次神的孩子》（Children of Lesser God）、《通往天堂的路》（Highway to Heaven）、《干杯》（Cheers）等电影和电视短剧。他创作的《洞熊之家》(Clan of Cave Bear)、《即兴》(Off Hand) 等8部手语电影，培养了第一批诸如Diane Keaton, Henry Winkler, Mare Winningham等手语演员，曾获得众多奖项和荣誉。尤其是1985年8月开拍、11月完成的影片《次神的孩子》（Children of Lesser God），21岁的聋人女演员玛丽·玛特琳（Marlee Matlin）因扮演女主角萨拉而获1987年第59届“奥斯卡”最佳女主角奖，卢·范特本

人获美国影视最高荣誉“艾美奖（Emmy Awards）”。他被誉为铺架起聋人与健听人之间两种文化桥梁大基的先驱，开了聋人手语戏剧影视艺术的先河。

他还是美国一家手语翻译考核和发证机构（the Registry of Interpreters for the Deaf）的主要创建人和负责人，一生共出版过5本手语学习书籍及此外的手语研究论文，其中《美国手语短句集》（American Sign Language Phrases Book）以聋人自然手语编撰，被公认为最好的、发行量最大的美国手语会话读本之一。[35]

46

请记住他们的名字（中国）

安妮塔·汤普森·米尔斯（Annetta Thompson Mills）（1853～1929），美国人，女，她的夫姓又译为“梅耐德”、“梅理士”，被尊称为“梅师母”。

1884年8月她来到中国和在烟台的美国传教士查尔斯·罗杰斯·米尔斯（Charles Rogers Mills）（1829～1895）结婚，1887年他们一起在山东省登州（今蓬莱市）创办起中国第一所聋人学校——“启喑学馆”。安妮塔·汤普森·米尔斯以惊人的毅力，克服了丈夫去世、女儿早逝、资金缺乏、办学中断等等极大的困难，1898年获得罗切斯特聋人学校威斯特维利博士的资助，集中了捐款、米尔斯先生的抚恤金以及贷款将学馆迁至烟台购地盖楼重建学校，更名为“启喑学校”，又名“梅尔斯纪念学校”（C. R. Mills Memorial School）。办学之余，她3次返回美国争取捐款和帮助，在上海7次举行集会，影响扩大到了美国、英国、爱尔兰、加拿大、澳大利亚和瑞典，第一次仅仅美国就有22所学校向她捐赠。她第二次经欧洲回美国，仍然努力宣传她在中国的聋人教育事业，做了29次报告，写了40多封信件，受到了人们的欢迎。英国

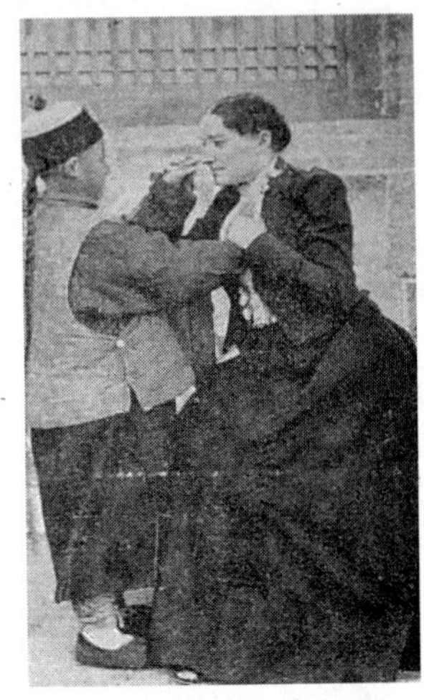
米尔斯夫人和中国聋童
图片来源：罗切斯特理工学院国立聋人工学院档案室

圣·路易博览会颁发给她一枚金质奖章，受到了美国第26届总统罗斯福的接见，海伦·凯勒也很高兴地赞扬了她，“海伦·凯勒基金会”向她的学校捐款700美元。1907年她说服在加劳德特学院任教授的侄女安妮塔·卡特（Annetta E. Carter）作为她的助手来中国帮助她办学，将赖恩手势介绍到中国，并且以“贝尔字母”为依据编写出中国聋哑学校第一套聋童教科书《启哑初阶》（First－step Text for Deafness）6册，共237课。之后，她在天津、北京、上海、汉口等16个大城市举办了50多次会议，宣传聋人教育事业。1909年4月，安妮塔再次回到美国，获得肯尼迪夫人捐赠的10,000美元。1914年，她带病在上海开办了一所聋哑学校分部，1923年因中国军阀战乱返回美国，1929年4月19日在芝加哥去世。[36]

米尔斯夫人十分重视聋教育师资的培养，从1898年到1941年间，她及她去世后的接任校长多次组织师资培训班，先后培训来自杭州、南京、上海、北京、成都、香港、朝鲜平壤等地的教师达44人。这些教师后来大都成为当地聋哑学校的创始人或骨干教师，并在全国和国外创建了11所聋哑学校，推动了聋教育在中国乃至东南亚地区的开展。如：1909年朝鲜的衣先生在启喑学校接受培训后，回到平壤创办了朝鲜第一所聋人学校。1915年，烟台启喑学校派送毕庶沅先生帮助张謇先生开办南通聋哑学校。杜文昌1919年在北京创建聋哑学校。罗蜀芳1933年6月回成都负责成都聋哑学校，1938年创办私立明声聋哑学校。李绿华于1935年9月在香港建立香港真铎启喑学校。

“启喑学馆”对中国聋教育的意义非常深远，起着开先河和示范辐射的作用。不仅如此，米尔斯夫妇还曾将美国的大花生成功地引种到登州，成为山东省直到今日的重要经济农作物，其经济意义不可估量。

烟台启喑学校校貌 图片来源：http://gb.cri.cn

张謇（1853～1926），字季直，号啬庵，生于江苏省南通县农民家庭，16岁考中秀才，1894年考中状元，授六品翰林院修撰。1895年目睹列强入侵，毅然弃官，投身实业救国之路，成为“洋务运动”中我国近代著名的实业家。1911年任清末中央教育会长，江苏议会临时议会长，江苏两淮盐总监。1912年南京中华民国临时政府成立，授实业总长未就职，1913年任北洋政府农工商总长兼全国水利总长，因不满袁世凯复辟帝制而辞职。1917年中华农学会成立，张謇被拥戴为名誉会长。

1895年，张謇在南通筹办中国最早的纺织企业——大生纱厂，其后陆续创办许多重要企业如：通海垦牧公司、同仁泰盐业公司、大达内河轮船公司、天生港、资生铁厂、广生油厂、复新面粉厂、阜生蚕桑染织公司、翰墨林印书局等20多个企业。同时，创设淮海实业银行，形成大生资本集团，成为中国东南沿海实力最雄厚的民族资本集团。

张謇在“实业救国”的同时提倡“教育救国”，“父实业而母教育”，是近代文化教育界在许多领域开创“第一”的人。他1903年创办了我国第一所师范学校；1907年创办了农业学校和女子师范学校；1909年倡建通海五属公立中学（即今南通中学）；1912年创办了医学专门学校和纺织专门学校、河海工程专门学校（今河海大学前身）；此外还陆续兴办了一批小学和中学。后来张謇把师范学校的测绘、蚕桑等学科发展成为十几所职业学校，其中以纺织、农业、医学三校成绩显著，以后各自扩充为专科学校，1924年合并为南通大学。1905年他建立了国内第一所博物馆——南通博物苑。1915年建立了军山气象台。1919年他邀请了著名的导演兼剧作家欧阳予倩，在南通办起一所培养戏剧人才的学校——伶工学社，并且建造了一座剧场，还兴办有图书馆、医院、公园、路工局、贫民工厂、育婴堂、养老院、残废院、栖流所和济良所等中国最早的社会公益事业。

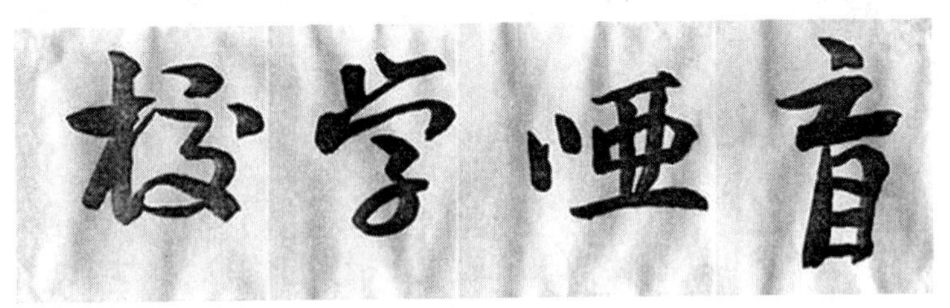

张謇手书“盲哑学校”　图片来源：http：//www. ntjy. net/School

1903 年 6 月 14 日，张謇先到烟台参观了张裕酒厂和烟台启喑学校，后抵达日本又参观了当地盲哑院，深感“彼无用之民犹养且教之使有用乎”（意思是：他们对待没有用处的人仍然供养起来并且给予教育使之变成有用的人啊），决心创办盲聋学校。1907 年，即光绪三十三年，张謇写信给江苏按察使劝说其兴办盲哑学堂，并向社会募捐。1912 年 7 月 6 日至 1916 年 11 月 25 日，历时四年多，在狼山观音岩下建立起盲哑示范传习所和南通狼山盲哑学校并任校长，这是我国第一所由中国人创办的盲哑学校。张謇于 1915 年在学校开办了盲哑师范科，因此他也是中国盲哑师范的开创人。

南通盲哑学校旧景　图片来源：http：//www. ntjy. net/School

张謇对盲哑教育有很多深刻论述。他说：“盲哑学校者，东西各国慈善教育之一端也。入其校者，使人油然生恻隐慈祥之感，而叹教育家之能以人事补天憾者。”（意思是：盲哑学校，是东方和西方各个国家慈善教育之一。当进入这些学校时，使人油然产生同情和慈善的感情，因而赞叹教育家们能够以人的

盲哑师资传习所旧景 图片来源：http：//www. ntjy. net/School

能力弥补先天的缺憾）“盲哑学校者，期以心思手足之有用，弥补目与口之无用，其始待人而教，其归能够不待人而自养，故斯校始在教育之效，而终在收慈善之效。”（意思是：盲哑学校教育，期望以盲人聋哑人有用的头脑思想和手脚，弥补失去作用的眼睛和嘴巴。他们开始等待人们教育，最后能够不等别人帮助自己养活自己，所以这个学校最初为了收到教育的效果，但最终还收到了慈善事业的效果）“盲哑可教以相当之知识，则凡不盲不哑，而无不可教之人，此教育家所宜尽心也。”（意思是：盲人聋哑人可以教会相当不少的知识，那么所有不盲不哑的人，就没有不能教育的人，这正是教育家们需要尽心的地方啊）“盲哑而能受相当之教育以自养，则凡不盲不哑，更不当为待养于人之人。此无论何人所宜发深省也。夫人人能受教育自养，则人人能自治，岂惟慈善教育之表见而已。”（意思是：盲人聋哑人都能够接受相当的教育自己养活自己，那么不盲不哑的人，更不应当成为等待别人养活的人。这是无论什么人都应该深思反省的啊。如果人人都能接受教育自己养活自己，那么人人就可以自己治理自己，盲哑教育怎么能只限于是表面见到的慈善教育呢?）[37]

啞 生 教 授 圖

南通盲哑学校哑生教授图　图片来源：http：//www.ntjy.net/School

陈鹤琴（1892～1982），浙江上虞县人，我国著名幼儿教育家。1914 年清华大学毕业后考取公费留学美国，与陶行知同行。1917 年进哥伦比亚大学师范学院专攻教育和心理学，1919 年获硕士学位。回国后历任南京高等师范学校教授，东南大学教授及教务主任，南京晓庄试验乡村师范学校指导员及第二院（幼稚师范院）院长等职；创办南京鼓楼幼稚园、江西省立实验幼稚师范学校、上海市立幼稚师范学校和国立幼稚师范专科学校。曾发起组织幼稚教育研究会、中华儿童教育社，并主编《幼稚教育》、《儿童教育》、《小学教师》、《活教育》等刊物和《幼稚教育丛书》、《幼稚教育论文集》。建国后，任南京大学师范学院院长、南京师范学院院长、全国政协委员和江苏省政协副主席、江苏省人大常委会副主任、中国文字改革委员会委员、中国人民保卫儿童全国委员会委员等。

陈鹤琴高瞻远瞩，先后撰写了《特殊儿童教育在美国》、《聋儿与口吃》、《哑巴会说话》等文章和专著。1935 年 8 月 1 日在《新闻报》上发表的《对于儿童成年实施后的宏愿》一文，提出希望全国盲、聋、残疾儿童都能够享受到特殊教育，成为社会有用人才并享受到人类应有的幸福。陈鹤琴从致力于中国教育科学化和民主化角度出发，十分关爱特殊儿童。是站在中国儿童教育发展高度将幼稚教育、国民教育和特殊教育并列为儿童教育的第一人，充分认识到发展特殊教育对社会进步的价值，积极呼吁社会关注特殊儿童的教育和发展。

陈鹤琴曾专程赴美国考察并带回大量特殊教育书籍资料、教具和玩具，于 1947 年 3 月开始创办上海特殊儿童辅导院并兼任院长。解放后该学校由上海市人民政府接管，1952 年更名为上海市聋哑儿童学校，后发展成上海市聋哑青年技术学校。1959 年中国盲人聋哑人福利会成立后，陈鹤琴被聘为该会委员。

吴燕生（1900～1958），1920 年在沈阳开办了辽宁聋哑职业学校并任校长，受到张学良将军的资助并曾去日本留学聋教育两年，师从日本聋教育家川本宇之介。1931 年“九一八”事变后学校停办，1934 年再次受到张学良将军的资助创办了北平市立聋哑学校。1937 年“七七事变”后奔赴延安，曾任延安鲁迅小学教导主任、延安保育小学校长，之后长期在东北一些省、市担任教育部门领导职务。1956 年调入北京任中国聋哑人福利会副主任委员兼总干事直到去世。

吴燕生 1935 年著有《聋教育常识》，这是我国第一本聋童教育著作，论述了耳聋和聋教育的渊源，介绍了外国聋教育观点和方法。书中对聋童家长提出了十点忠告，主要有：发现孩子耳聋要及时治疗、治疗效果不好要及早送聋童去学校、要注意保护聋童的视力、聋童课外指导更加重要、加强聋童读唇看口型的能力、破除迷信加强聋童教育等。

朴永馨（1936～），辽宁省沈阳市人，北京师范大学教育学院特殊教育专业教授。1961年7月毕业于前苏联莫斯科国立列宁师范大学特殊教育系，后在北京市第二聋人学校和北京市第四聋人学校从事弱智和聋童教育工作。1979年底调入北京师范大学教育系组建大陆第一个特殊教育教研室并任教研室主任至1995年，首次在高校开设“特殊教育”和“残疾儿童心理学”课程。1988年组建特殊教育研究中心并任主任至1997年。社会兼职主要有：中国残疾人康复协会常务理事、中国教育学会特殊教育专业委员会副理事长和学术委员会主任、中国高等教育学会特殊教育分会理事长等职。主要译、编、著作有：《智力落后学生心理学》、《缺陷儿童心理》、《聋童教育概论》、《特殊教育概论》、《特殊教育学》、《特殊教育辞典》、《中国手语教学辅导》、《学说话》等。享受国家“政府特殊津贴”，获得“全国优秀特殊教育工作者”等称号和“曾宪梓教育基金奖”。

张宁生（1937～），浙江省诸暨县人。1962年从北京大学心理学专业毕业，后在大连市盲哑学校任教。1979年调入辽宁师范大学，任教育系心理教研室主任、特殊教育研究室主任、特殊教育研究中心主任、教授、博士生导师。编、著有：《听力残疾儿童心理与教育》、《残疾人高等教育研究》、《同

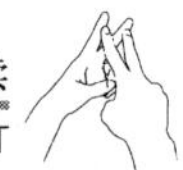

在蓝天下》、《手语翻译概论》等著作。在他的努力下，辽宁师范大学成为我国第一个特殊教育硕士学位授权单位，培养了国内第一批特殊教育专业盲聋本科生，促成聋人学生周婷婷和盲人学生王峥主演电影《不能没有你》的拍摄等。享受国家“政府特殊津贴”，曾荣获“曾宪梓教育基金奖”。2005 年起任中州大学聋人学院设计艺术学院特聘教授，协助中州大学建立了我国第一个手语翻译专业。

王野平（1927 ~），辽宁省昌图县人。历任东北师范大学教师、吉林省委宣传部干部、吉林省教育厅副厅长。1986 ~ 1993 年间任吉林科技大学校长（长春大学前身）、长春大学校长。他在任长春大学校长期间，与吉林艺术学院盲人二胡教授、中国盲人协会主席甘柏林一道，争取到中国残疾人联合会和吉林省人民政府的支持，于 1987 年建立起我国第一所招收盲、聋、肢残三类残疾人的高等学校——长春大学特殊教育部，其中工艺美术专业和中国画专业招收聋人，开辟了我国残疾人高等教育的先河。

甘柏林（1935 ~），湖南省长沙市人，著名盲人二胡演奏家、作曲家，被誉为“活着的阿炳”。中央音乐学院作曲理论进修班毕业，历任中国人民志愿军文工团教员，中国盲人福利会盲人干部训练班教员，吉林艺术学校教员，吉林艺术学院音乐教授。1987 年与长春大学校长王野平一道，建立起我国第一所招收盲、聋、肢残三类残疾人的高等学校——长春大学特殊教育部并亲自为盲人学生授课。中国残联第一、第二、第三届主席团委员，第三届主席团副主席，第一、第二届评议委员会副主任，第一、第二、第三届中国盲人协会主席，第九届全国政协委员，长春大学特殊教育学院名誉院长。

张继钢（1958～），著名编导。12岁开始从事舞蹈演出，17岁开始编导舞蹈作品，1987年免试进入北京舞蹈学院，1990年毕业后在北京舞蹈学院任教。后任中国人民解放军总政治部歌舞团团长，中国文联第六、第七届委员，北京市舞蹈家协会副主席，中国舞蹈家协会编导学术委员会委员，中国人民解放军高级职称评审委员会委员，第三、第四、第五、第六届全国舞蹈比赛评审委员会委员，第二届全国“群星奖”舞蹈比赛评审委员会委员，享受“政府特殊津贴”，国家一级导演。

张继钢有360多部作品，其中大部分作品曾在60多个国家和地区上演，9次获得国际大奖，获国内大奖、金奖、一等奖40多次。主要有：舞剧《野斑马》、《一把酸枣》、舞蹈诗《西出阳关》、音乐剧《白莲》、歌剧《黄河人》、大型音乐舞蹈《一个士兵的日记》、民族音画《八桂大歌》等等。还担任国家和军队重大晚会总导演，作品《伟大的长征》、《我们的队伍向太阳》、《金秋风韵》、《青春的旋律》、《神奇的女人》、《金鼓催春》、《跨世纪的钟声》、《毛泽东颂歌》、《东方神韵》以及1997～2005年春节“双拥”文艺晚会等60多台节目，均获得极大成功和广泛影响。

1994年，张继钢担任远南残疾人运动会开幕式《我们同行》大型团体操总编导。后编导中国残疾人艺术团残疾人文艺演出《我的梦》，其中聋人舞蹈《千手观音》走遍世界，轰动全球，曾在纽约的卡内基音乐厅、华盛顿肯尼迪表演艺术中心、意大利的斯卡拉大剧院、悉尼歌剧院等世界顶级艺术殿堂演出，

2004年9月28日在雅典残疾人奥运会闭幕式上演出，2005年2月9日在中央电视台“春节电视联欢晚会”上演出。2005年张继钢任中国特殊艺术委员会副主席。2008年任北京第29届奥林匹克运动会开幕式副总导演、2008北京残疾人奥运会开幕式执行总导演。在开幕式执导了300多名聋人女演员参与的《星星，你好！》、聋人演员参与的《永不停跳的舞步》舞蹈作品，在闭幕式上执导了聋人舞蹈《千手观音》衬托下的10岁聋女孩汪伊美用手语演出的残奥会圣火熄灭节目。

47

中国聋人文艺体育之星

在历史的星河中，闪烁着许许多多杰出聋人文艺体育之星。这里采撷数位介绍如下：

【舞蹈】

邰丽华（1976 ~），女，湖北省宜昌市人，2 岁时因注射链

邰丽华领舞《千手观音》 图片来源：新华网

霉素导致耳聋。1998 年毕业于湖北美术学院装潢设计专业，曾在武汉市第一聋人学校任教，长期任中国残疾人艺术团舞蹈演员，舞蹈先后获第三届、第四届全国残疾人艺术汇演一等奖，第五届全国残疾人艺术汇演金奖，第二届“奋发文明进步奖”个人文艺奖。主要有独舞《雀之灵》和震动国内外的《千手观音》。曾在纽约卡内基音乐厅、华盛顿肯尼迪表演艺术中心、意大利斯卡拉大剧院、悉尼歌剧院等世界顶级艺术殿堂演出。2004 年 9 月 28 日，邰丽华和中国残疾人艺术团聋人舞蹈演员在雅典残疾人奥运会闭幕式上表演了《千手观音》。2005 年 2 月 9 日在中央电视台“春节电视联欢晚会”上表演《千手观音》，受到了胡锦涛主席的接见。邰丽华 2003 年获“全国自强模范”荣誉称号，2005 年获“全国五一劳动奖章”、中央电视台“2005 年感动中国人物”，2005 年当选为中国残疾人联合会特殊艺术协会副主席，2006 年获“中国青年五四奖章”，2008 年当选为中国人民政治协商会议第十一届委员。现任中国残疾人艺术团团长、艺术总监、国家一级演员。

【文学】

赵鸿伟（1965 ~ ），笔名阿门，浙江省宁海县人。现任浙江省作家协会会员、中国诗歌学会会员、浙江省聋人协会副主席。他自幼双耳失聪，16 岁开始在省刊发表处女诗作，先后在《人民文学》、《上海文学》、《诗刊》、《星星》、《诗歌报》、《诗选刊》、《飞天》、《雨花》、《萌芽》、《三月风》等报刊上发表 500 余首（篇）诗歌作品，获市级以上奖 30 余次，多次选入《中国诗歌精选》、《中国年度诗选》等权威性年度文本，出版个人诗集《民间歌喉》、《门里门外》、《天使与海豚》、《开门见诗》等。他的组诗《中年心迹》荣获“人民文学”2008 年度奖。评委会认为："这位聋人诗人克服了听觉上的障碍，用一颗纯粹的诗心接通世界，凭借优秀的语言感觉和艺术质地，以及对生活深刻的理解。""阿门的《中年心迹》谛听内心的声音，他的诗在身体与精神之间、在疼痛与平和之间保持着复杂的张力，在轻如光线、细如发丝之处，他领会生命的节气和节律。"

赵鸿伟在中国文学馆受奖（右二）　图片来源：宁海新闻网文峰论坛

赵林祥（1964～），陕西省岐山县大营乡巩寺村人，12 岁时因注射链霉素失聪，坚持上完初中，自学高中和大学课程，以顽强的毅力在农村清苦的生活中一边务农一边坚持文学创作，白天他在建筑工地拉砂推土，晚上则伏案工棚床头创作。至今已在全国报刊发表散文、小说 150 多篇，先后 15 次获奖，发表和出版 100 多万字的文学作品。1991 年被中国残疾人联合会授予"全

赵林祥在家中　摄影：陈少毅

国自强模范”荣誉称号，1996 年被陕西省作家协会吸收为会员。

主要有散文《清清香草水》、《浓浓菊乡情》、《春到溪头荠菜花》、《布谷声声》等。华夏出版社出版的《为了生命的美丽》、《放飞希望》、《收获感动》等散文集，连年收录了赵林祥的《我是母亲的幺儿子》、《寻梦之路》、《感悟平等》等精彩篇章。他在陕西省残疾人散文诗歌大赛中荣获二等奖的作品《亮亮·木车·小鸟》，受到中国作家协会副主席、著名作家陈忠实的赞扬：“这篇散文更像一篇精彩的小说，它提供给我们思量的内蕴，丰富宏大而又十分单纯，就是人类关于良知的坚守和背叛。作品写得含蓄、自然，故事类近寓言，却使人领受到真实，语言的简洁干净尤值得称许。”

【美术】

刘自鸣（1927～），女，云南省盐津人。中国美术家协会会员，云南省美术家协会理事，云南省画院著名油画家，国家一级美术师。14 岁时因患脑膜炎致使双耳失聪。1946 年北平国立艺专肄业，1949～1956 年在巴黎大茅舍画院和巴黎高等美术学院学习绘画。1956 年在巴黎美术画廊举办个人画展后回国。

1957 年《静物》在全国青年美展中得到文化部的奖励，1958 年《蓝色调花》参加日本女流画家协会在日本东京举办的国际妇女美展，《瓶花》参加在莫斯科举行的社会主义国家美展，1959 年《菖兰》入选建国 10 周年美展。1960 年《民族文化宫》、《大丽花与草花》入选北京纪念三八国际妇女节 50 周年美展。1980 年《仙人球》入选全国美展。1981 年有 14 件作品参加在北京举办的《云南十人展》，作品《迎春花》、《山果》被中国美术馆收藏。1984 年《竹楼》入选第六届全国美展。《蓝色调花》发表在《中国妇女美术作品选集》；《迎春花》、《大理风景》、《竹楼》、《金柿》发表在《美术》杂志（1980、1981、1983、1985）；《朱砂玉兰》、《集市散后》发表在英文版《中国文学》；《鱼篓》发表在上海《美术丛刊》第 24 期；《枇杷》发表在昆明《民族文化》（1983）。还有作品被收入河北美术出版社 1990 年出版的《当代中国油画》、天津美术出版社出版的《中国现代美术全集·中国油画全集》中。作品《三塔村》、《集市》收入美国纽约阿拉姆斯出版公司出版的《新中国画》（1987）。2000 年云南美术出版社出版了《刘自鸣画集》，著名旅法画家熊秉明为其作序。其油画作品呈现出一种具有中国画和亚热带云南风情互相结合的别致风格，作品情调宁静、简约、和谐、清新、纯净、善良。

《竹楼》（油画）刘自鸣

图片来源 www. copm. net

许英来（1968 ~ ），女，内蒙古赤峰市人。2 岁时因高烧和肺炎导致神经性耳聋。1989 ~ 1990 年在北京徐悲鸿画室学习一年，1992 ~ 1994 年在中央美术学院插班学习油画。自 1993 年始

先后多次举办个人画展，多次参加北京国际艺术博览会。1999 年参加上海首届艺术节《名人名作展》，1997 年《走近母亲》入选北京《走向新世纪——中国青年油画展》。2003 年参加大陆画廊女画家联展。2003 年参加《名家油画风景展》，2004 年参加大陆美术馆女画家联展。2005 年参加《美国百老汇画廊》画展。2005 年在北京创建“英来绘画艺术工作室”。

2000 年 1 月中央电视台《东方时空》栏目以“走近母亲”为题，介绍了她的艺术。2005 年 1 月中央电视台《家庭》栏目，以“母亲的守望”为题为她制作专题片，2004 年 12 月《北京青年报》“人物在线”整版报道了她的艺术历程。2006 年 4 月北京电视一台《神州纪事》栏目以“我和妈妈”为题制作了她的专题片。

许英来的油画作品展现了一位聋人女性的敏感、善良、温婉、细腻、美丽、丰富世界。作品手法松快灵动，信手拈来，毫不刻意。她的“猫和女孩”系列作品充满着童趣、温馨、阳光；“母亲”系列作品有的婉约，有的深刻，蕴含着淡淡的哀愁、寂寞和人世沧桑，感慨时光易老。

《十六个猫》（油画）许英来 图片提供：许英来

高晓笛（1955～），女，成都画院画家，国家一级美术师，中国美术家协会会员，四川省聋人协会主席。2005 年当选为中国残疾人美术家联谊会副会长、2008 年当选为中国人民政治协商会议第十一届委员。作品以工笔花鸟为主，风格温馨、细腻、烂漫、清幽。1987 年《老山月》选入北京中国首届书画展并为中国革命军事博物馆收藏。作品入选第二、三、四、五、六届全国工笔画大展。作品 2002 年 7 月参加了在美国华盛顿举行的“第二届‘聋人行’世界聋人艺术和学术博览会”。多幅作品刊登于《美术》、《中国画》、《中国书画》、《中国当代花鸟作品精选》、《中国当代工笔画精选》、《中国工笔 1990～1997 年》。出版有《笔墨心灵》、《高晓笛工笔画集》、《墨香》等个人作品专集。

《家》（国画）高晓笛 图片来源：新浪博客

于兵（1964～），朝鲜族，吉林艺术学院国家二级美术师，

中国美术家协会会员。1990 年毕业于长春大学特殊教育学院中国画专业，2003 年当选为中国人民政治协商会议第十届委员、中国聋人协会副主席，2008 年当选为中国人民政治协商会议第十一届委员。于兵擅长表现东北长白山冰雪山水，画面层峦叠嶂、缜密深厚，有一种排山倒海、吞吐大荒的雄伟气势。作品多次参加全国美展并获奖和出版，2001 年入选《全国中国画展》。

《雪山深处》（国画） 于兵

图片来源：www.duobaozhai.cn/img/v5.jpg

【工艺美术】

洪泽（1970～），女，黑龙江省齐齐哈尔市人，出生3个月时因注射卡那霉素致聋，1992年毕业于长春大学特殊教育学院工艺美术专业，曾任上海市达捷玻璃艺术品有限公司高级工艺美术师。现自办泽雷艺术品设计有限公司。曾获“上海市十大杰出青年”、“上海市劳动模范”等荣誉称号，1998年被中国残疾人联合会授予“全国自强模范”荣誉称号，2007年获“全国五一劳动奖章”，2008年当选为上海市聋人协会副主席。

洪泽工作照
图片来源：http://www.cndeaf.com

1992年，洪泽在上海市达捷玻璃艺术品有限公司任玻璃器皿雕花设计师，作品多次荣获大奖并销往20多个国家和地区。她大胆创新，把中国国画、书法、木刻、漆画、壁画等艺术融入创作和设计，有的兼以中国传统图案和民间图案如皮影、剪纸、年画等，有花瓶、酒瓶、果盆等数百种，使玻璃器皿雕刻这一来自国外的工艺美术形式具有了鲜明的中国特色和个人风格。1997年，她在人民大会堂把自己刻有邓小平像的作品《97’香港回归》亲手送给江泽民主席。2002年7月参加了在美国华盛顿举行的“第二届‘聋人行’世界聋人艺术和学术博览会”。

曹瑞强（1966～），5岁时因药物中毒失去听力，毕业于上海市聋哑青年技术学校美术专业。曾任上海遗珠阁紫砂艺术制品有限公司工艺美术师、艺术总监兼副厂长。现成立曹瑞强雕刻工作室。他的紫砂陶作品主要是中国特色的佛像和喜面、神仙道释、装饰雕塑、卡通人物等。其作品细腻圆润逼真，耐人

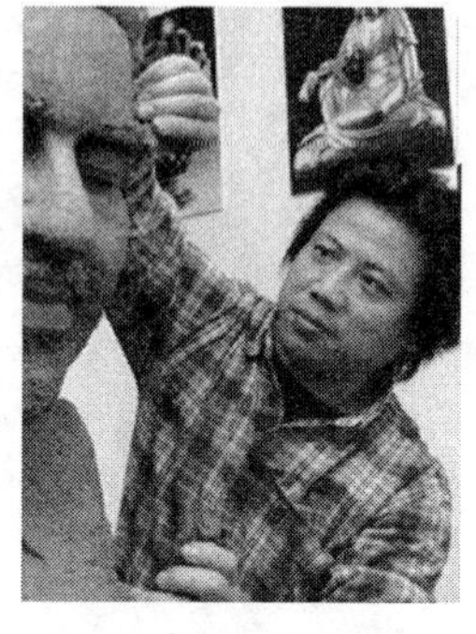

曹瑞强工作照

图片来源：www. crqgallery. com/muster02. htm

琢磨寻味，给人一种愉悦、和气、吉祥的感受。作品“密宗财神”、“黑美人”等入选全国第一届工艺美术名家名作展，其他作品多次在上海艺术博览会展出。近年来他经常赴台湾地区，新加坡、马来西亚、泰国等东南亚地区和南非等地参展。曹瑞强的作品曾发表在《艺术家》、《典藏艺术》、《紫玉金砂》、《中国文物世界》、《壶中天地》等艺术杂志。2002 年 7 月参加了在美国华盛顿举行的“第二届‘聋人行’世界聋人艺术和学术博览会”。

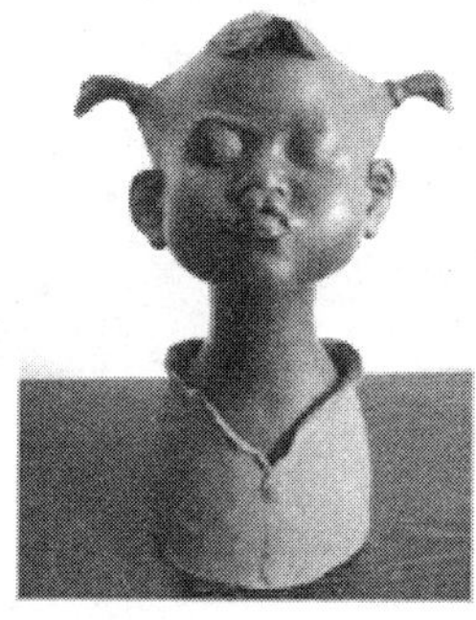

曹瑞强作品

《中国娃》（紫陶）

【书法】

吴郑杞（1963 ~），女，1985 年在浙江美术学院（现中国美术学院）书法篆刻专业深造一年，1991 年毕业于长春大学特殊教育学院工艺美术专业。现为河南省博物馆研究员，中国书法家协会会员，2005 年当选为中国残疾人书法家联谊会副会长，2007 年当选为河南省妇女书画协会理事，多次参加全国书法展览并获奖。其作品 2006 年入编《河南书法年鉴》创刊卷，2007 年入选“第二届中日妇女书法交流展”，在中国美术馆和日本展出；2006《中华书画名人》杂志、2007 年《书法导报》、《青年导报》专题报道；10 多幅作品入编人民美术出版社出版的 2006 年《十艺善缘作品集》和 2007 年《墨香·十艺善缘小品集》；2008 年甲骨文作品进入《河南省代表书画家作品展》赴美国展出。

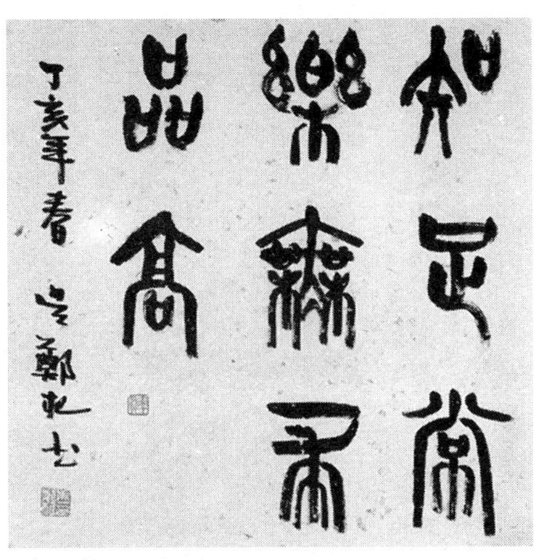

《篆书》吴郑杞　图片提供：吴郑杞

【体育】

赵晓东（1968 ~ ），北京市残疾人联合会残疾人体育训练中心干部。1991 年毕业于长春大学特殊教育学院工艺美术专业。多次参加全国残疾人运动会并获跳远、三级跳远、跳高金牌。1997 年 7 月在丹麦获得第 18 届世界聋人运动会

赵晓东飞跃跳高横杆　图片来源：新华网

跳远金牌，创造了7.03米的纪录。2001年获第19届聋人奥运会跳高、跳远两枚银牌、三级跳远铜牌。2002年在台湾举办的第六届亚太聋人运动会上获跳高、跳远两枚金牌、三级跳远铜牌；2003年被中国残疾人联合会授予“全国自强模范”荣誉称号。

美国盐湖城聋奥会上的张珺

图片提供：张珺

张珺 女，（1980～），一岁半时因高烧注射庆大霉素导致双耳全聋。1999年考入山东师范大学中文系，2003年考入北京体育大学研究生院人文社会学专业，致力于残疾人体育研究，2006年获体育硕士学位。现在山东体育学院体育社会科学系任教。2001年8月在意大利罗马举办的第19届聋人奥运会上以11.92米的成绩打破聋人女子三级跳远世界纪录获得银牌，2002年11月在台湾举办的第六届亚太聋人运动会上打破亚太地区聋人女子跳远纪录并获得跳远金牌，连续四届在全国残疾人运动会上获得跳远、三级跳远金牌。2008年12月在第八届亚太聋人体育联合会会议上当选为执行委员。

史册（1985～），女，黑龙江省伊春市人，先天耳聋，9岁开始练习乒乓球。2008年毕业于哈尔滨工业大学人文学院。2003年第六届全国残疾人运动会聋人组乒乓球比赛获女子单打、双打和团体三枚金牌。在2005年1月澳大利亚墨尔本第20届聋人奥运会上，一举夺得了乒乓球女子单打、女子双打和混合双打三枚金牌以及女子团体的银牌。2005年被国家体育总局授予

“优秀运动员”荣誉称号。2006 年 2 月被国际聋人体育委员会授予“2005 年度最佳女运动员”称号。2008 年 5 月在保加利亚索菲亚举行的第一届世界聋人乒乓球锦标赛上获女子团体、女子单打、混合双打三枚金牌和女子双打银牌。

史册（左）受奖 图片来源：http://www.cpc2008.org.cn

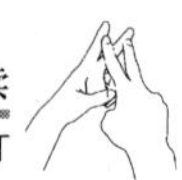

48

什么是国际聋人节？
什么是世界聋人联合会？
什么是中国聋人协会？

国际聋人节

1957 年，世界聋人联合会在罗马召开代表会议，在欧洲各国聋人协会和代表的提议下，讨论通过了将每年 9 月第四个星期天确定为国际聋人节。我国于 1955 年加入世界聋人联合会。1958 年 8 月 12 日，中华人民共和国内务部、教育部、卫生部、文化部、国家体育委员会、全国总工会、共青团中央委员会、全国妇女联合会和全国聋哑人福利会等 9 个单位联合发出通知，要求庆祝这一节日。聋人节期间，各地举办多种形式的活动，如文艺演出，书画展览，各种球类、棋类、田径比赛等，对活跃聋人生活、促进社会理解并支持残疾人事业发挥了很好的作用。

【世界聋人联合会（World Federation of the Deaf)】

世界聋人联合会会徽

世界聋人联合会简称WFD，成立于1951年，是一个与联合国经社理事会、联合国教科文组织、国际劳工组织和世界卫生组织有正式关系的国际性非政府组织，在联合国经社理事会具有特别咨商地位。有来自近100个国家和地区的120个各类会员组织。其宗旨是：“造福于世界各国聋人，捍卫聋人的权利，帮助聋人康复。”主要活动及联系方式：

·制定政策性文件和工作计划，建立并推动会员组织参照实施。

·利用其咨商地位和残疾人事务特别报告专家小组成员的身份或通过其会员组织所在国家政府，推动并参与联合国残疾人领域文件的制定，促进其实施。

·参与联合国在残疾人领域的其他活动，为各国聋人组织提供咨询、信息和专业方面的服务。

·与联合国专门机构和其他非政府组织和残疾人组织协作，促进旨在改善聋人状况的合作项目。

·强调聋人与健全人和其他类别的残疾人的不同，主张聋人与其他人平等参与，并突出手语的作用和地位，力主使手语成为世界法定语言之一。

·与各国聋人组织协调和组织世界聋人大会。世界聋人联合会每四年召开一次“世界聋人大会”。

WFD NEWS（《世界聋人联合会会刊》）（英文）

WFD General Secretariat（世界聋人联合会总秘书处）

PO Box 65（65号邮政信箱）

FIN 00401 Helsinki（赫尔辛基）

FINLAND（芬兰）

Fax：+358 9 580 3572

Email：memberships@ wfdeaf. org

（电子邮件索取或网上下载个人会员申请表填写后邮政回寄或传真给世界聋人联合会总秘书处，每年交纳50美元，学生交纳30美元，即可成为世界聋人联合会个人会员并获得按期邮寄的会刊）

【中国聋人协会（China Association of the Deaf)】

中国聋人协会是根据《中国残疾人联合会章程》规定设立的、由残疾人联合会领导的一个专门协会，聋人协会领导由聋人协会委员会议推选。中国聋人协会是中国残疾人联合会的一个专门协会，各省、市、区（县）聋人协会由当地残疾人联合会主管，在残疾人联合会领导下开展工作，日常工作由残疾人联合会职能部门承担，上级残联聋人协会对下级残联聋人协会负有业务交流指导责任。

中国聋人协会是中国残疾人联合会的专门协会，代表聋人的共同利益，反映聋人的特殊需求，维护聋人的合法权益，推进残疾人事业，为广大聋人服务。协会的宗旨是："代表聋人的共同利益，反映聋人的特殊需求，维护聋人的合法权益，弘扬人道主义，宣传、动员社会，理解、尊重、关心、帮助聋人，发展残疾人事业，促进聋人平等充分参与社会生活，共享社会物质文化成果。"主要任务：

·代表聋人的共同利益，密切联系聋人，反映聋人的意见和需求，沟通聋人与社会之间的联系，全心全意为聋人服务。争取和维护聋人在政治、经济、文化、社会和家庭生活等方面同其他公民平等的权利。

·团结、教育聋人遵守国家法律，履行应尽的义务，发扬乐观进取精神，自尊、自信、自强、自立。

·促进聋人的康复、教育、扶贫、劳动就业、维权、文化体育、社会保障及残疾预防等工作。

·推进信息无障碍建设、中国手语的规范化研究与普及，推动聋人辅助用品用具的研制、开发与推广、应用。对中国手语、影视字幕、聋儿康复等具有聋人特色的工作提供咨询、建议、服务和监督等等。

49

什么是国际聋人体育联合会？
什么是中国聋人体育协会？
聋人奥林匹克运动会有哪些竞赛项目？

【国际聋人体育联合会（International Sports Federation of the Deaf）】

国际聋人体育联合会会徽

国际聋人体育联合会简称 CISS（法语简称），成立于 1924 年 8 月 16 日。其宗旨是："通过体育达到平等，促进聋人体育运动，发扬体育精神及交流竞赛经验。"国际聋人体育联合会目前有 83 个会员国，中国聋人体育协会是其正式会员。

聋人奥林匹克运动会（Deaflympic Games）的前身是世界聋人运动会（Deaf World Games）。

其宗旨是："展现聋人运动员健全的身心健康；提供聋人参加优质的体育竞赛；提供来自全世界的选手四年一次同场竞赛的机会；宣导 CISS 信念至全球，营造友好和善的聋人社会。"

第 1 届世界聋人运动会于 1924 年在法国巴黎举行，有来自欧洲各地的9国145位聋人运动员参赛，1949年第1届冬季聋人运动会在奥地利Seefeld举行，有5国33人参赛。

2001年5月，国际奥林匹克委员会（IOC）有鉴于在CISS主导之下的世界聋人运动会办得极具规模且具有聋人文化的特色，决议更名为聋人奥林匹克运动会（Deaflympic Games），并自当年7月意大利罗马第19届运动会起实施。

国际聋人体育联合会1998年建立了聋人国际篮球联合会（Deaf International Basketball Federation，简称DIBF）并定期举办相应的赛事。此外还有聋人足球、乒乓球等定期国际赛事。

聋人体育比赛所有项目的裁判都通过视觉信号来提示选手，比如在起跑时不用发令枪，而是用旗子来指挥。聋奥会和奥运会、聋奥会和残奥会不能合二为一而单独举行是有原因的。因为聋哑人如不对话，仅从外观上是无法判断其残障的，即使进行发音与听力测试，聋或哑都是可以佯作的，从技术层面上有处理难度。

【中国聋人体育协会（China Sports Association for the Deaf)】

中国聋奥会会徽

中国聋人体育协会于1986年12月10日在北京成立，于1988年4月加入国际聋人体育联合会（CISS）。

中国聋人体育协会是由各省、自治区、直辖市及计划单列市聋人体育组织自愿组成的非营利性群众体育社会团体，接受中国残疾人联合会、国家体育总局、民政部的业务指导和监督管理，是中国残疾人体育组织中的重要组成部分。它的主要

任务和业务范围有：

·认真贯彻执行《中华人民共和国残疾人保障法》、《中华人民共和国体育法》和国家体育工作的方针、政策，动员、组织和指导聋人开展体育活动。

·协同有关部门开展聋校校园体育及福利单位、社区聋人体育活动。

·组织、管理、培训聋人运动员和聋人体育工作者，举办全国综合性和单项聋人体育赛事。

·组织参加或举办国际聋人体育比赛，开展国际交流。

·协同有关部门组织开展聋人体育科学研究。

·对会员单位进行业务指导。

·总结交流经验，表彰先进。

聋人适宜参加与健全人相同的体育活动，开展的竞赛项目分为夏季和冬季。目前，国家级聋人体育比赛被归并在全国残疾人运动会分残疾种类进行。同时中国残疾人联合会和地方残疾人联合会不定期举办如聋人篮球、足球、乒乓球等单项比赛

【聋人奥林匹克运动会竞赛项目】

①第 21 届夏季聋人奥林匹克运动会竞赛项目（2009，中国，台北）：

田径比赛

项次	男子组	项次	女子组
01	100 米	01	100 米
02	200 米	02	200 米
03	400 米	03	400 米
04	800 米	04	800 米

续表

项次	男子组	项次	女子组
05	1500 米	05	1500 米
06	5000 米	06	5000 米
07	10000 米	07	10000 米
08	110 米跨栏	08	100 米跨栏
09	400 米跨栏	09	400 米跨栏
10	跳高	10	跳高
11	跳远	11	跳远
12	三级跳远	12	三级跳远
13	撑杆跳高	13	撑杆跳高
14	铅球	14	铅球
15	铁饼	15	铁饼
16	标枪	16	标枪
17	链球	17	链球
18	十项全能运动	18	七项全能运动
19	马拉松	19	马拉松
20	4×100 米接力	20	4×100 米接力
21	4×400 米接力	21	4×400 米接力
22	3000 米障碍	22	3000 米障碍

其他比赛项目还有：羽毛球、篮球、沙滩排球、保龄球、自行车、足球、手球、柔道、空手道、定向越野、射击、游泳、乒乓球、跆拳道、网球、排球、水球、角力－自由式、角力－希腊罗马式。

②第 16 届冬季聋人奥林匹克运动会竞赛项目（2008，美

国，盐湖城）：高山滑雪、越野滑雪、冰壶、冰球、滑板滑雪、自由式滑雪表演赛。

【中华人民共和国第七届残疾人运动会听力残疾组立项表（2007 年 5 月）】

田径比赛（男子/女子）

男子	女子
100 米	100 米
200 米	200 米
400 米	400 米
800 米	800 米
1500 米	1500 米
5000 米	5000 米
10000 米	10000 米
全程马拉松	半程马拉松
110 米栏	100 米栏
400 米栏	400 米栏
4×100 米接力	4×100 米接力
4×400 米接力	4×400 米接力
跳高	跳高
跳远	跳远
三级跳	三级跳
铅球	铅球
铁饼	铁饼
标枪	标枪
五项全能	五项全能

游泳比赛

自由泳		仰泳	蝶泳	蛙泳	个人混合泳	接力项目	
100 米	400 米	100 米	100 米	100 米	200 米	4×100 米自由泳接力	4×100 米混合泳接力
男，女	男，女	男，女	男，女	男，女	男，女	男，女	

羽毛球乒乓球比赛

羽毛球	男子单打	男子双打	女子单打	女子双打	/
乒乓球	男子单打	男子双打	女子单打	女子双打	混合双打

50

什么是国际残疾人技能竞赛？什么是全国残疾人技能竞赛？

国际残疾人职业技能竞赛

1976 年召开的第 31 届联合国大会通过决议，将 1981 年定为“国际残疾人年”。1979 年第 34 届联合国大会正式通过了关于 1981 年为“国际残疾人年”的决定。为展示残疾人的自强精神和所具有的职业技能，加强各国残疾人之间的交流和友谊，经联合国和国际康复会倡议，确定从 1981 年起，举办国际残疾人职业技能竞赛大会。1981 年，第一届国际残疾人技能竞赛在日本东京举行。主要竞赛项目有：车工、木工、缝纫、木雕、编织、英文打字、广告艺术、修表、修理电视机与收音机等，以一定时间内完成同一工作项目的数量和质量评定名次，并决定今后每 4 年举办 1 次。我国为选拔参加国际竞赛的选手，为推进国内残疾人的职业技能训练，自 1985 年起，开始举办残疾人职业技能比赛。残疾人技能竞赛的英文名称为 Abilympics（技能奥林匹克），来源于英文中 Ability（能力）和 Olympics（奥林匹克）两个单词。由于这一赛事的成功，所以一直被延续下来。

第二届国际残疾人技能竞赛于 1985 年在哥伦比亚举行期间，前国际职业康复协会主席方心让（Harry S. Y. Fang）先生提议建立国际残疾人技能竞赛联合会，以使国际残疾人技能竞赛能够持续举办。在方心让先生的倡导下，一个新的竞赛类目：休闲、生活技能类被增加到竞赛项目中。

【第七届国际残疾人技能竞赛项目（2007）7th International Abilympics（2007）】

职业技能比赛类

（Vocational Skills Contests）

序	项　　目
V1	Artificial Limb Making 假肢安装
V2	Basket Making 藤编
V3	CAD – Architecture 建筑 CAD
V4	CAD – Machinery 机械 CAD
V5	Computer Programming 计算机编程
V6	Creating Web Pages 网页设计
V7	Data Processing – Advanced Course 高级数据处理
V8	Data Processing – Basic Course 基础数据处理
V9	Dental Techniques 镶牙
V10	Dress Making – Advanced Course 高级礼服制作
V11	Dress Making – Basic Course 基础礼服制作
V12	Electronic Assembly and Testing 电子组装和调试
V13	Electronic Circuit Connection Techniques 电子线路连接
V14	English Desktop Publishing 英语桌面印刷

续表

序	项　　目
V15	English Text Processin，英语文本处理
V16	Floral Arrangement 插花
V17	Furniture Making – Advanced Course 高级家具制作
V18	Furniture Making – Basic Course 基础家具制作
V19	Jewelry Making 珠宝制作
V20	Mechanical Assembly 机械组装
V21	PC Assembly 个人电脑组装
V22	Photography 摄影
V23	Poster Design 海报设计
V24	Precision Sheet Metal Work 金属精加工
V25	Tailoring 缝纫
V26	Wood Carving 木雕

休闲和生存技能比赛类

（Leisure and Living Skills Contests）

序	项　目
L1	Embroidery 刺绣
L2	Hand – knitting 手编
L3	Painting 绘画
L4	Pottery 陶艺
L5	Batik 蜡染
L6	Tie and Dye 扎染

全国残疾人技能竞赛

开展残疾人职业技能竞赛，是在市场经济条件下，积极适应以市场为导向的就业机制，强化职业培训，提高残疾人职业技能和综合素质的一项有效措施。对推动残疾人就业工作的开展，提高残疾人就业水平，改善残疾人生活状况，促进社会稳定和经济发展都具有积极的意义。经国务院批准，从 2003 年开始，要逐步实现残疾人职业技能竞赛的制度化、规范化，与国际残疾人技能竞赛接轨，今后每 4 年举办一届。开展残疾人职业技能竞赛的目的是展示残疾人自强不息、顽强拼搏的精神和“能工巧匠”的精湛技艺，激发残疾人学科学、学技术的热情，引导社会进一步关心和支持残疾人就业工作，为残疾人就业创造良好的社会氛围，促进残健融合，使残疾人平等、充分地参与社会生活。

①获得钩针编织、结形花边、CAD 机械、手工编织项目第 1 名的选手，由劳动和社会保障部授予“全国技术能手”称号并颁发证书和奖章；获得其他竞赛项目前 2 名的选手，由劳动和社会保障部授予“全国技术能手”称号并颁发证书和奖章。

②获得各项目（钩针编织、结形花边、CAD 机械、手工编织项目除外）前 5 名的选手，由所属省级职业技能鉴定机构按有关资格条件审定后，晋升高级职业资格；已有高级职业资格的，晋升技师职业资格。

③获得钩针编织、结形花边、CAD 机械、手工编织项目前 5 名的选手，由劳动和社会保障部职业技能鉴定中心按有关资格条件审定后，颁发专项能力证书。

④获得各项目前 8 名的选手，由全国竞赛组委会颁发获奖

证书和奖章。

⑤对未进入前 8 名但表现突出的选手，全国竞赛组委会可给予精神奖励。

第三届全国残疾人职业技能竞赛项目（2007）

序	项　　目	序	项　　目
1	计算机调试工（计算机组装）	17	服装制作工（女服制作）
2	计算机程序设计员（计算机程序）	18	竹藤制品加工工（柳编）
3	计算机网络管理员（网页设计）	19	竹藤制品加工工（竹编）
4	计算机操作员（英文文本处理）	20	手工木工（木雕）
5	制图员（CAD 制图）	21	手工木工（家具制作）
6	制图员（CAD 机械）	22	工艺编织工（钩针编织）
7	计算机操作员（英文排版）	23	工艺编织工（手工编织）
8	工艺染织制作工（蜡染）	24	工艺编织工（结形花边）
9	工艺染织制作工（扎染）	25	手绣制作工（刺绣）
10	广告设计员（海报设计）	26	美发师（美发师）
11	摄影师（封面摄影）	27	保健按摩师（盲人按摩）
12	摄影师（室内摄影）	28	电子仪器仪表装配工（电子装配与测试）
13	贵金属首饰手工制作工(珠宝制作)	29	焊工（电焊）
14	陶艺师（陶艺）	30	插花员（插花）
15	服装裁剪工（服装裁剪）	31	水彩绘画
16	服装制作工（男服制作）	32	西式面点师（蛋糕装饰）

51

什么是中国残疾人联合会特殊艺术委员会？什么是中国残疾人作家、美术家、书法家、摄影家、民间艺术家联谊会？

【中国残疾人联合会特殊艺术委员会】

中国残疾人联合会特殊艺术委员会（简称“中国残联特艺会”）是中国残联设立的残疾人特殊艺术咨询、指导、协调机构；由文化艺术管理部门领导、各艺术门类的专家和从事残疾人特殊艺术工作的人员组成；业务上接受文化部及中国残联的指导。

中国残联特艺会的工作宗旨是：发展特殊艺术，展示残疾人艺术才华和精神风貌；丰富残疾人精神文化生活，不断提高残疾人文化素质及全面参与社会的能力；激励自强精神，倡导助残风尚，培育文明进步的社会环境，促进社会主义两个文明建设。

中国残联特艺会的工作内容和工作方法是：团结从事残疾人特殊艺术的文艺工作者，研究残疾人特殊艺术理论，交流特殊艺术工作经验，繁荣残疾人题材文艺创作，规划指导残疾人文化艺术工作；协调组织残疾人文艺演出，指导、辅

导和支持残疾人艺术团的业务及各地群众性文化艺术活动；开展各类残疾人特殊艺术培训工作，提高残疾人艺术水平；组织残疾人特殊艺术的评选及表彰活动；开展国际残疾人文化艺术交流。

中国残疾人联合会每4年会同有关部委举办1次全国残疾人艺术汇演和全国盲、聋、培智学校学生艺术汇演。同时不定期择时举办不同规模的残疾人书法、美术、摄影、工艺美术品展览，不定期举办残疾人书法家、美术家笔会，出版残疾人文学、书画作品。

【中国残疾人作家联谊会、中国残疾人美术家联谊会、中国残疾人书法家联谊会、中国残疾人摄影家联谊会、中国残疾人民间艺术家联谊会】

这几个联谊会是2005年、2006年全国残疾人作家、美术家、书法家、摄影家、民间艺术家自愿组织的专业性群众团体，是中国残疾人联合会领导下的联系广大残疾人作家、美术家、书法家、摄影家、民间艺术家的桥梁和纽带，是繁荣残疾人文学、美术、书法、摄影、民间艺术家事业，弘扬人道主义思想，加强社会主义精神文明建设的重要力量。中国残疾人作家、美术家、书法家、摄影家、民间艺术家联谊会的宗旨是："团结广大残疾人作家、美术家、书法家、摄影家、民间艺术家，增进残疾人作家、美术家、书法家、摄影家、民间艺术家之间的了解和交流，繁荣残疾人文学、美术、书法、摄影领域的创作，推介和培养残疾人文学、美术、书法、摄影、民间艺术新人，满足全国残疾人日益增长的精神文化需求，推动残疾人艺术事业的发展。"残疾人作家、美术家、书法家、摄影家、民间艺术家联谊会的工作原则是："服务与倡导。"

凡是中国作家、美术家、书法家、摄影家、民间艺术家协会，各省级作家、美术家、书法家、摄影家、民间艺术家协会和地市级作家、美术家、书法家、摄影家、民间艺术家协会的残疾人作家、美术家、书法家、摄影家、民间艺术家，赞成本联谊会章程，积极参加和支持联谊会活动者，经本人申请均可成为本会会员。中国残疾人作家、美术家、书法家、摄影家、民间艺术家联谊会每 4 年召开一次会员大会，审议和批准残疾人作家、美术家、书法家、摄影家、民间艺术家联谊会工作报告；制定和修改残疾人作家、美术家、书法家、摄影家、民间艺术家联谊会章程；讨论并决定残疾人作家、美术家、书法家、摄影家、民间艺术家联谊会的工作方针和政策；推举残疾人作家、美术家、书法家、摄影家、民间艺术家联谊会的会长、副会长、秘书长、副秘书长。

52 中国聋人办学状况

两千五百年前左右，我国最早，也是世界上最早的教育专著《礼记·学记》提到“建国君民，教学为先”（意思是：建设国家，管理公众事务，教育是最优先、最重要的事情）。我国清末民国初著名的实业家张謇也曾提出“父实业而母教育”的主张。聋人同样也知道教育对于聋人有着增长知识、学习技能、锻炼能力、改变命运等等极其重要的作用。为此，聋人为聋人教育前赴后继、无私奉献，作出了重大贡献。

国际背景

1817 年，美国聋教育先驱托马斯·霍普金斯·加劳德特在法国聋童学校聋人教师劳伦特·克勒克的帮助下，在康涅狄格州哈特福德建立起美国第一所聋童学校——美利坚聋人学校。为纪念克勒克老师的贡献，美国加劳德特大学设有劳伦特·克勒克奖章用以授予聋教育杰出贡献人士，加劳德特大学国家聋教育中心被命名为劳伦特·克勒克国家聋教育中心。加劳德特大学更是任用聋人教职员工的典范，全部教职员工中聋人占 1/3 左右，相当多的聋人任各层领导，1988 年聋人欧文·金·乔丹博士任第八任校长，聋人菲利普·布拉文任董事长。美国罗切斯特理工学院国立聋人工学院同样拥有数量相当多的聋人教职员工和领导，2003 年聋人 T. 艾伦·赫尔威兹博士任罗切斯特理工学院副院长兼国立聋人工学院院长。至于美国各地的聋人学校，聋人任教师和校长的情况更是司空见惯，聋人教师的比例在 15% ~25% 之间。

解放前聋人办学状况

我国自 1887 年由美国传教士米尔斯（梅尔斯）创办的第一所聋童学校“启喑学馆”成立之后，至 1949 年 10 月，先后有 39 所聋人学校为聋人所创办，占当时全国聋人学校总数的 70% 以上，对旧中国聋教育的创建和发展做出了重大的贡献。例如聋人龚宝荣 1931 年在杭州市创办起杭州私立聋哑学校并任校长，1937 年抗日战争爆发后，辗转流亡余杭、临安、兰溪、永昌、龙游、淳安继续办学，一直坚持到抗战胜利。聋人孙惠祖 1935 年在杭州创办启智聋哑学校，抗日战争爆发后学校被迫停办。1941 年在上海创办中华聋哑学校，后又到南京创办首都聋哑学校，1946 年停办。1949 年初他又在杭州创办起华东聋哑工艺学校。1937 年上海“八一三”事变后，上海群学会附设聋哑学校毁于炮火，其他聋哑学校纷纷遣散师生，关门停办，聋哑儿童随即失学流落街头。就在这国破家亡的紧要关头，聋人青年何玉麟挺身而出，组织中华聋协在上海的聋人，在法国租界的中华聋人协会所在地开办“中华聋哑协会战时附设聋哑学校”，并逐步在市内增设了两所分校。[38]

解放前聋人创办的聋人学校一览（1931～1949年）

序	创办时间	创办人	创办地点	原学校名称	现学校名称
1	1931年	龚宝荣	杭州	杭州吉祥聋哑学校	后更名为吴山聋哑学校，现杭州市聋哑学校
2	1935年	孙祖惠 余淑芬	杭州	杭州启智聋哑学校	1937年抗战后停办
3	1940年	周天孚 周迺真	杭州	杭州聋哑学校	杭州市聋哑学校
4	1949年	孙祖惠	杭州	杭州华东聋哑工艺学校	杭州市聋哑学校
5	1932年	于孝纯	辽宁大连	金州聋哑学校	1937年“八一三”事变后停办
6	1943年	于孝纯	沈阳	沈阳聋哑学校	校史不详
7	1937年	何玉麟	上海	上海中华聋哑学校	上海市第四聋哑学校
8	1938年	胡文忆 林吉姆	上海	上海哑青学校	上海市第三聋哑学校
9	1941年	李定清	上海	上海光震聋哑学校	上海市第一聋哑学校
10	1938年	中华聋哑协会	杭州	杭州致用聋哑学校	校史不详
11	1939年	中华聋哑协会	浙江嘉兴	嘉兴鸳湖聋哑学校	校史不详
12	1943年	尹克骐 尹克骥	江苏镇江	镇江胜天聋哑学校	镇江市聋哑学校

续表

序	创办时间	创办人	创办地点	原学校名称	现学校名称
13	1938 年	潘志海	吉林辽源	辽北聋哑学校	辽源市聋哑学校
14	1939 年	杨继昌	贵州安顺	贵州安顺聋哑学校	校史不详
15	1940 年	钱天序 陈祖耕	江苏无锡	无锡私立惠喑学校，后更名为无锡县立聋哑学校	无锡市聋哑学校
16	1940 年	刘翔云	太原	太原私立聋哑职业学校	校史不详
17	1940 年	孙慧祖	南京	私立首都聋哑学校	1946 年停办
18	1941 年	王效英	沈阳	沈阳私立聋哑学校	沈阳市铁西区聋哑学校
19	1944 年	戴目 费耀奇	江苏武进（常州）	武进县民众教育馆聋哑教育班，后更名为武进县立聋哑学校	常州市聋哑学校
20	1946 年	戴病龙 吴金龙	上海松江	松江县立怀璎聋哑学校	上海市松江区聋哑学校
21	1946 年	蔡润祥 陈希聪	浙江温州	温州聋哑学校	温州市聋哑学校

续表

序	创办时间	创办人	创办地点	原学校名称	现学校名称
22	1942 年	祖振纲	重庆	“中华聋哑协会”重庆聋哑文化补习班，1946 年更名为重庆私立聋哑学校	重庆市聋哑学校
23	1946 年	麦藻华	广州	广州聋哑学校	后停办
24	1946 年	郝梦麟	河南开封	开封聋哑学校	开封市聋哑学校
25	1946 年	孙民生	沈阳	沈阳中正聋哑学校	校史不详
26	1946 年	王治斌	黑龙江省呼兰县	呼兰县聋哑学校	哈尔滨市呼兰区聋哑学校
27	1947 年	章春坡	江苏鄞县（宁波）	宁波聋哑学校	宁波市聋哑学校
28	1947 年	邹长龄	江苏江都（扬州）	江都聋哑学校	扬州市聋哑学校
29	1947 年	杨时贤 杨智贤	湖北汉口	汉口四智聋哑学校	1956 年合并为武汉市第一聋哑学校
30	1947 年	许廷荣	江苏无锡	无锡惠喑聋哑学校	无锡市聋哑学校
31	1948 年	汪起兴	湖北汉阳	汉阳聋哑学校	校史不详
32	1948 年	周正宁 徐克诚	安徽省芜湖	芜湖聋哑学校	芜湖市聋哑学校
33	1948 年	王祖谦	吉林	吉林聋哑学校	校史不详

续表

序	创办时间	创办人	创办地点	原学校名称	现学校名称
34	1949 年	左义文 朱礼贤	浙江嘉兴	嘉兴聋哑学校	嘉兴市聋哑学校
35	1949 年	孙祖惠	杭州	杭州华东聋哑工艺学校	与吴山聋哑学校合并更名为杭州市聋哑学校
36	1949 年	陈仲良	浙江永康	永康聋哑学校	永康市聋哑学校
37	1949 年	王幽人	浙江金华	金华聋哑学校	校史不详
38	不详	汤俊萍	南昌	南昌私立启喑聋哑学校	南昌市聋哑学校
39	1949 年	陈卓祥 黄振东	香港	香港华侨聋哑学校	校史不详
40	1949 年	李金良 肖学良	西安	西安市菜坑岸小学附属聋哑班	西安市盲哑学校

解放后聋人办学状况

解放后至“文革”前 17 年间，很多解放前的聋人校长和聋人教师继续在聋教育学校发挥着重要作用。例如：原武进县民众教育馆附设私立聋哑教育班聋人创办人戴目 1955 年任上海市聋哑青年技术学校校长。1954 年，原重庆“‘中华聋哑协会’聋哑文化补习班”创办人祖振纲留学美国加劳德特学院社会学系毕业回国，后在上海市聋哑青年技术学校任教，此外还有沈阳市聋哑学校聋人校长于孝纯，贵阳市聋

哑学校聋人校长余淑芬，南昌市聋哑学校聋人校长汤俊萍等共20多位聋人领导。1959年，上海等地聋人来到贫困落后的甘肃省定西、平凉、岷县、张掖等地创办聋校或任教，其中印尼归侨聋人李宏渊到甘肃省临夏回族自治州创办聋哑学校。他们其中有的甚至为当地聋教育事业献出了自己的生命。[39]

解放后聋人任聋人学校校长情况一览（1949～1976年）

序	姓名	原任职学校	后任职学校	时间	职务	地点
1	何玉麟	上海中华聋哑学校	上海市第四聋哑学校	1949年	校长	上海
2	于孝纯	沈阳市聋哑学校	沈阳市大东区聋哑学校	1959年	校长	沈阳
3	李金良	西安市莱坑岸小学附属聋哑班	同左	1949～1953年	校长	西安
4	王治斌	呼兰县聋哑学校	同左	1946－1954年	校长	黑龙江呼兰县
5	余淑芬	杭州启智聋哑学校	贵阳市私立聋哑学校	1950年	校长	贵阳
6	戴目	武进县民众教育馆附设私立聋哑教育班	上海市聋哑青年技术学校	1955年	校长	上海
7	许廷荣	无锡惠喑聋哑学校	无锡市聋哑学校	1949年	校长	无锡

续表

序	姓名	原任职学校	后任职学校	时间	职务	地点
8	宋鹏程	上海中华聋哑学校	无锡市聋哑学校	1949 年	副校长	无锡
9	林骅		温州市聋哑学校	1949 年	校长	浙江温州
10	白秋景	吴山聋哑学校	杭州市聋哑学校		副校长	杭州
11	汤俊萍	南昌私立启喑聋哑学校	南昌市聋哑学校		校长	南昌
12	伍祖荫 张志明 杨再清		九江市聋哑学校	解放初	校长 副校长 副校长	江西九江
13	王振道		绍兴市聋哑学校	1951 年	校长	浙江绍兴
14	赵铮	上海市第二聋哑学校	兰州市盲哑学校	1958 年	副校长	兰州
15	车礼庆 李达	如皋县城镇聋哑业余文化学校	如皋县聋哑学校	1958 年	校长	江苏如皋
16	李宏渊		临夏回族自治州聋哑学校	1959 年	校长	甘肃临夏
17	孙岱年		扬州市聋哑学校		副校长	江苏扬州
18	徐克成		芜湖市聋哑学校		副校长	安徽芜湖
19	姜思农 伍菲		高雄市私立启英聋人学校	1976 年	校长	台湾高雄

改革开放后聋人从教状况

1987年我国第一所高等特殊教育机构——长春大学特殊教育部成立，其中美术专业招收聋人。此后又有天津理工学院，辽宁师范大学、北京联合大学、中州大学等等开办了聋人高等教育。这些高等学府陆续为社会输送了一批新型聋人知识青年，他们中间一部分被吸收到全国各地聋哑学校的师资队伍中。这些聋人教师把满腔热忱投入到聋校教学和建设中，是这些聋哑学校在20世纪90年代期间从八年制甚至是六年制提升到职高或高中过程中的中坚力量。

由于听力和言语残疾的磨砺和坚强不屈的意志，很多聋人教师做出了健全教师也少有的成就。例如：担任了三十多年上海市聋哑青年技术学校校长的聋人戴目，曾任中国残疾人联合会副主席、中国聋人协会主席，为1990年和1994年版《中国手语》及其续集主要编纂者之一。他退休后笔耕不缀，编写了多部聋教育专著。1987年，聋人缪克强和妻子王小桃筹集资金创办起龙港聋哑学校，它是改革开放后全国第一个由聋哑人自筹资金创办的私立聋校。北京市第三聋人学校聋人教师梅芙生，在美术教学中取得了优异的成绩，1994年被北京市教育委员会评为“北京市特级中学教师”。北京市第四聋人学校聋人教师孙联群，是2003年版《中国手语》主要绘图作者，2005年获“北京市劳动模范”荣誉称号。山东省特殊教育中等专业学校聋人教师张莉悉心教学，不断创新，学生作品在中国美术馆展出，2005年获“全国女职工建功立业标兵”荣誉称号。2000年，江西省九江市聋人协会主席何盛华克服了重重困难，罄尽个人财力创办起九江市博爱聋人学校，积劳成疾去世。河南省汝阳县农村聋人刘振兴两度参与创办聋哑学校均因故失败，但他仍然对聋教育一腔热忱，在没有工作、疾病缠身、生活贫困、独身一人的情况下，研究聋教育和聋教育史，其精神感人至深。

改革开放后聋人任聋人学校校长情况一览

序	姓名	原任职学校	后任职学校	时间	职务	地点
1	缪克强		龙港聋哑学校	1987 年	校长	浙江龙港
2	朱湘豫		六盘水市特殊教育学校	1992 ~ 2007 年	副校长	贵州六盘水
3	赵健全	庆阳市西峰区聋哑学校	庆阳市特殊教育学校	2006 年	副校长	甘肃庆阳
4	何盛华		九江市博爱聋人学校	2000 ~ 2007 年	校长	江西九江
5	杨晓华	南京市聋人学校	九江市博爱聋人学校	2007 年	校长	江西九江

20 世纪 90 年代后，一些从普通中学毕业参加全国普通高等学校招生考试进入大学的聋人或重听人，凭借顽强的毅力，进一步考上研究生，他们当中的一部分人毕业后进入大学任教。

21 世纪后进入大学任教的部分聋人

姓名	年代	毕业学校	学位	工作所在学校
肖阳梅	2000	内蒙古师范大学教育科学学院	教育学硕士	北京联合大学特殊教育学院
胡可	2004	清华大学美术学院	文学学士	北京联合大学特殊教育学院

续表

姓名	年代	毕业学校	学位	工作所在学校
任媛媛	2006	辽宁师范大学教育学院特殊教育专业	教育学硕士	南京特殊教育职业师范学院
张珺	2006	北京体育大学研究生院人文社会学专业	体育硕士	山东体育学院体育社会科学系
姚登峰	2007	北京大学信息工程学院计算机专业	工学硕士	北京联合大学特殊教育学院
曲震宇	2007	鲁迅美术学院动漫专业	文学硕士	南京特殊教育职业师范学院
郑璇	2009	复旦大学人文学院中文系语言学与语言应用专业	文学博士	重庆师范大学特殊教育学院

53 中国聋人史略

聋人历史和人类历史一样悠久，人类历史长河中也散落着点点滴滴的聋人事迹，比较完整的聋人历史出现在聋人教育产生之后。

聋人教育

第一阶段：

· 1887 年美国传教士查尔斯 · 罗杰斯 · 米尔斯（Charles Rogers Mills，1829 ~ 1895）和他的妻子安妮塔 · 汤普森 · 米尔斯（Annetta Thompson Mills，1853 ~ 1929）在山东省登州（今蓬莱市）创办起中国第一所聋人学校——“启喑学馆”

· 1914 年浙江杭州之江大学教授周耀先创办“哑童学校”。其子周天孚（聋）在该校任教，是中国第一位聋教师。他毕业于梅耐德夫人的烟台启喑学馆。该校办学 2 年后中断。

· 1915 年实业家张謇（1853 ~ 1926）创办南通狼山盲哑师范传习所。第一期招 9 人，他们 1916 年 12 月毕业，这是中国最早的盲聋师资教育。

· 1916 年 11 月张謇创办南通狼山盲哑学校。这是中国人创

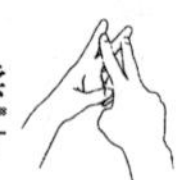

办的第一所盲聋学校，也是第一所中国人自己创办的时间持久的特教学校。哑科课程包括：发音、语言、修身、历史、地理。校址在江苏南通县狼山观音岩下。

·1931年聋人龚宝荣（1910～1973）创办杭州吴山聋哑学校。这是第一所中国聋人创办的聋校。

直到1949年10月全国解放，除了外国传教士、热心聋人教育的健听人士创办聋人学校外，聋人掀起了办学热潮，他们先后创办的聋人学校有40所（部分学校后停办或中断办学），占当时全国聋人学校总数的70%以上，对旧中国聋教育的发展做出了重大的贡献。截止到1949年，中国共有42所盲聋哑学校，在校学生近2400人。

第二阶段：

·1953年教育部盲聋哑教育处成立，洪雪立(聋)任处长。

·1955年祖振刚（聋）在美国加劳德特大学获得社会学学士学位，1956年回国，先后在上海市第一聋哑学校和上海市聋哑青年技术学校任教。

·1956年上海聋哑青年技术学校正式成立，面向全国招生，戴目（聋）任副校长、校长。先后开设的专业有：广告装潢、摄影、家具、工模、车工、钳工、缝纫、师训等科。1982年起学制由3年改为4年。

解放后1949～1966年间，国家对于聋人教育支持力度加大，各地聋人学校和聋人学生数量增长近10倍。1965年全国（港、澳、台除外）有盲聋学校266所，在校学生23000人。20世纪50年代，上海、北京一些聋人响应国家号召前往西部省份帮助创建聋人学校，对当地聋人教育做出了贡献。但是，当时由于国家片面强调学习苏联特殊教育经验，推行口语教学，对聋人教育产生了一定的负面影响，聋人师资也因此减少直至几乎全部退出。1966～1976年“文革”期间，各地聋人学校同样受到了冲击，聋人学校和聋人学生人数、聋人教育师资和聋人教学质量停滞不前。1976年全国（港、澳、台除外）有盲聋学校269所，在校学生29000人。

第三阶段：

·1981年黑龙江肇东师范学校创办四年制特殊教育师资班。

·1982年1月北京师范大学根据教育部指示，在教育系成立了“特殊教育研究室”，是我国第一个特教理论研究基地，后更名为“特殊教育研究中心”。1986年北京师范大学教育系开办特殊教育班，后发展成为特殊教育系。之后有华东师范大学、华中师范大学、陕西师范大学、辽宁师范大学、西南师范大学等院校先后成立特殊教育系，培养学士学位直至硕士学位特殊教育师资。

·1982年建立了我国第一所专门培养特殊教育师资的学校——南京特殊教育师范学校。之后又有辽宁营口、山东昌乐等地成立特殊教育师范学校。2002年6月南京特殊教育师范学校升格为南京特殊教育职业技术学院。

·1987年9月吉林省长春大学成立特教部，后改为特殊教育学院面向全国招收盲、聋和肢体残疾学生。这是我国第一所专门招收盲、聋、肢残学生的特殊教育学院。现设有：艺术设计（本科）、针灸推拿学（本科）、会计学（本科）、美术学（本科）。

·1991年天津大学机电分校办聋人大专班，后并入天津理工大学并成立特殊教育部，1997年更名为天津理工大学聋人工学院。现设有：服装设计与工程、计算机应用（本科）。

·1993年中残联与教育部在南京试办聋人普通高中。

·1995年北京商学院成立聋人装潢艺术大专班，后并入

2000 年成立的北京联合大学特殊教育学院。高等职业教育系设有：艺术设计专业（本科）、装潢广告设计专业（专科）、按摩专业（专科）、办公自动化专业（专科）和园林专业（专科）。

之后，又有中州大学聋人设计艺术学院（2002）、西安美术学院特殊艺术教育学院（2003）等相继成立。至 2008 年底，全国约有 10 多所大学招收聋人。各大中城市聋人学校普遍创办高中和职业中学，为聋人接受高等教育奠定了基础。自 1987 年始至今，全国各地高等聋人院校为社会输送大批的聋人知识青年，其中部分聋人毕业生被吸收到各地聋人学校任职，截止到 2007 年，全国约有 400 多名聋人教师。

·1987 年 8 月缪克强（聋）和妻子王小桃（聋）筹集资金创办起龙港市聋哑学校并任校长，它是改革开放后全国第一个由聋哑人自筹资金创办的私立聋校。1998 年 9 月 14 日，龙港市聋哑学校开始向社会招收弱智学生 26 名，又成为温州地区第一家培养弱智儿童的私立学校。

·2000 何盛华（聋）（1950～2007）倾尽个人积蓄创办了九江博爱聋人学校并任校长。后由杨晓华（聋）任校长。

1978 年改革开放后，全国聋人教育迎来了发展的最好时机，截止到 2007 年，全国有聋人学校 688 所，其中聋人高中 68 所，在校聋人高中学生 4047 人。义务教育普通学校附设特教班 2803 个，在校的盲、聋、智残学生达到 58 万人[40]。

聋教育研究

·1958 年创办全国性的聋教育理论刊物《聋哑教育通讯》，介绍并普及聋校教育理论，交流全国统编教材。

·1982 年 11 月 11 日中国教育学会特殊教育分会在南昌宣

布成立，办公地址设立在北京市第一聋人学校。

·1988年1月辽宁省教育委员会创办《特殊教育》，这是中国首家特殊教育期刊。

·1988年中央教育科学研究所特殊教育研究室成立，留美归国博士陈云英担任研究室主任。

·1992年8月江苏教委主办的《现代特殊教育》创刊。

·1994年4月中央教育科学研究所特殊教育研究室主办《特殊儿童与师资研究》创刊，1996年4月更名为《中国特殊教育》。

·2002年10月中国高等教育研究会特殊高等教育研究会在上海成立。

·2003年5月28日，中国聋儿康复研究中心《中国听力语言康复科学杂志》被科学技术部批准为国家正式刊物，这是我国第一本听力语言康复方面的国家级刊物。

聋教育研究的主要书籍

·1929年中文线装书《梅师母略传》由烟台中华民国启喑学校编印。葛爱德作序，英文书名为：Sketch of the Life of Annetta Thompson Mills, Founder of The Chefoo School for the Deaf, by Anita E. Carter

·1935年吴燕生撰写《聋教育常识》在北京出版。

·1982年［苏］A. И. 季亚奇科夫等编，银春铭译《聋人的教学与教育》，上海教育出版社。

·1985年朴永馨主编《聋童教育概论》，安徽教育出版社，1992年修订。

·1986年季佩玉编著《聋哑学校语文教材教法》，中国盲

文出版社。

·1987 年朴永馨、张宁生、银春铭、魏华忠编著《缺陷儿童心理学》，科学出版社。

·1989 年 Samuel A. Kirk & J. Gallagher 著，汤盛钦和银春铭译《特殊儿童心理与教育》，天津教育出版社。

·1989 年［英］罗杰·弗里曼等著，方廷玉等译《聋童教育指南》，华夏出版社。

·1990 年叶立言著《聋校语言教学》，光明日报出版社。

·1992 年朴永馨主编《特殊教育概论》（中等特殊教育师范学校教学用书），华夏出版社。

·1992 年程益基、赵锡安、雪湘明著《聋教育入门》，华夏出版社。

·1992 年季佩玉、李宏泰编著《聋校语文教学 200 问》，华夏出版社。

·1992 年李慧聆主编《听力残疾儿童随班就读工作手册》，华夏出版社。

·1993 年中国聋儿康复研究中心编著《聋儿家庭康复教材》，华夏出版社。

·1995 年张宁生主编《听觉障碍儿童的心理与教育》，华夏出版社。

·1995 年朴永馨主编《特殊教育学》，福建教育出版社。

·1995 年朴永馨主编《特殊教育辞典》，华夏出版社，2004 年修订。

·1996 年赵锡安编著《聋童系列教育家长必读》，华夏出版社。

·1998 年 2 月［美］海伦·凯勒著，朱原译《我生活的故事》，中国盲文出版社。

·1999 年［日］金日千代子著《从零岁开始的聋儿家庭指导》，华夏出版社。

·1998 年 11 月张福娟、马红英、杜晓新主编《特殊教育史》，华东师范大学出版社。

·2000 年张宁生主编《残疾人高等教育研究》，辽宁人民出版社。

·2000 年季佩玉等编著《聋教育教师培训教材》，中国盲文出版社。

·2000 年 Alison Callway《中国聋童》，［美］Gallaudet University Press。

·2002 年 5 月陈雅蓓著《漂亮女儿——一个失聪儿母亲的成功教育》，文汇出版社。

·2004 年 8 月赵锡安编著《聋人双语双文化教学研究》，华夏出版社。

·2005 年 1 月［美］海伦·凯勒著《假如给我三天光明》，中国盲文出版社。

·2005 年 6 月［丹麦］Wendy Lewis 主编，吴安安、刘润楠译《双语聋教育在丹麦》，华夏出版社。

·2005 年 6 月沈玉林、吴安安、褚朝禹主编《双语聋教育的理论与实践》，华夏出版社。

·2005 年 6 月徐桃坤编《陈鹤琴特殊教育文选及研究》，华夏出版社。

·2005 年 9 月陈军主编《聋人学习语言方法》，中国戏剧出版社。

·2006 年 10 月赵锡安著《听力障碍学生教育教学研究》，华夏出版社。

·2009 年 1 月［美］Sangdy Niemann，Devorah Dreenstein，

Darlena David 著，吴安安编译《聋童早期教育指南》，江苏教育出版社。

中国手语

·1907 年安妮塔·汤普森·米尔斯（Annetta Thompson Mills）编著出版课本《启哑初阶》一套 6 本，包括汉字、释义插图、拉丁字母拼音、贝尔音符、指语图、例词和例句。1925 年再版。

·1918 年聋教育工作者制定“赖恩氏手切（势）”指拼国语注音字母，有 34 个指式，其中 32 个选自赖恩氏手势（J. Lyon）。

·1931 年聋人龚宝荣首创注音符号手切，40 个指式，其所编写的《手切课本》于 1935 年经教育部核准公开发行。

·1959 年 7 月 27 日，内务部、教育部发出《关于施行规范化“聋人手语”的联合通知》，并先后出版四辑《聋哑人手语草图》。

·1960 年中国盲人聋哑人协会制定《关于修订聋哑人通用手势语工作方案》，提出结合使用手指字母修订手语符号的原则：不便使用形象化动作来表达的词，用指语字母；常用词和短语用指语缩写法；手指字母与形象化比画结合的方法。

·1963 年 12 月 29 日中国盲人聋哑人协会报请内务部、教育部、中国文字改革委员会联合公布施行《汉语拼音手指字母方案》。

·1974 年 7 月语言学家周有光和北京第四聋校教师沈家英设计声韵双拼的《汉语手指音节》指式图，是在《汉语手指字母方案》基础上增加 20 个指式，使用时右手打声母、左手打韵母，双手配合同时打出，一次即打成一个完整的汉语音节。

·1979 年 8 月 3～13 日在北京召开第一次全国手语工作会议，来自全国各地的手语翻译、聋校教师约 20 人参加。会议讨论制定了 430 个通用手语新词手势动作。修订《聋哑人通用手语图》原四辑合为两辑，并出版新编的第三辑。

·1982 年 10 月 18～26 日在北京召开第二次全国手语工作会议，来自全国各地的 30 多位手语专家和研究人员、聋校教师、手语翻译等参加，讨论和制定了 640 个聋哑人手语新词手势动作。出版第四辑《聋哑人通用手语图》。

·1987 年 5 月 22～26 日在山东泰安召开第三次全国手语工作会议。国家教委基教司周德茂、国家语文工委史定国等 40 多位代表出席。大会讨论《中国手语》书稿，将《聋哑人通用手语图》更名为《中国手语》，编纂组组长富志伟（聋），副组长戴目（聋）、郭日月，绘图者傅逸亭（聋）、沈祖诒（聋）、谢洪宾（聋）、吴复兴。

·1990 年 5 月《中国手语》由华夏出版社出版，共分 15 大类，收词 3330 条。

·1991 年 10 月 4 日，民政部、国家教委、国家语文工委、中国残联联合发出《关于在全国推广应用〈中国手语〉的通知》（［91］残联宣字第 138 号），要求各地残联在集会和电视节目等公开场合，必须使用《中国手语》；各地聋校在教育、教学中应使用《中国手语》；高等师范院校特教专业、中等特教师范学校应将《中国手语》列入教学内容之一。

·1989 年 5 月 7 日北京电视台开播手语新闻节目，每周 1 次，由聋人学校教师担任手语翻译。

·1993 年 8 月在哈尔滨召开中国手语新增词手势动作审定会议，通过将 2266 个新增词及手势动作作为《中国手语》（续

集）出版。《中国手语》（续集）是《中国手语》的补充，侧重经济和文化教育方面的内容。编纂组组长富志伟（聋），副组长，顾定倩、刘立新，绘图者徐聪（聋）、孙联群（聋）、吴静（聋）。

· 1994 年 8 月《中国手语》（续集）由华夏出版社出版。

· 2001 年 6 月《中国手语》首集、续集开始修订，修订工作由北京师范大学特殊教育研究中心具体负责，修订组组长为顾定倩，主要绘图者为孙联群（聋）。

· 2003 年 4 月《中国手语》修订版由华夏出版社出版，全书共计词目 5587 个。修订版重新编排了分类目录，加注了英文注释和索引，新增了手语《国歌》。

· 2005 年中国残疾人联合会教育就业部、中国聋人协会编，天津理工大学聋人工学院执笔，孙联群（聋）绘图《计算机专业手语》，全书共有 1009 个词目，华夏出版社。

· 2006 年 1 月中国残疾人联合会教育就业部编，徐聪（聋）绘《中国手语日常会话》，华夏出版社。

· 2008 年 1 月第 29 届奥林匹克运动会组织委员会、中国残疾人联合会编、孙联群（聋）绘《北京奥运会和残奥会常用手语》，华夏出版社。

· 2008 年 10 金双编《社会工作常用手语》，北京大学出版社。

· 1989 年 10 月赵锡安编著《手语——聋哑人的语言》，中国矿业大学出版社。

· 1998 年 4 月张茂聪、吴永玲、于生丹、王淑荣编著《中国聋人手语与语言基础》，山东教育出版社。

· 1992 年朴永馨主编《中国手语教学辅导》，华夏出版社。

· 1999 年赵锡安编著《中国手语研究》，华夏出版社。

·2009年1月张宁生主编《手语翻译概论》，郑州大学出版社。

聋人组织

·1937年6月6日中华聋哑协会第一次代表大会在上海召开，这是我国最早由聋人青年自发组织的聋人社团组织。大会推举何玉麟为理事长、孙祖惠、李定清为常务理事，何玉麟、孙祖惠、李定清、孙民生、葛振民为理事。会址在上海法国租界白尔路320号（今顺昌路59号）。

·1953年2月中国聋人福利会在北京成立。中国人民救济总会秘书长伍云甫任主任委员，副主任委员有林士笑、余益庵（重听）、吴燕生、马志远、陈驰（聋），后增补洪雪立（聋）

·1960年5月20日，中国盲人福利会、中国聋哑人福利会合并。中国盲人聋哑人第一次全国代表会议在北京召开。出席会议的代表共359人。会议通过了中国盲人聋哑人协会章程，选举产生了中国盲人聋哑人协会领导机构。主任委员为余益庵，副主任委员有黄乃（盲）、孟静之（盲）、洪雪立（聋）、陈驰（聋）。

·1964年7月第二届全国盲人聋哑人代表会议在北京召开，出席会议的代表有254人。会议选举产生了第二届中国盲人聋哑人协会委员会。主任委员为熊开荆，副主任委员有孟静之（盲）、黄乃（盲）、洪雪立（聋）、陈驰（聋）。

·1980年4月中国盲人聋哑人协会重新成立，召开第三届盲人聋哑人代表大会。会议选举产生了第三届中国盲人聋哑人协会委员会。主席为吴绩，副主席有黄乃（盲）、李石涵（聋）、李正。

·1986 年 12 月 10 日，中国聋人体育协会在北京成立。它是中华全国体育总会领导下的聋人群众性体育组织。聋人体协主席为富志伟（聋），副主席为郭燕生（国家体委）。后加入了国际聋人体育联合会（CISS）。

·1988 年 3 月 16 日中国残疾人联合会第一次全国代表大会在北京召开，会上成立了 5 个专门协会，中国聋人协会成为中国残疾人联合会领导下进行聋人工作的专门协会之一。会议选举产生了中国聋人协会领导人，主席为戴目，副主席为富志伟。

·1993 年 10 月中国残疾人联合会第二次全国代表大会在北京召开，会议选举产生了中国聋人协会领导人，主席为戴目，副主席为富志伟。

·1998 年 10 月中国残疾人联合会第三次全国代表大会在北京召开，会议选举产生了中国聋人协会领导人，主席为戴目，副主席为丁佑、富志伟、额尔敦·陶吐格、杨洋。

·2003 年 9 月中国残疾人联合会第四次全国代表大会在北京召开，会议选举产生了中国聋人协会领导人，名誉主席为丁佑，主席为唐英，副主席为杨洋、于兵、刘再军、陈捷。

·2008 年 11 月中国残疾人联合会第五次全国代表大会在北京召开，会议选举产生了中国聋人协会领导人，主席为刘再军，副主席有杨洋、于兵、陈捷、邱丽君、高晓峰。

聋人书刊

·1937 年 5 ~6 月杭州余淑芬、孙祖惠、余长森和章春坡四人创办聋人自编自校自印的第一期《聋哑青年》期刊。

·1937 年 6 月 6 日中华聋哑协会第一次代表大会在上海召开，创办会刊《喑铎》，报道聋人动态，发表聋人作品，为不定期的刊物，由王逊主编，后由孙祖惠接替，一年后停刊。

·1979 年《中国聋人》创刊。1980 年 2 月出版《中国聋人》创刊号（季刊），闻大敏（聋）担任编委。1982 年改为双月刊，1986 年 1 月更名为《盲聋之音》（月刊），每年 9 月出聋人专刊。

·1989 年 1 月《中国残疾人》杂志社成立，《盲聋之音》杂志更名为《中国残疾人》（月刊），闻大敏（聋）曾任副编审，为聋人设有“无声世界”专栏，9 月刊为聋人专刊。

聋人著作

·1986 年傅逸亭（聋）和梅次开合著《聋人手语概论》，学林出版社。

·1990 年周泓、周婷婷（聋）著《从哑女到神童》，哈尔滨出版社。

·1995 年闻大敏（聋）著、王瑞亭（聋）绘《教你学手语》，河北人民出版社。

·1996 年戴目（聋）编《多国手语拾掇》，上海教育出版社。

·1996 年 6 月李圣元（聋）著《我的地平线》，山东文化音像出版社。

·1999 年戴目（聋）、宋鹏程（聋）编著《梦圆忆当年》，上海教育出版社。

·2000 年宋鹏程（聋）著《聋人世界寻旧踪》（内部发行）。

·2000 年戴目（聋）编著《中国手语浅谈》，上海教育出版社。

·2000 年赵鸿伟（聋）著《民间歌喉》（诗集），人民日报出版社。

·2001 年 7 月李圣之（聋）著《情岛孤海》（长篇小说），济南出版社。

·2003 年 1 月戴目（聋）、闻大敏（聋）合编《百年沧桑话聋人》，上海教育出版社。

·2004 年赵鸿伟（聋）著《门里门外》（诗集），重庆出版社。

·2006 年赵鸿伟（聋）著《天使与海豚》（诗集），中国文联出版公司。

·2006 年 8 月邱丽君（聋）、尹平（聋）等合编《手语你我他》，辽宁人民出版社。

·2007 年赵鸿伟（聋）著《开门见诗》（诗集），宁波出版社。

·2007 年芦苇（聋）、宋永强（聋）主编，唐郁廷（聋）绘《中韩手语》，[美] Aardvark Global Publishing Company 出版。[41]

54 我有一个梦想

让我们记住这一天，1963年8月28日，美国黑人民权领袖马丁·路德·金（Martin Luther King）在华盛顿林肯纪念堂前的集会上，面对20多万人发表了《我有一个梦想》这篇慷慨激昂、声振寰宇的演说。这篇演说是黑人争取人权的檄文，是黑人争取平等的檄文，是黑人争取尊严的檄文。这篇檄文深入人心，成为举世闻名的经典演说，成为英语和语文课本的经典文章，被千千万万人琅琅背诵，也被千千万万人推崇至极，同时也激励着千千万万人向着追求人权、追求平等、追求解放、追求自由的梦想不懈奋进。这篇檄文也成为美国聋人争取自己人权的火种。

25年后，1988年5月，加劳德特大学爆发了"Deaf President Now（聋人现在当校长）"运动，聋人师生高举"我们也有一个梦想"的标语，争得了胜利。从此，美国聋童的"自我评价和期望出现了令人瞩目的转变"，开始有了做国会议员和总统的理想。[41]从此，美国聋人"开始摆脱无知和压迫，开始为身为聋人而自豪"。更多的聋人开始认识到"聋人可以做健听人能做的任何事情"，而不应屈服于他人加以的各种障碍，开始涉足于他们以前不曾做过的工作。1990年7月《美国残疾人法》颁布，明令禁止在就业、政府提供的利益和服务、公共设施和电信交际上歧视残疾人。规定所有地方政府要为残疾人提供特殊服务，针对聋人来说包括配备手语翻译、助听设备、电视字幕、聋人专用电话、录像教材等等。从此，美国关于无障碍电信交际和电视字幕的专门法案也相继问世，聋人得以无障碍地使用电话和电视。1988 年到 1993 年，美国通过的代表聋人利益的法案，比美国建国 200 多年来通过的还要多。[42]

40 多年过去了，马丁·路德·金慷慨激昂、震撼寰宇的声音依然激荡在无数人的耳畔，回响在无数心怀梦想、追求人权的人们的心田。40 多年过去了，在科技高速发展的今天，社会不公、人间不平还依然存在；忽略弱势群体权益的情况还依然持续；平等、尊严、和谐的飒爽秋风还没有吹拂到所有的角落；正义之宫的门外还聚集着大量的人们；聋人群体这头睡狮还沉沉未醒；弱势人群屈辱义愤的酷暑还远远没有过去。

改革开放后，中国迎来了历史上最好的发展时期，国民经济持续增长、国力持续增强，国家对残疾人事业高度重视，在短短的三十几年间，特殊教育、残疾人事业得到了长足的发展。在这样的形势下，聋人应该树起雄心、立下大志、改变现状：我有一个梦想！

“除了听，聋人可以做任何事情！”其实这不仅仅是句冠冕堂皇的口号。聋人头脑灵活、眼睛明亮、四肢健全、健步如飞，有做好任何事情的身体条件；聋人耳根清净、精神专注、执著专一，更有做好任何事情的心理条件。聋人不仅有理由、有条件，而且有能力出类拔萃。因此，聋人应该满怀信念、振臂高呼：我有一个梦想！

未来的社会，应当是一个洒满平等阳光的社会，应当是一个充满和谐的社会，应当是不再有弱势人群的社会，应当是不再有屈辱人士的社会。因此，聋人应该心怀理想、放飞希望：我有一个梦想！

我有一个梦想。

希望有一天，所有的聋人学校教育都能切实符合聋人学生的需要和成长规律，所有的聋童都能接受双语教学，所有的聋人学生都可以和健听学生共同融合、情同手足。

希望有一天，所有聋童家长和聋人亲友积极学习手语、熟练掌握手语，不仅有教育好自己孩子的语言方式，而且成为聋人手语的推广者、倡导者。同时希望这些家长能够组织起来、团结起来，成为帮助聋童、为聋人鼓与呼、为聋人争取权益的有力集体。

希望有一天，所有的大学、所有的专业和所有的学历层次都向聋人开放，聋人学子刻苦学习的身影出现在他们志趣所在的各个领域。唐英、郑璇这样的聋人博士比比皆是，杨军辉、李颖这样的留学海外的聋人博士也不再寥若晨星。

希望有一天，中华大地上矗立起一座世界上最好的聋人大学，这所大学不仅能够给聋人提供从学士到博士的最好高等教育，而且具有聋人从零岁开始直到老年各个方位、各个领域、各个视角的完整研究体系，为聋人成长、学习、生活提供理论支援，为政府改善聋人处境提供依据和策略。

希望有一天，欧文·金·乔丹（Irving King Jordan）、T. 艾伦·赫尔威兹（T. Alan Hurwits）和罗伯特·R. 达维拉（Robert R. Davila）这样杰出的聋人大学校长不仅仅出现在美利坚合众国，而且出现在具有五千年文明史的中华人民共和国。

我有一个梦想。

希望有一天，手语作为与口头语和书面语同样受人重视的语言，出现在社会的各个地方，被人们所欣赏、所利用。熟练手语的健听人数不胜数，手语翻译遍布全社会，为聋人生活开辟便利，给聋人学习、工作、就医、诉讼、旅行、会议、参政、议政提供支援。

希望有一天，聋人都可以自由选择所有适合聋人的工作，而不再有失业之虞和贫困之忧。聋人和健听人一样自立自强，为社会做出贡献。

希望有一天，更多聋人需要的书刊被出版，更多聋人喜闻乐见的文学影视作品被播出，更多适宜聋人的活动被开展，更多优秀的聋人形象和事迹被社会所认识。

希望有一天，全国各级人大、政协都有聋人代表和聋人委员，他们与健听人代表共同为聋人事业献策献计，为聋人权益宣传呼吁，为政府出谋划策。

希望有一天，更多的安妮塔·汤普森·米尔斯（Annetta Thompson Mills）、张謇、王野平、张继钢，更多的爱德华·迈因纳·加劳德特（Edward Miner Gallaudet）、威廉C. 斯多基（William C. Stokoe）、卢·范特（Lou Fant）这样献身聋人事业的健听人士出现，帮助聋人共铸辉煌。

我有一个梦想。

希望有一天，每一所聋人学校都有很多聋人教师孜孜不倦、教书育人。龚宝荣、何玉麟、于孝纯、余淑芬、戴目这样的优秀聋人校长事迹不再是一段尘封的历史故事，而出现

在当今许许多多的聋人学校，他们和健听人领导一起为聋人教育携手奋斗。

希望有一天，聋人驰骋科技领域，有更多的聋人发明大王托马斯·阿尔瓦·爱迪生（Thomas Alva Edison）、更多的聋人宇航科学家康斯坦丁·埃杜阿尔多维奇·齐奥尔科夫斯基（Konstantin Eduardovitch Tsiolkovsky）、更多的聋人诺贝尔奖获得者约翰·沃卡普·康福思（John Warcup Cornforth）。

希望有一天，更多的聋人风云艺坛，更多的聋人舞蹈像《千手观音》那样震撼舞台，更多的聋人作品像《中年心迹》优秀诗集那样获奖，更多的聋人像玛丽·玛特琳（Marlee Matlin）那样拿下奥斯卡大奖。邰丽华、赵鸿伟、许英来、洪泽、赵晓东、张珺这样的聋人文艺体育家越来越多，我国杰出聋人的身姿在中华大地乃至世界各地闪烁。

希望有一天，更多的聋人奔跑在奥林匹克运动场上，更多的泰伦斯·帕金（Terence Parkin）那样的聋人运动员身姿在泳池腾波；更多的兰斯·奥尔雷德（Lance Allred）那样的聋人NBA球员在篮球场穿行。

希望有一天，更多的聋人叱咤商界，刘兆仁、高晓峰这样的聋人企业家的事业和资产如同美国聋人通讯服务公司（Communication Service for the Deaf（CSD））聋人总裁本杰明·J. 苏卡（Benjamin J. Soukup）博士一样令人瞩目，聋人能够给聋人大学捐赠大楼、给聋人团体提供资金、给聋人生活提供支援。

希望有一天，聋人脚下的大地和健听人一样平坦、聋人眼前的道路和健听人一样宽阔；聋人能够攀登的高峰和健听人一样险峻，聋人扬帆的海域和健听人一样浩瀚；聋人头顶上的天空和健听人一样蓝，山川一样绿，河流一样清；聋人的欢笑和健听人一样爽朗、聋人的面容和健听人一样阳光。从长城脚下

到南海之滨，从乌苏里江到帕米尔高原，聋人和健听人不分彼此、欢乐相融。

聋人朋友们团结起来！努力学习、努力工作、不畏艰难、不怕劳苦、创造文化、创造价值、创造辉煌！用自己的行动筑起与社会齐肩的基石，用自己的成就树起聋人的高大形象！

聋人家长们团结起来！关心自己的聋孩子、帮助自己的聋孩子，甘于奉献、甘于付出，为聋人教育鼓与呼，为聋人的权益鼓与呼！

聋人精英们团结起来！脚踏实地为聋人群体做事，不辞辛劳地为聋人群体奉献，为聋人的权益鼓与呼！

关爱聋人的人士们团结起来！博爱仁慈，关注聋人，帮助聋人，鼓舞聋人，为聋人的权益鼓与呼！

附录 1 （APPENDIX 1）

与聋人有关的法规、政策

我国保障残疾人合法权益的法规

我国保障残疾人合法权益的专门法规主要有《残疾人教育条例》、《残疾人就业条例》、《城市道路和建筑物无障碍设计规范》、《残疾人专用品免征进口税收的暂行规定》、《社会福利企业管理暂行办法》、《残疾人就业保障金管理暂行规定》、《关于进一步做好残疾人劳动就业工作的若干意见》、《关于对残疾人员个体开业给予免征营业税照顾的通知》等。

《残疾人教育条例》于 1994 年 8 月 23 日由国务院发布。该条例明确规定了团体、社会、学校、家庭对残疾人有实施教育的义务和责任，是保障残疾人受教育权利，发展各级、各类残疾人教育的重要法规。

《残疾人就业条例》于 2007 年 2 月 25 日由国务院发布。该条例明确规定用人单位安排残疾人就业的比例不得低于本单位在职职工总数的 1.5%；集中使用残疾人的用人单位中从事全日制工作的残疾人职工，应当占本单位在职职工总数的 25%以上。用人单位不得在晋职、晋级、评定职称、报酬、社会保险、生活福利等方面歧视残疾人职工。对残疾人从事个体经营的，应当依法给予税收优惠，并按照规定免于管理类、登记类和证照类的行政事业性收费。国家对自主择业、自主创业的残疾人在一定期限内给予小额信贷等扶持。

《残疾人专用品免征进口税收暂行规定》于 1997 年 1 月 22 日由国务

院批准，对有关残疾人专用品进口免征关税、增值税、消费税作出了规定。

《社会福利企业管理暂行办法》于1990年9月15日由民政部等7部委发布，规定对社会福利企业安置残疾职工达到一定比例的，实行税收减免。

《残疾人就业保障金管理暂行规定》于1995年由财政部发布，对残疾人就业保障金的收缴、管理、使用作出了规定。

《关于进一步做好残疾人劳动就业工作的若干意见》于1999年由劳动保障部等8部委、单位制定，国务院办公厅转发，明确了残疾人劳动就业的工作方针和今后一个时期的主要任务，全面系统地提出了劳动就业工作各个方面的政策和基本要求。

《关于对残疾人员个体开业给予免征营业税照顾的通知》于1984年由财政部、国家税务总局联合发布，规定对残疾人个人从事劳务、修理、服务性业务取得的收入免征营业税；个人从事商业经营，纳税有困难的，可给予定期减免税照顾。

社会保障

社会保障是国家和社会根据立法，对劳动者和社会成员因年老、伤残、疾病而丧失劳动能力或丧失就业机会，或因自然灾害和意外事故等原因面临生活困难时，给予一定的物质帮助和社会服务，从而保证其依法赋予的基本生活权利，维系社会稳定的社会安全制度。社会保障作为一种国家制度或社会政策，一般包括社会保险、社会福利、社会救济、社会优抚和安置及社会服务等几方面的内容。

1. 社会保险

社会保险是以立法形式，由国家、集体、个人共同筹集资金，确保公民在遇到生育、年老、患病、负伤、残疾、失业、死亡等风险时，获得基本生活需要和健康保障的一种社会保障制度。社会保险是整个社会保障制度的核心部分，一般包括社会养老保险、社会医疗保险、社会失（待）业保险、工伤保险、女工生育保险等内容。

2. **社会救济**

社会救济是社会保障体系的重要组成部分，主要是指在公民不能维持最低限度生活水平时，由国家和社会按照法定标准向其提供满足最低生活要求的资金和实物援助的社会保障制度。社会救济主要有：城市居民最低生活保障、农村五保供养和临时救济等主要形式。

3. **城市居民最低生活保障**

城市居民最低生活保障制度是指持有非农业户口的城市居民，凡共同生活的家庭成员人均收入低于当地城市最低生活保障标准，均有从当地人民政府获得基本生活物质帮助的权利的制度。《城市居民最低生活保障条例》第七条第一款规定：申请享受城市居民最低生活保障待遇，由户主向户籍所在地的街道办事处或者镇人民政府提出书面申请，并出具有关证明材料，填写《城市居民最低生活保障待遇审批表》，经所在地的街道办事处或镇人民政府初审后，由县（区）级人民政府民政部门审批。

4. **农村五保供养**

《农村五保供养工作条例》（国务院1994年第141号令）明确规定，农村五保供养是指对村民中无法定扶养义务人，或者虽有法定扶养义务人，但扶养义务人无扶养能力的，无劳动能力的，无生活来源的老年人、残疾人和未成年人，在吃、穿、住、医、葬方面给予生活照顾和物质帮助的一项农村集体福利事业。五保供养分集中供养和分散供养两种形式。五保供养的内容是：

（1）供给粮油和燃料；

（2）供给服装、被褥等用品和零用钱；

（3）提供符合基本条件的住房；

（4）及时治疗疾病，对生活不能自理者有人照料；

（5）妥善办理丧葬事宜。

五保供养对象是未成年人的，要保障其依法接受义务教育。五保供养的实际标准，不应低于当地村民的一般生活水平。

5. **确保下岗残疾职工基本生活的规定**

中国残联、劳动和社会保障部下发的《关于做好下岗残疾职工基本生活保障和再就业工作的通知》中规定：

（1）国家确定进行产业结构调整的企业，对距规定退休年龄5年以内的残疾职工，可采取离岗退养的办法。离岗退养期间由企业发给生活费，所在企业应继续按规定为其足额缴纳社会保险费，待其达到法定退休年龄时再办理退休手续。

（2）对优化资本结构试点城市破产企业自谋职业的残疾职工，按所在城市企业职工上年度平均工资收入的3倍提出安置费并一次性发给本人；符合国发［1994］59号文件和国发［1997］10号文件规定的破产企业中距离退休年限不足5年的残疾职工，由本人申请并经省级劳动和社会保障部门批准，可以提前退休。

6. 确保下岗残疾职工再就业的措施

（1）在实行残疾人按比例就业的地区，凡安排残疾人就业达不到规定比例的单位，在招录人员时，应优先安排下岗残疾职工。

（2）党政机关、事业单位所需的工勤人员，有适合残疾人岗位的，应优先安排残疾职工，并与其签定劳动合同，确保其再就业的合法权益。

（3）对生活特别困难的下岗残疾职工，经企业、街道出具证明，有用工需求的企业，应优先招录其子女就业。

小额信贷

1. 什么是小额信贷？

小额信贷是扶贫开发的一种方式。小额信贷，顾名思义，投入的资金数额较小，资金性质为贷款，实行信用放款。为了确保资金有效使用和返还，在小额信贷的操作中，采取直接到户、小组联保、整贷零还、严格管理等一系列措施。小额信贷的做法是2006年诺贝尔和平奖获得者、孟加拉国经济学家默罕默德·尤努斯教授1976年创办的“乡村银行”的微型金融，在孟加拉国首先推行，故也简称为“孟模”。这种金融模式得到国际组织认可，并向发展中国家推荐，被100多个国家效仿。我国从1992年开始引进这种模式，先后在云南、陕西等10多个省、区进行试点，都取得了比较好的社会效益和经济效益，是国家目前积极倡导和推行的一种扶贫开发方式。

小额信贷与现行的其他扶贫方式相比，覆盖面大、到户率高、经济效益好、扶贫效果显著、返贫率低、还贷率高、资金周转快，非常适合残疾人就地就近参加生产劳动，解决温饱，进而脱贫。而且，化整为零的放贷，有利于化解大额贷款的风险。

2. 小额信贷在我国残疾人扶贫工作中的主要做法有哪些?

我国在推行小额信贷扶持残疾人解决温饱的过程中，结合了中国的实际和残疾人的特殊情况，探索出了适合我国贫困残疾人小额信贷扶持到户的做法。

(1) 资金直接到户，并为借户提供项目指导和生产服务；

(2) 借户不用抵押担保，用干部包扶的机制，约束和监督借户按时归还贷款；

(3) 整贷零还连续放贷，即一次投放，分若干次还清；

(4) 实行双线管理，由政府动员、组织和协调，残疾人服务社承担小额信贷扶贫到户的具体操作和服务。

3. 办理小额信贷贷款应履行哪些基本手续?

(1) 贷款手续。由区或县残疾人服务社与银行签订“康复扶贫贷款借款协议书”和“银行信用借款契约”，办理贷款手续，资金由银行划转到区或县残疾人服务社。

(2) 借款手续。由乡（镇、街道）残疾人服务分社向区或县残疾人服务社签订“康复扶贫贷款借款协议书”和“区或县残疾人服务社康复扶贫贷款借款借据”，办理借款手续，资金由区或县残疾人服务社划转到乡（镇、街道）残疾人服务分社。

(3) 放款手续。由残疾人贫困户和包扶人向乡（镇、街道）残疾人服务分社签订“乡（镇、街道）康复扶贫贷款借款协议书”，填写“乡（镇、街道）康复扶贫小额贷款借款借据”，贷款由服务分社向借户发放。

(4) 还款手续。由借款户和包扶人按借款协议中规定的还款时间和金额向服务分社还款，并填写“康复扶贫资金小额信贷借还款簿”。

4. 残疾人贫困户如何申请小额信贷贷款?

为尽快使残疾人贫困户顺利得到贷款，乡（镇、街道）残联及其服务分社应指导村委会（街道）、包扶人做好小额信贷贷款的申请工作，并帮助残疾人贫困户履行以下申请手续：

（1）携带并出具由区或县残疾人联合会核发的“残疾人证”。

（2）由本人或监护人提出贷款申请，写清个人及家庭情况和所选择的项目。

（3）包扶人提交意见，写清确定的扶持项目、采取的扶持措施及是否愿意担保。

（4）村委会（街道）进行初审，同意后填写《康复扶贫贷款审批表》，报乡（镇、街道）残联及其服务分社审核。

附录2（APPENDIX 2）

与聋人有关的机构、杂志、网址

1. 机构

中国残疾人联合会

地址：北京市西城区西直门南小街186号

邮政编码：100034

电话：010－66580001

E－mail：cdpf@ public. bta. net. cn

网址：http://www. cdpf. org. cn

中国聋人协会

地址：北京市西城区西直门南小街186号

邮政编码：100034

电话：010－66580063

传真：010－66580063

E－mail：cdpfyy@ yahoo. com. cn

中国残疾人作家联谊会、中国残疾人美术家联谊会、中国残疾人书法家联谊会、中国残疾人摄影家联谊会、中国残疾人民间艺术家联谊会

地址：北京市西城区西直门南小街186号
　　　中国残疾人联合会宣传文体部

邮政编码：100034

电话：010－66580262，66580118

传真：010－66580001

中国聋人体育协会

地址：北京市西城区西直门南小街186号

中国残疾人联合会体育部

邮政编码：100034

电话：010－66580286

中国聋儿康复研究中心

中国聋儿康复研究中心是全国聋儿康复技术资源中心，是医学、教学、科研三位一体的国家级事业单位。负责全国相关专业人员的技术培训、聋儿语训、听力测试、助听器验配等。

地址：北京市朝阳区安定门外惠新里甲8号

邮政信箱：北京9822信箱

邮政编码：100029

电话：010－84642996

传真：010－84638361

E－mail：lezx－bgs@ cdpf. org. cn

聋儿康复在线 http：//www. chinadeaf. com

中国残疾人康复协会听力语言康复专业委员会

地址：北京市朝阳区安定门外惠新里甲8号

邮政信箱：北京9822信箱

邮政编码：100029

电话：010－64982988

中国教育学会特殊教育分会

地址：北京市东四九条49号北京市第一聋人学校

邮政编码：100007

电话：010－64012422

中国残疾人福利基金会

中国残疾人福利基金会是经国务院批准于1984年3月15日在北京成立的全国性公募基金会。其宗旨是弘扬人道，奉献爱心，全心全意为残疾人服务。

地址：北京市东城区北池子大街44号

邮政编码：100006

电话：010－65137722转3034，3010

传真：010－65248212

E－mail：jjh@cdpf.org.cn

华夏出版社

华夏出版社隶属于中国残疾人联合会，成立于1986年，是一家综合性出版机构，以专业出版为特色，兼顾大众出版与教育出版，在经济、管理、西方哲学、传播学、社会学、文学、人类学、医学等专业出版门类形成了主题系列、规模优势与品牌优势。

地址：北京市东直门外香河园北里4号

邮政编码：100028

电话：010－64663331，64679811

传真：010－64662584

E－mail：hxph@public.bta.net.cn

http：//www.hxph.com.cn

中国康艺音像出版社

中国康艺音像出版社成立于1988年，是中国残疾人联合会直属的以文化、教育、科学音像制品为主要特色的综合音像、电视制作的国家级出版机构，也是国家指定的版权引进单位，享有独立法人资格，实行自收自支的企业化管理机制，肩负着宣传残疾人事业，弘扬人道主义的重任。

地址：北京市丰台区角门北路10号

邮政编码：100077

电话：010－67563569

传真：010－67535955

E－mail：kangyi3569@ sina. com，kangyi3569@ sohu. com

2. 杂志

《中国残疾人》

《中国残疾人》（Disabled in China）创刊于1989年1月，由中国残疾人联合会主办，是以弘扬人道主义、为残疾人和残疾人事业服务为宗旨的国内外公开发行的综合性月刊，是中国残疾人联合会会刊。主要内容包括透视有关残疾人的社会问题，介绍国家和政府部门的有关法规和政策；记录残疾人事业发展历程，指导基层残联工作；介绍海外残疾人事业和残疾人生活；为残疾人提供康复、教育、就业、生活等方面的信息；维护残疾人的合法权益，并为残疾人文学创作提供园地。

国际标准刊号：ISSN 1003－1081

国内统一刊号：CN 11－2481/D

邮政发行代号：1－121

主管：中国残疾人联合会

主办：《中国残疾人》杂志社

地址：北京市朝阳区安定门外惠新里甲8号

邮政信箱：北京9822信箱

邮政编码：100029

电话：010－84638362

传真：010－84648359

zczz@ 263. net. cn

E－mail：http：//www. chinadp. net. cn

《中国听力语言康复科学》

《中国听力语言康复科学》（Chinese Scientific Journal of Hearing and Speech Rehabilitation）面向各研究机构、临床机构、基层聋儿康复机构中

的听力语言康复科学专业人员及广大聋儿家长，具有指导、交流、信息提供等多项功能。该刊以传播听力语言康复科学的新理念、新技术、新方法为宗旨，使读者及时了解听力语言康复科学领域内的基础理论、临床实践、康复教育及相关学科的最新动态与进展。

国际标准刊号：ISSN 1672－4933

国内统一刊号：CN 11－5138/R

邮政发行代号：82－915

主管：中国残疾人联合会

主办：中国聋儿康复研究中心

地址：北京市朝阳区安定门外惠新里甲 8 号

邮政信箱：北京 9822 信箱

邮编：100029

电话：010－84630488，84639344

传真：010－84639344

E－mail：shjournal@263. net

《中国特殊教育》

《中国特殊教育》（Chinese Journal of Special Education）创办于 1991 年，是全国哲社类核心期刊和全国中文类核心期刊。《中国特殊教育》以特殊需要人群为服务对象，主要反映我国特殊儿童心理与教育研究、教学领域的最新成果与进展，力求全面反映特殊儿童心理与教育研究各个领域的最新动态。

国际标准刊号：ISSN 1007－3728

国内统一刊号：CN 11－3826/G4

邮政发行代号：82－187

主管：中华人民共和国教育部

主办：中央教育科学研究所

地址：北京市北三环中路 46 号中央教育科学研究所心理与特殊教育研究部

邮政编码：100088

电话：010－62003358

传真：010－62389395

E－mail：zgtsjy@ yahoo. com. cn

《现代特殊教育》

国际标准刊号：ISSN 1004－8014

国内统一刊号：CN 32－1344/G4

主管：江苏省教育厅

主办：江苏教育报刊社

地址：江苏省南京市草场门石头城9号

邮政编码：210013

电话：025－83715962

E－mail：xdtjjs@ sina. com. cn

3. 网址

国内机构网址

机　构	网　址
中国残疾人联合会	http://www. cdpf. org. cn
中国聋人协会	http://www. cdpf. org. cn/zmxh/longren/index. htm
中国残疾人福利基金会	http://www. cwfh. org. cn
中国人民大学残疾人权益保障法律研究与服务中心	http://www. rucdpls. com
中国人民大学残疾人事业发展研究院	http://cdi. ruc. edu. cn
聋儿康复在线	http://www. chinadeaf. com
聋儿教育在线	http://www. chinayoungnet. com

续表

机　构	网　址
聋人教育	http://deafedu. com
《中国残疾人》杂志	http://www. chinadp. net. cn
华夏出版社	http://www. hxph. com. cn
中国特殊教育在线	http://www. cosn. net
中国特殊教育网	http://www. spe - edu. net
中国特殊教育科研网	http://soe. bnu. edu. cn/tj
教育在线/特教论坛	http://bbs. eduol. cn/list_29_1. html
中国残疾人就业信息网	http://www. cdpj. cn
全国残疾人职业技能竞赛	http://temp07. cdpj. cn/jnds/index. htm
中国残疾人艺术团	http://www. cdppat. org. cn
中国残疾人体育	http://www. cpc2008. org. cn
中国残疾人网	http://www. cncjr. com/main/index. asp
长春大学特殊教育学院	http://cdtjxy. ccu. edu. cn
天津理工大学聋人工学院	http://www. tjut. edu. cn:8080/lgweb/longren/index. htm
北京联合大学特殊教育学院	http://www. bjuusec. org
中州大学聋人设计艺术学院	http://www. zhzhu. edu. cn
聋儿网	http://www. deafchild. cn
中国聋儿	http://www. my33er. com
聋人之星	http://www. deafstar. net
聋人在线	http://www. cndeaf. com
海聋网	http://www. 33deaf. com
聋友网	http://www. longyou. net
听障家园	http://www. cnhoh. comAlice

续表

机　构	网　址
小胡视点	http://blog. sina. com. cn/alicespace
中国聋人百科网	http://www. chinalrbk. com/manage/index. html
中华残疾人服务网	http://www. 2000888. com
中国残疾人红娘网	http://www. biyiai. com
中国残疾人才招聘网	http://www. jobcdp. com
《残疾人(听力)高等教育入学单考单招考试说明(试行稿)》	http://bbs. spe - edu. net/dispbbs. asp?boardid = 1&Id = 11122
《中华人民共和国残疾人保障法》	http://www. cdpf. org. cn/zcfg/content/2007 - 11/29/content_50523. htm
《残疾人就业条例》	http://www. cdpf. org. cn/zcfg/content/2007 - 06/12/content - 50524. htm
《残疾人教育条例》	http://www. cdpf. org. cn/zcfg/content/2001 - 11/06/content - 50522. htm
我国宪法和法律中有关保障残疾人合法权益的规定	http://www. cdpf. org. cn/zcfg/content/2001 - 11/06/content_50521. htm

国际机构网址

机　构	网　址
世界聋人联合会	http://www. wfdeaf. org
国际聋人体育联合会	http://www. deaflympics. com
世界聋人青年联合会	http://www. wfdys. org
聋人世界网	http://www. deafworldweb. org
世界手语翻译者协会	http://www. wasli. org
聋人国际篮球联合会	http://www. dibf. org

续表

机　构	网　址
加劳德特大学	http://www.gallaudet.edu
罗切斯特理工学院聋人工学院	http://www.ntid.rit.edu
美国聋人协会	http://www.nad.org
欧盟聋人	http://www.eudnet.org/index.htm
国际重听人联合会	http://www.ifhoh.org
高等聋教育国际	http://www.pen.ntid.rit.edu
History Through Deaf Eyes（聋人眼中的历史）	http://depts.gallaudet.edu/deafeyes/exhibit/index.htm
联合国/《残疾人权利公约》（中文）	http://www.un.org/chinese/disabilities/convention/convention.htm

附录 3(APPENDIX 3)

全国省级残疾人联合会地址

全国省级残联联系方式

序	名称	邮编	地址	电话	网址
1	北京市残疾人联合会	100054	北京市丰台区右安门外玉林里 62 号	010 - 63295863（兼传真）	http://www.bdpf.org.cn
2	天津市残疾人联合会	300381	天津市南开区卫津南路 66 号	022 - 23917340 022 - 23927763（传真）	http://www.tjdpf.org.cn
3	河北省残疾人联合会	050081	石家庄市中山西路 815 号	0311 - 3609936 0311 - 3632441（传真）	http://www.hebcl.gov.cn
4	山西省残疾人联合会	030001	太原市新建南路文源巷 18 号	0351 - 4048328 0351 - 4047327（传真）	http://www.sxdpf.org.cn

续表

序	名称	邮编	地址	电话	网址
5	内蒙古自治区残疾人联合会	010051	呼和浩特市呼伦北路	0471－65204710（兼传真）	http://www.nmgcl.org.cn
6	辽宁省残疾人联合会	110032	沈阳市皇姑区陵东街121巷11号	024－86932718 024－86932710（传真）	http://www.lncl.org.cn
7	吉林省残疾人联合会	130061	长春市文化胡同2号	0431－8905831（兼传真）	http://www.jldpf.org.cn
8	黑龙江省残疾人联合会	150008	哈尔滨市南岗区黄河路128号	0451－82291727（兼传真）	http://www.hljcl.gov.cn
9	上海市残疾人联合会	200002	上海市浦东新区临沂北路265号	021－58701484 021－38890002（传真）	http://www.shdisabled.gov.cn
10	江苏省残疾人联合会	210004	南京市白下区建邺路仓巷120号	025－52336346 025－52336239（传真）	http://www.jscl.gov.cn

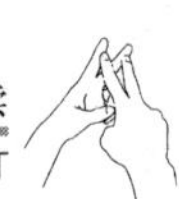

续表

序	名称	邮编	地址	电话	网址
11	浙江省残疾人联合会	310005	杭州市莫干山路沈塘桥弄14号新立大厦4楼	0571－88846652 0571－88846997（传真）	http://www.zjdpf.org.cn
12	安徽省残疾人联合会	230041	合肥市沿河路128号	0551－5521941 0551－5521671	http://www.ahdpf.org.cn
13	福建省残疾人联合会	350001	福州市东大路73号1号楼2层	0591－87668507 0591－87668506（传真）	http://www.1203.org
14	江西省残疾人联合会	330008	南昌市东湖区李家路3号	0791－6706005 0791－6706294（传真）	http://www.jxdpf.org
15	山东省残疾人联合会	250012	济南市铜元局前街48号	0531－6158918 0531－6158913（传真）	http://www.sdcl.org.cn
16	河南省残疾人联合会	450003	郑州市政一街3号	0371－659007620 371－65956388（传真）	http://www.henancjr.org.cn
17	湖北省残疾人联合会	430070	武汉市武昌区付加坡一路25号	027－87819219 027－87276781（传真）	http://www.hbdpf.org.cn

续表

序	名称	邮编	地址	电话	网址
18	湖南省残疾人联合会	410001	长沙市火星开发区纬二路2号	0731－4714604 0731－4714609（传真）	http://www.hndpf.org.cn
19	广东省残疾人联合会	510180	广州市米市路58号大院办公室2楼	020－83379178 020－83373812	http://www.gddpf.org.cn
20	广西壮族自治区残疾人联合会	530023	南宁市建政路49号	0771－5643127 0771－5627493（传真）	http://www.gxdpf.org.cn
21	海南省残疾人联合会	570203	海口市海府路24号海汽大厦8－9层	0898－65343078 0898－65343796（传真）	http://www.hidpf.org.cn
22	重庆市残疾人联合会	400015	重庆市渝中区人和街74号9楼	023－63651188 023－63651309（传真）	http://www.cqdpf.org.cn
23	四川省残疾人联合会	610081	成都市星辉东路6号	028－83326696 028－83322183（传真）	http://www.scdpf.org.cn

续表

序	名称	邮编	地址	电话	网址
24	贵州省残疾人联合会	550004	贵州省贵阳市新添大道南段195号	0851-6749021 0851-6770124（传真）	http://www.gzsdpf.org.cn
25	云南省残疾人联合会	650024	昆明市白云路志强路口	0871-5733755 0871-5725864（传真）	http://www.cl.yn.gov.cn
26	西藏自治区残疾人联合会	850000	拉萨市扎基中路1号	0891-6336061 0891-6386261（传真）	
27	陕西省残疾人联合会	710001	西安市新城区省政府大院内	029-87292511 029-87290015（传真）	http://www.shxidpf.org.cn
28	甘肃省残疾人联合会	730000	兰州市民主西路168号	0931-8416384 0931-8821994（传真）	http://www.gsdpf.org.cn
29	青海省残疾人联合会	810000	西宁市西关大街28号	0971-6127767（兼传真）	http://www.qhcl.org
30	宁夏回族自治区残疾人联合会	750002	银川市正源北街新昌东路336号	0951-5046995 0951-5064504（传真）	

续表

序	名称	邮编	地址	电话	网址
31	新疆维吾尔自治区残疾人联合会	830000	乌鲁木齐市克拉玛依西路7号	0991－4810310 0991－4844089（传真）	
32	新疆生产建设兵团残疾人联合会	830002	乌鲁木齐市光明路15号	0991－2890519 0991－2312094（传真）	
33	黑龙江农垦总局残疾人联合会	150036	哈尔滨市红旗大街175号	0451－55198932（兼传真）	http://nkcl.chinabdh.com

注：各省级以下地方市、县、区残疾人联合会，省级及省级以下聋儿康复中心、聋人协会、聋人学校可通过当地省残疾人联合会取得联系。

注释 （NOTES）

[1]赶出哑巴鬼. 马太福音. 第 9 章,新约全书. 南京:中国基督教协会. 1989:10

医治耳聋舌结的人. 马可福音. 第 7 章,新约全书. 南京:中国基督教协会. 1989:47

[2]Wilson, A. (2005). Studying the effectiveness of international development assistance from American organizations to deaf communities. American Annals of the Deaf, 150, 292 – 304.

杨军辉. 不同视角看聋人、聋师与手语,陈军主编. 聋人学习语言方法——聋人教师谈怎样学习语言. 北京:中国戏剧出版社,2005,9:74

[3]张锦. 聋人题材电影中的文化意义. 中国特殊教育网. http://www. spe – edu. net/Html/longwenhua/6619. htm

[4]裴铏. 昆仑奴. 张友鹤选注. 唐宋传奇选. 北京:人民文学出版社,1997,5:206 – 207

[5]苏轼. 怪石供,孔凡礼点校. 苏轼文集(五). 北京:中华书局,1986:1986 – 1987

[6] Stokoe. W (2001). Language in Hand: Why Sign Come before Speech. Washington, DC: Gallaudet University

[7]朴永馨主编. 特殊教育辞典. 第二版. 北京:华夏出版社,2006,8:224

[8]杨军辉编译. 美国手语之父——威廉 C. 斯多基. 厦门特教,2003,1:46

国华. 威廉 C. 斯多基和他的手语语言学研究评介. 2006. 2:35 – 40

[9]戴目,宋鹏程. 梦圆忆当年. 上海:上海教育出版社,1999,12:216 – 219

[10]戴目,宋鹏程. 梦圆忆当年. 上海:上海教育出版社,1999,12:186 – 189

[11]周婷婷. 聋人如何适应主流社会. 残疾人高等教育研究. 张宁生主编. 沈阳:辽宁人民出版社,2002,12:289 - 306

[12][美]J. F. Andrews, I. W. Leigh, M. T. Weiner. 陈小娟,邓敏华译. 失聪者心理、教育及社会转变中的观点. 台北:心理出版社,2007,11:90

[13]劳伦特·克勒克国家聋教育中心. 共同阅读计划. 加劳德特大学

[14]梁章钜. 退庵论文,王水照主编. 历代文话(五). 上海:复旦大学出版社,2008,1:5164

[15]http://cdtjxy. ccu. edu. cn

[16]http://www. tjut. edu. cn:8080/lgweb/longren/index. htm

[17]http://www. bjuusec. org

[18]http://www. zhzhu. edu. cn

[19] http://www. cdpf. org. cn/zcfg/content/2007 - 11/29/content _ 50523_3. htm

[20] http://www. cdpf. org. cn/zcfg/content/2001 - 11/06/content _ 50522_2. htm

[21]http://www. moe. gov. cn/edoas/website18/26/info1426. htm

[22]教育部高校学生司[教学司(2002)30 号]. 关于听力残疾考生参加普通高校和硕士研究生入学考试免外语听力测试的通知

[23]http://www. gallaudet. edu

[24]http://www. ntid. rit. edu

[25]郭建模主编. 残疾人工作基本知识读本. 北京:华夏出版社,2002,1:141 - 144

[26]赵锡安.《〈聋人双语双文化教育比较研究〉课题研究报告》. http://www. bytx. net/bbs/Archiver. asp? ThreadID = 2127

[27][美]佐治·伯里曼著. 张健生译. 画手百图. 北京:人民美术出版社,1979:1 - 7

[28]陈少毅,兰继军. 手语研究与聋人康复和聋校教学. 中国特殊教育,2003. 5:32 - 33

[29]郭力家编著. 感觉画廊. 北京:中国文联出版公司,1997,6:202 - 212

[30][意大利]达·芬奇著. 戴勉编译. 芬奇论绘画. 北京:人民美术出版社,

1979:11

[31] Dorothy Miles. Language For The Eye. Believe. Deafway II 2002. Opening Celebration. July 8, 2002

[32]陈少毅. 父亲、儿子和一所聋人大学. 现代特殊教育,2003,3:46 – 48

[33]陈少毅. 父亲、儿子和一所聋人大学. 现代特殊教育,2003,3:46 – 48

[34]杨军辉编译. 美国手语之父——威廉 C. 斯多基. 厦门特教,2003,1:46
国华. 威廉 C. 斯多基和他的手语语言学研究评介. 2006,2:35 – 40

[35]陈少毅. 他是一片飘动的云. 现代特殊教育,2002,9:46 – 47

[36]戴目,宋鹏程. 梦圆忆当年. 上海:上海教育出版社,1999,12:151 – 155

[37] http://www. ntjy. net/School/ntlyxx/slzt/index. html 南通市聋哑学校史料展厅

[38]刘振兴. 聋人对我国早期聋教育的贡献. 中国残疾人,2002,12:50
戴目,宋鹏程. 梦圆忆当年. 上海:上海教育出版社,1999,12:

[39]刘振兴. 中国西部的聋人教育. 中国残疾人,2002,5:50

[40]杨军辉. 中国聋人教育大事记.
http://www. eduol. cn/web – ia/bbs/dispbbs. asp?

[41][美]托马斯·德洛克雷. 加劳德特大学的校长. 交流. 1989,4:54

[42]加劳德特大学聋人校长运动. 聋人在线.
http://www. cndeaf. com/html/shihuashishuo/20071019/96. html

主要参考文献(REFERECES)

1. 中国基督教协会. 新旧约全书. 南京:中国基督教协会,1989

2. 陈军主编. 聋人学习语言方法——聋人教师谈怎样学习语言. 北京:中国戏剧出版社,2005.9

3. 张宁生著. 同在蓝天下. 大连:辽宁师范大学出版社,1998

4. [英]罗杰·弗里曼,克利夫顿·卡宾,罗伯特·伯伊斯著. 方廷玉,李新华,徐公理译. 聋童教育指南. 北京:华夏出版社,1989.4

5. 沈玉林,吴安安,褚朝禹主编. 双语聋教育的理论与实践. 北京:华夏出版社,2005.6

6. [丹麦]Wendy Lewis 主编. 吴安安,刘润楠译. 双语聋教育在丹麦. 北京:华夏出版社,2005.6

7. [美]J. F. Andrews, I. W. Leigh, M. T. Weiner. 陈小娟,邓敏华译. 失聪者心理、教育及社会转变中的观点. 台北:心理出版社,2007.11

8. [美]Sangdy Niemann, Devorah Dreenstein, Darlena David. 吴安安,周晓枫编译. 聋童早期教育指南. 南京:江苏教育出版社,2009.1

9. 中国聋儿康复研究中心编著. 聋儿家庭康复教材. 北京:华夏出版社,1993.1

10. 张宁生主编. 听觉障碍儿童心理与教育. 北京:华夏出版社,1995

11. 吴凤岗著. 怎样培养孩子的聪明才智. 北京:科学普及出版社,1982.4

12. 赵锡安. 听力障碍学生教育教学研究. 北京:华夏出版社,2006.10

13. 徐桃坤编. 陈鹤琴特殊教育文选及研究. 北京:华夏出版社,2005.6

14. 张宁生主编. 残疾人高等教育研究. 沈阳:辽宁人民出版社,2002.12

15. 朴永馨主编. 特殊教育辞典. 北京:华夏出版社,2006.8 第2版.

16. 张福娟,马红英,杜晓新主编. 特殊教育史. 上海:华东师范大学出版社,2000.11

17. 孙云晓主编. 关爱明天——中小学生自我保护安全手册. 北京:新华出版社,2004.2

18. 郭文光著. 残疾人才学概论. 北京:中国文史出版社,1991.10

19. 相自成,郭成伟主编. 残疾人维权法律知识手册. 北京:中国法制出版社,2001.1

20. [美]塞西尔·基·奥斯本著. 丹宁译. 处理夫妻关系的艺术. 北京:北京出版社,1986

21. [美]桑斯特著. 卢颖,赵琳译. 旅行工具包. 北京:光明日报出版社,2001.5

22. Lou Fant, *THE AMERICAN SIGN LANGUAGE PHRASE BOOK*, Illustration by Betty G Miller, Chicago: Contemporary Books, Inc, 1994

23. Tonya M Stremlau, Editor, *THE DEAF WAY II ANTHOLOGY*, A Literary Collection by Deaf and Hard of Hearing Writers, Washington, D. C: Gallaudet University Press, July 2002

24. Harlan Lane, *WHEN THE MIND HEARS*, A History of the Deaf, New York: A Division of Random House, Inc.

25. 中国聋人协会编. 中国手语(修订版). 北京:华夏出版社,2003.4

26. 傅逸亭,梅次开著. 聋人手语概论. 上海:学林出版社,1986.3

27. 李鼎霞编. 佛教造像手印. 北京:燕山出版社,1991.10

28. [美]佐治·伯里曼著. 张健生译. 画手百图. 北京:人民美术出版社,1979

29. 郭力家编著. 感觉画廊. 北京:中国文联出版公司,1997.6

30. 戴目,宋鹏程. 梦圆忆当年. 上海:上海教育出版社,1999.12

31. 戴目,闻大敏. 百年沧桑话聋人. 上海:上海教育出版社,2003.1

32. 中华人民共和国民政部,中国残疾人联合会编. 中国残疾人名人辞典. 天津:天津人民出版社,1991.4

33. 艾幽编. 邮票上的著名残疾人. 西安:陕西师范大学出版社,1990. 12
34. 中国残疾人体育协会编. 残疾人体育基本知识导读. 北京:华夏出版社, 2006. 9
35. 黄东兴编著. 中国残疾人实用全书. 北京:华夏出版社,2000. 5
36. 郭建模主编. 残疾人工作基本知识读本. 北京:华夏出版社,2002. 1

图书在版编目(CIP)数据

从聋到龙——聋人生活必读/陈沙毅著．－北京:华夏出版社，2009.6(2012年重印)

ISBN 978－7－5080－5261－8

Ⅰ.从… Ⅱ.陈… Ⅲ.聋哑教育 Ⅳ.G762

中国版本图书馆CIP数据核字(2009)第103494号

从聋到龙——聋人生活必读

陈少毅 著

出版发行:华夏出版社

(北京市东直门外香河园北里4号 邮编:100028 电话:64663331转)

经　　销:新华书店

印　　刷:北京世界知识印刷厂

装　　订:三河市杨庄双欣装订厂

版　　次:2009年6月北京第1版

2012年4月北京第5次印刷

开　　本:880×1230 1/32开

印　　张:12

字　　数:291千字

定　　价:30.00元